本书获教育部高校博士点基金项目
（20111103110021）和北京市教育委员会
社科计划重点项目（SZ201110005002）的
支持

北京工业大学211学科建设成果

无标度网络及其应用

关 峻 蒋同明 著

科学出版社
北 京

内 容 简 介

作为北京工业大学 211 学科建设成果之一，本书立足于复杂网络理论中的无标度网络理论，结合近年的研究成果，向读者提供可参考的资料。本书内容分为三个部分，即上、中、下三篇，共计十七章内容。上篇是本书研究的理论基础，为中篇和下篇的实证研究提供研究依据；中篇基于无标度网络视角，对复杂生态系统具有的网络特征和系统特性加以分析和研究；下篇是从无标度网络角度出发，重点针对科技园区创新网络的形成机理进行剖析，并强调其动态性，最后对中关村软件园创新网络的动态演化过程加以研究。

本书适合高等院校学生、教师和科研人员阅读，对从事复杂网络研究的工作人员具有一定的参考和借鉴价值。

图书在版编目（CIP）数据

无标度网络及其应用/关峻，蒋同明著. —北京：科学出版社，2013
ISBN 978-7-03-038018-0

Ⅰ.①无… Ⅱ.①关… ②蒋… Ⅲ.①网络理论–应用–社会统计–研究
Ⅳ.①C91-03

中国版本图书馆 CIP 数据核字（2013）第 136039 号

责任编辑：林　剑／责任校对：彭　涛
责任印制：钱玉芬／封面设计：耕者设计工作室

科 学 出 版 社 出版
北京东黄城根北街 16 号
邮政编码：100717
http://www.sciencep.com

骏 杰 印 刷 厂 印刷
科学出版社发行　各地新华书店经销
*
2013 年 6 月第　一　版　　开本：B5（720×1000）
2013 年 6 月第一次印刷　印张：19 1/2
字数：380 000
定价：98.00 元
（如有印装质量问题，我社负责调换）

总　　序

　　"211 工程"是新中国成立以来教育领域唯一的国家重点建设工程，即面向21 世纪重点建设一百所高水平大学，使其成为我国培养高层次人才，解决经济建设、社会发展和科技进步重大问题的基地，形成我国高等学校重点学科的整体优势，增强和完善国家科技创新体系，跟上和占领世界高层次人才培养和科技发展的制高点。

　　中国高等教育发展迅猛，尤其是 1400 多所地方高校约占全国高校总数的90%，已成为我国高等教育实现大众化的重要力量，成为区域经济和社会发展服务的重要生力军。

　　在北京市委、市政府的高度重视和大力支持下，1996 年 12 月我校通过了"211 工程"部门预审，成为北京市属高校唯一进入国家"211 工程"重点建设的百所大学之一。我校紧紧抓住"211 工程"建设和举办奥运会的重要机遇，实现了两个历史性的转变：一是实现了从单科性大学向以工科为主，理、工、经、管、文、法相结合的多科性大学的转变；二是实现了从教学型大学向教学研究型大学的转变。"211 工程"建设对于我校实现跨越式发展、增强服务北京的能力起到了重大的推动作用，学校在学科建设、人才培养、科学研究、服务北京等方面均取得了显著的成绩，综合实力和办学水平得到了大幅度的提升。

　　至 2010 年底，我校的学科门类已经覆盖了工学、理学、经济学、管理学、文学、法学、哲学和教育学。现拥有 8 个一级学科博士学位授权点、37 个二级学科博士学位授权点和 15 个博士后科研流动站，15 个一级学科硕士学位授权点和 81 个二级学科硕士学位授权点；拥有 6 种类型硕士研究生专业学位授权资格，工程硕士培养领域 19 个；拥有 3 个国家重点学科、16 个北京市重点学科和 18 个北京市重点建设学科。

　　目前，学校有专任教师 1536 人，其中全职两院院士 5 人，博士生导师 220人，正高级职称 294 人和副高级职称 580 人；专任教师中具有博士学位教师的比例达到 54.6%；有教育部"长江学者"特聘教授 4 人，国家杰出青年基金获得者 6 人，入选中组部"千人计划"1 人，北京市"海聚工程"3 人，教育部新（跨）世纪优秀人才支持计划 15 人。

2010 年学校的到校科研经费为 6.2 亿元。"十一五"期间，学校承担了国家科技重大专项 28 项，"973 计划"项目 16 项，"863 计划"项目 74 项，国家杰出青年基金 2 项，国家自然科学基金重点项目 8 项、科学仪器专项 2 项、重大国际合作项目 1 项、面上和青年基金项目 347 项，北京市自然科学基金项目 180 项，获国家级奖励 14 项。现有 1 个共建国家工程研究中心，7 个部级或省部共建科研基地，11 个北京市重点实验室和 3 个行业重点实验室。

为了总结和交流北京工业大学"211 工程"建设的科研成果，学校设立了"211 工程"专项资金，用于资助出版系列学术专著。这些专著从一个侧面代表了我校教授、学者的学科方向、研究领域、学术成果和教学经验。

展望北工大未来，我们任重而道远。我坚信，只要我们珍惜"211 工程"建设的重要机遇，构建高层次学科体系，营造优美的大学校园，我校在建设国际知名、有特色、高水平大学的进程中就一定能够为国家，特别是为北京市的经济建设和社会发展作出更大的贡献。

中国工程院院士
北京工业大学原校长　左铁镛

2011 年 6 月

前　　言

近年来，学术界对复杂网络的研究方兴未艾，在国际上掀起了一股不小的研究热潮，目前，复杂网络研究已经获得了惊人的发展，不仅各种研究成果层出不穷，而且理论与实践的紧密结合使该学科更加充满生机，其中研究领域不断拓展，包括生命科学领域的各种网络（如细胞网络、蛋白质相互作用网络、蛋白质折叠网络、神经网络、生态网络）、万维网、社会网络（流行性疾病的传播网络、科学家合作网络、语言学网络）等。复杂网络通常具有自组织、自相似、小世界、无标度等部分或全部特性，该学科的研究内容主要包括网络的几何性质、网络的形成机制、网络演化的统计规律、网络上的模型性质及网络的结构稳定性、网络的演化动力学机制等问题。

关于复杂网络的研究，学者们更多的是从实证角度加以分析研究，随着社会经济、科技文化的发展，更复杂的网络不断涌现，而且越来越多的网络呈现出简单网络所不具备的特点，需要更深入地研究。尤其在解决实际问题时，不能简单停留在分析一些网络结构问题，应该结合模型和算法，进一步找出网络的特征，并提出合适的描述、分析、优化和协调的方法。

本书的目的在于利用已有的关于复杂网络理论尤其是无标度网络理论，结合我们的研究成果，向读者提供可参考的资料。本书内容大致分为三个部分，即上篇、中篇、下篇，共计 17 章内容。

上篇是本书研究的理论基础，为中篇和下篇的实证研究提供研究依据，上篇共计 4 章内容。其中第 1 章介绍复杂网络研究背景；第 2 章重点给出了复杂网络基本理论及相关网络类型，并对复杂网络具有的结构特征进行描述；第 3 章重点对无标度网络的定义和结构特征进行分析；第 4 章从系统的角度认识复杂网络的系统特性。

中篇基于无标度网络视角，对复杂生态系统具有的网络特征和系统特性进行分析和研究，共计 7 章内容。其中第 5 章交代了本篇选题背景、意义及理论依据，并对生态系统生态学研究现状进行了述评；第 6 章重点对生态系统要素进行分析，并对生态系统的构成、生态系统的演化过程进行研究；第 7 章对生态系统的复杂特性进行深入剖析；第 8 章重点对复杂生态系统的无标度网络特征进行了分析；第 9 章构建了复杂生态系统的无标度网络模型；第 10 章结合具体的案例进行研究分析；第 11 章是对中篇部分的研究总结和展望。

下篇是从无标度网络角度出发，重点针对科技园区创新网络的形成机理进行剖析，并强调其动态性，最后对中关村软件园创新网络的动态演化过程加以研究。本篇共计 6 章内容，其中第 12 章交代了本篇的研究背景和研究意义，并对国内外相关研究成果进行了概述；第 13 章构建了科技园区创新网络演化模型，并从微观的角度对科技园区创新网络的无标度网络特征加以分析，同时对网络运行效应进行了概括；第 14 章从宏观的角度对科技园区创新网络的系统特性加以剖析，发现科技园区创新网络是一类典型的复杂适应系统，具有自组织、自学习、自适应的特征，并指出成熟的创新网络表现出明显的涌现现象；第 15 章重点对科技园区创新网络的自组织演化过程加以分析研究，并概括了创新网络演化阶段和演化趋势；第 16 章结合具体的案例对科技园区创新网络动态演化过程加以验证分析；第 17 章为该篇研究的总结与展望。

编写本书的主旨在于帮助读者认识现实生活中的一些复杂网络，希望引起读者对复杂网络研究的兴趣，对生活实践中存在的形形色色的系统从复杂网络的视角进行审视和分析，从而解决复杂网络系统问题，同时丰富复杂网络的理论。

本书是在前人探索和努力的基础上形成的，在写作过程中借鉴了一些国内外文献和研究成果，在此谨向相关专家学者表示衷心的感谢。

由于著者对复杂网络研究也是处于起步阶段，限于著者的水平和见识，书中难免有疏漏和不足之处，恳请广大读者批评指正。

关　峻　蒋同明

2013 年 3 月 10 日

目　　录

上　篇
无标度网络相关理论

1 导　论

20 世纪 60 年代，匈牙利数学家 Erdös 和 Rényi 研究并建立的随机图理论（random graph theory）是公认的复杂网络理论的开创性研究。在 20 世纪的后 40 年中，随机图理论一直是研究复杂网络的基本理论。从 20 世纪末开始，复杂网络研究逐渐渗透到数学、物理、生命科学和社会科学等众多领域，对复杂网络的定量和定性特征的科学理解，已成为网络时代研究的重点课题。在 20 世纪末期及 21 世纪初期，Watts、Barabási 及 Kleinberg 等在 *Nature* 和 *Science* 上先后发表了关于网络的影响深远的文章。其中，Watts 等提出的小世界网络模型指出少量的随机捷径会改变网络的拓扑结构，进而涌现出小世界效应（Watts and Strogatz，1998）；Barabási 等提出的无标度网络模型，揭示了复杂网络自组织演化过程中增长和择优机制存在普遍性，并结合实例证明了无标度网络度分布的幂率特性（Barabási and Albert，1999）；Kleinberg 提出的可导航网络模型解释了如何在网络中利用局部信息寻找最短路径（Kleinberg，2000）。研究表明，复杂网络是由相互关联的节点组成，通常用来描述各种各样的、真实的复杂系统（Strogatz，2001）。复杂网络（complex network）被认为是具有自组织、自相似、吸引子、小世界、无标度中部分或全部性质的网络。复杂网络被誉为"网络中的新科学"（Watts and Strogatz，1998；Strogatz，2001），复杂网络研究历史及代表人物，见表 1-1。

表 1-1　复杂网络研究简史

年份	人物	研究问题
1959	Erdös 和 Rényi	随机图理论
1967	Milgram	小世界实验
1973	Granovetter	弱连接的强度
1998	Watts 和 Strogatz	小世界模型
1999	Barabási 和 Albert	无标度网络

近年来的研究发现，许多现实系统都可以用一个复杂网络来描述。复杂网状

结构一直被用来描述各种各样的有着高技术及高智能系统，如蛋白质、DNA、互联网等（Mendes，2003）。还原论的研究方法在这方面占据着主导地位。人们试图采用自下而上的方法将完整的系统剖析为数个小的次级组成部分，然后通过描述这些部分间的相互关联再现系统的全貌，并取得了巨大的成就。分析工作的成功与否取决于组成部分间相互关联的简化度；其前提要求组成部分间的关联性很明确，且相互作用的强度由物理距离唯一确定（Frauenfelder，2004）。这种方法对描述物理距离不相关的系统，即两部件之间的相互作用不明确的系统无能为力。然而，自然界中绝大多数系统都是这种具有非常规网络的拓扑结构和不明确性的复杂系统。在很多情况下，如果不纠缠于复杂系统的组成部分和其间关系等细节，从较为宏观和整体的角度上考虑的话，复杂系统则更多地呈现为其组成部分和其间关系的集合体，或换句话说，复杂系统就是一种网络（章忠志，2005；Albert，2002；Dorogortsev，2002；Schuster，2002）。

复杂网络通常具有一些相同的特征，如网络平均路径较小、聚类系数较大、节点度分度服从幂律分布等，这些特性是复杂网络为完成某些特定功能而逐渐演化的结果。能够用复杂网络来描述的系统既有人工系统也有自然系统，复杂网络其实是大量真实复杂系统的拓扑抽象，研究复杂系统的切入点往往是研究系统的拓扑结构特性。复杂网络研究的主要内容可以归纳为四点：一是发现，找出用来刻画网络结构的统计性质，选择可以度量这些性质的合适方法。二是建模，建立合适的网络模型用来理解并分析统计性质的意义和产生机理。三是分析，基于单个节点的特性和整个网络的结果性质来分析和预测网络行为。四是控制，提出改善已有网络性能和设计新的网络的有效方法，特别是如何改进网络稳定性问题等。由此可见，通过研究复杂网络，可以揭示隐藏在自然界、社会界、生物界等存在的大量的复杂系统的共同规律，进而揭示复杂系统的宏观及微观特征，这对于调节复杂网络上的动力学行为具有重要的现实意义。

2 网络相关理论

2.1 复杂网络内涵

图论研究最初集中在规则图上，用规则图研究分析系统的网络结构范围很有限。无明确设计原理的大规模网络被描述为随机图，这是最简单也是被多数人认识的复杂网络。1959 年，数学家 Erdös 和 Rényi 首先提出了 ER 随机网络模型（Erdös and Kényi，1959），通过在网络节间随机布置连接，模拟通信和生命科学中的网络，从而奠定了随机网络理论的基础。在实际研究工作中，人们逐渐发现不同复杂系统所模拟的现实网络，如细胞、蛋白质和互联网等却不遵循随机网络的基本特性，而在其系统内体现出一定的组织原则。随机网络模型却不能将这些原则在其拓扑结构的任何层次中代码化，即随机图不能完全反映某些复杂系统网络的拓扑结构。同时随机网络理论属于静态的分析手法，不足以应对普遍存在的动态的演化系统。

在过去几年中，科学的进步使得复杂网络研究所处的环境也发生了巨大的变化。计算机的大规模运用使构造网络拓扑结构的大型数据库的数据采集成为可能。计算机的计算能力迅速增强，成为探索含有数百万个节点的复杂网络的有力工具。以前不可能涉及或阐明的一些问题吸引了越来越多的探索者，他们之间的合作促使整个研究工作逐步跨越了学科的障碍，超越还原主义者的研究方法，揭示复杂网络的一般特性成为整个科学界的统一呼声。在这种发展趋势和外部环境的推动下，涌现出了许多新概念和新方法，其中有三种概念在复杂网络理论中占有重要地位。

2.1.1 小世界理论

小世界（small world）理论认为在大多数网络中，尽管其规模通常很大，但任意两个节点（vertex）间永远存在一条最短的路径。两节点间的距离定义为连接它们的最短路径的边数。小世界最为通用的表现形式就是由社会心理学家

5

Stanley Milgram（1967）提出的"六度分离"（six degrees of separation）概念，他断定在美国大多数人之间相互认识的途径的典型长度为 6（Kochen，1989）。1998 年，Watts 和 Strogatz 根据 Stanley Milgram 的假设提出了小世界理论（Watts，1998）。他们统计了电影明星网、电力网、Celegans 蠕虫的神经网中节点的平均距离，发现这些网络中节点之间的平均距离都很小，存在小世界现象。小世界特性似乎表征了大多数复杂网络的特性。小世界现象的存在，对于研究现实世界中疾病传播、通信网络改造及计算机网络中病毒传播都具有深刻的启示意义。小世界理论的独特之处在于对于规则网络，任意两个节点之间的平均距离长（通过多少节点联系在一起），但成簇率高；对于随机网络，任意两个节点之间的平均距离短，但成簇率低；而对于小世界网络，节点之间平均距离小，接近随机网络，而成簇率依旧相当高，接近规则网络。值得注意的是随机图中任意两节点间的标准距离可按系统中的节点数的对数换算，因此随机图也具有小世界特性。实际生活中的社会、生态和经济等网络都是小世界网络。在这样的系统中，信息具有很快的传递速度。

2.1.2 集群

集群（clustering）反映的是网络集团化的程度，即测度连接在一起的集团各自的近邻之中有多少是共同的近邻。小集团形态是社会网络的一个共同特征。事实上，人类社会和自然界都可以被区分为一个个具有相似特质的小集群。其表现形式为各种正式的和非正式的团体，其中的每个成员与其他成员间都存在特定的关联。这种内在的群聚倾向可以用群系数（clustering coefficient）来量化（Watts，1998）。研究表明在多种不同类型的系统中，都存在相当明显的集群现象，其中包括美国电力网和线虫的神经网络等。在大多数情况下，实际网络的群系数远大于可与之相比的随机网络。在实际网络观测中，同一集群内部的节点间的连接密度大，而不同集群的节点间的连接密度小。

从表面上看，由高度相互连结的节点组成的孤立集群，似乎与无尺度网络的拓扑结构不相容。因为在无尺度网络中，有一些集散节点会与所有的节点相连结，它们的影响是遍及整个系统的。但是，如果紧密连结的小型节点集群彼此相连，形成较大而松散的大集团，那这样的网络就可以既是高度集群的又是无尺度的。

2.1.3　度分布

度指的是网络中节点与节点的关系（用网络中的边表达）的数量，度的相关性指顶点之间关系的联系紧密性。在现实网络中不是所有节点都有相同的边数（节点度）。节点的度用分布函数 $p(k)$ 表示，也是一个任意选择的节点正好有 k 条边的概率，$\{p(k)\}$ 则表明网络的度分布（degree distribution）。网络中某些节点具有为数众多的连结，而网络中又不存在代表性的节点。介数（betweenness）是一个重要的全局几何量。某一节点的介数含义为网络中所有的最短路径之中，经过该节点的数量。它反映了该节点（即网络中有关联的个体）的影响力。无标度网络的特征主要集中反映了集聚的集中性。

在随机图中，节点间的连接为随机分布的，使得大多数节点的度大致相同，接近网络的平均度 $\langle k \rangle$。随机图的度分布是泊松（Poisson）分布，峰值在 $p(\langle k \rangle)$。而实际探索却揭示出许多大型网络的度分布并不服从于泊松分布。其中尤其引人注目的是某些复杂网络如包括万维网（Barabasi，1999）、互联网（Albert et al.，1999）和新陈代谢网的度分布具有一条幂律尾部。Barabási 和 Albert 于 1999 年将这类网络称为无标度网（Barabási and Albert，1999）。

无标度网络的重要特性表现为大部分节点只有少数几个连结，而某些节点却拥有与其他节点的大量连结。这些具有大量连结的节点称为"集散节点"，其所拥有的连结可能高达数百、数千甚至数百万。这一特性似乎能说明这类网络是无标度的。而无标度网络的重要性在于其可预期的行为特性，如对意外故障具有惊人的承受力，但面对协同式攻击时则很脆弱。

这些发现极大地改变了我们对复杂外部世界的认识。集散节点的存在，让我们认识到了以前的网络理论尚未涉及的问题：各种复杂系统具有相同的严格结构，都受制于某些基本的法则，这些法则似乎可同等地适用于细胞、计算机、自然界、语言和社会。更进一步，认识这些法则，为我们认识和了解周围的复杂世界提供了一种全新的工具。

此外，必须明确一个基本观点：复杂网络是由不同层次的关系网络作为不同层次的节点所组成的一个高层次的关系网络，网络中各节点之间依据一定的规则相互作用并因此而维系着系统整体的存在。现实生活中的任何事物都可以被理解为不同层次的复杂网络（Newoman et al.，2001）。可见复杂系统的网络特征由两个基本要素组成：节点 v 和关联方式 e，若将 V 视为 v 的集合，E 视为 e 的集合，且 E 中的每一条边 e（关联方式）都有 V 的一对点 (i, j) 与之对应，则整个网络可以用符号 $G = (V, E)$ 来表示。若 G 有 n 个节点，记为 $V = (1, 2, \cdots, n)$，令

$$g_{ij} = \begin{cases} 1, & \text{若节点 } i \text{ 与节点 } j \text{ 之间有边连接，} i \neq j, g_{ii} = 0, \\ 0, & \text{否则} \end{cases} \quad (2\text{-}1)$$

则可用矩阵 $\boldsymbol{G} = (g_{ij})_{n \times n}$ 完整地描述该网络。同时由于复杂生态系统是典型的有向网络，故可判断 $\boldsymbol{G} = (g_{ij})_{n \times n}$ 为非对称矩阵。

对网络中的节点 v_i 的度 k_i，定义为与该节点相连接的边的数

$$k_i = \sum_{j=1}^{n} g_{ij} \quad (2\text{-}2)$$

可见 k_i 也是 $\boldsymbol{G} = (g_{ij})_{n \times n}$ 的第 i 行元素之和。若网络中任一两节点间存在连接的概率为 p，则 $g_{ij}(i \neq j)$ 服从参数为 p 的 $0-1$ 分布。由式（2-2），并考虑到 $g_{ii} = 0$，可知任一节点的度均服从二项分布 $b(n-1, p)$。当 n 足够大，而 p 又足够小时，度近似服从参数为 $(n-1)p$ 的泊松分布。这时的网络就是 Erdös 和 Rényi 利用规则图研究分析系统网络结构的著名的 ER 模型（Erdös and Rényi，1959；1960；1961）。该模型通过在网络节间随机设置连接，来描述整个系统。但这是一个相对静态的方法，不足以用以分析动态演化系统普遍存在的复杂纷呈的现实世界。ER 模型中，尽管连接是随机设置的，但大部分节点间的连接数目大致相同，即节点间连接的分布方式遵循钟形的泊松分布，有一个特征性的平均数。绝大多数的节点的度都在均值 $(n-1)p$ 左右，连接数目比平均数高许多或低许多的节点都极少，随着连接数的增大，其概率呈指数式迅速递减，故这种随机网络，亦称指数网络。

然而传统随机网络模型有其与生俱来的弱点。一是它要求网络所拥有的节点数目 n 恒定不变。这与现实中网络的生成，成长直至消亡完全悖逆。二是它强调节点间是否存在连接完全是随机的。而事实上，网络中每一个节点都具有有限理性和自己的偏好，一个节点是否与其他节点发生特定的相互作用既有随机的一面（取决于节点主体的有限理性及信息不完全等因素），同时也有确定性的一面（取决于节点主体依据已有的信息建立起的信念）。如果将这两者考虑在内就可以确定复杂网络的无标度性，因为现实网络的增长和偏好依附就是复杂网络的本质。复杂网络是开放的系统，这导致了新节点的不断进入和网络规模的扩大。同时复杂网络中的每个节点都是适应性的主体，节点间发生相互作用是必然追求给定信息下的成本最小化。

2.2　相关网络类型

基于以上网络理论，目前针对复杂网络的研究主要有以下三种不同的研究手法。第一种是源于 ER 模型的各种不同的变形，但究其根源仍是某种随机图。第二种是利用集群现象的小世界理论模型，这些模型介于高度群集的规则网络和随机图之间。第三种是建立于幂律度分布之上的无标度网络理论，这种理论注重于网络的动态特性，目的在于通过建立各种无标度网络的模型探究复杂网络演化的普适性理论。

2.2.1　规则网络

规则网络通常由 N 个节点组成，每个节点与相邻的 K 个最近节点相连，即有 K 条边，平均分布在左右两侧。在规则网络中，节点的平均路径长度大，但聚类系数高。严格意义上讲，现实生活中不存在真正的规则网络，它是复杂网络的一种特殊形式。规则网络通常具有很高的聚类系数，特征路径长度很大，具有"大世界"（large world）特征，其特征路径长度随着 N（网络节点数量）线性增长。

2.2.2　随机网络

随机网络的研究源于对随机图的研究，是由 Erdös 和 Rényi 于 1960 年提出的。在随机网络中，对于 N 个节点而言，节点间的连接概率为 p。随机网络具有平均路径长短段、聚类系数小、度分布呈二项分布等特点。随机网络的平均路径长度呈对数增长，其聚类系数随网络规模的扩大逐渐趋向于 0，这一点有悖于实际网络的群聚特性；当随机网络的节点很大时，其度分布近似呈泊松分布

$$P(k_i = k) = C_{N-1}^k p^k (1-p)^{N-1-k} \tag{2-3}$$

式（2-3）表示节点 i 与其他 $N-1$ 个节点随机连接 k 条边共有的连接方式数，其中与 k 个节点相连的概率为 p^k，则与其他 $N-1-k$ 个节点不相连的概率是 $(1-p)^{N-1-k}$，且共有 C_{N-1}^k 种连接方式。当节点 N 规模足够大时，式（2-3）近似于泊松分布

$$P(k) \cong e^{-pN} \frac{(pN)^k}{k!} = e^{-\langle k \rangle} \frac{\langle k \rangle^k}{k!} \qquad (2\text{-}4)$$

2.2.3 小世界网络

在复杂网络研究中，研究较早影响较大的便是小世界网络模型。小世界网络模型的研究源于 20 世纪 60 年代，社会学家 Milgram 开展的追踪社交网络最短路径的"六度分离"实验，Milgram 发现社交网络平均路径长度为 6，从而揭示了小世界现象。1998 年 Watts 和 Strogatz 在对 WS 小世界网络模型实证研究中发现，现实中多数网络具有较小的最短路径和较大的聚类系数，即具有典型的小世界特性。在 WS 小世界网络模型中，每个节点都与它左右相邻的 $K/2$ 个节点相连（K 为节点的度，取偶数值）。以概率 p 随机地重连网络的每条边，且每个节点不与自身相连，则在 $0 < p < 1$ 的范围内，呈现 WS 小世界网络模型。对于 WS 小世界网络模型而言，当 $p = 0$ 时则变为规则网络，$p = 1$ 则变为完全的随机网络，如图 2-1 所示。众多研究发现，当随机连接的概率比较小时，网络具有大的平均聚类系数和小的平均距离（Watts and Strogatz，1998；Cowan and Jonard，2004）。

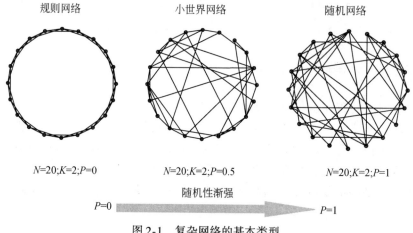

图 2-1 复杂网络的基本类型

总的来看，小世界网络模型包括了 1998 年 Watts 和 Strogatz 提出的 WS 小世界网络模型（Watts and Strogatz，1998）；1999 年 Newman 和 Watts 提出的 NW 小世界网络模型（Newman，1999）；2003 年 Newman 提出的 Monasson 小世界网络（Newman，2003）；2006 年 Boccaletti 等提出的 BW 典型的小世界网络模型

（Boccaletti et al.，2006）。其中 NW 模型不经过重连过程，而是直接以一定的概率进行加边，由此可见 NW 模型比较简单且容易实现，同时能够避免 WS 模型由于重连而导致孤立节点的产生。小世界网络具有较大的聚类系数和较小的特征路径长度。在小世界网络系统中，信息传递速度快，并且改变少量几个连接，就可以剧烈地改变网络性能。WS 模型反应了真实网络聚类系数较大、平均路径较小的特征，但是 WS 网络模型的度呈指数分布，这与现实并不相符。

2.3　复杂网络结构特征

在分析网络结构时，通常用特征路径长度 L 表示网络的整体特征，特征路径长度 L 表示网络节点连接的最短距离的平均数，即网络的平均距离；在衡量网络中是否有相对稳定的子系统存在时，通常用聚类系数 C 来描述，聚类系数的大小反应了网络邻接点联系的紧密程度；而在衡量一个点在网络中的地位即权力时，通常对点及整个网络的"中心性"进行度量。

2.3.1　特征路径长度及网络交流频率

根据 Cowan 和 Jonard 的观点，小平均距离能够增强系统的传播能力，在一个小组织系统中，知识虽然容易产生，但不利于传播，因为主体间知识过于相似而没有差异，以至于相互之间没有新知识可以学习。相反，在一个非常大的组织系统中，主体间的知识差异性过大也不利于知识的传播。因此，组织的大小很关键，只有大小适中的组织才能保证知识的有效传播。现假设某科技网络 G，其特征路径长度用 $L(G)$ 表示，$L(G)$ 与网络节点间最短路径长度 d_{ij} 关系为

$$L(G) = \frac{2}{N(N-1)} \sum_{i \neq j \in G} d_{ij} \qquad (2-5)$$

式中，N 为网络节点数，即网络内主体数。d_{ij} 大小即网络节点 i 与 j 间最短路径长度。研究表明，网络交流频率 ε_{ij} 与节点间最短路径长度 d_{ij} 呈反比关系，即

$$\varepsilon_{ij} = k/d_{ij} \qquad (2-6)$$

式中，k 为常数，于是将式（2-6）带入式（2-5）可得

$$L(G) = \frac{2}{N(N-1)} \sum_{i \neq j \in G} \frac{k}{\varepsilon_{ij}} \qquad (2-7)$$

从式（2-7）可以看出，网络交流频率与特征路径长度呈反比，常数 k 越大，网络主体间的交流越多，主体间的合作越容易。此外，研究表明具有相似性的网络

节点间交流的频率较高，最短路径长度较小。因此，可以通过断键重连或不重连的方法减少或增加特征路径长度，即增加或减少网络节点间的交流，进而促进节点间的交流与合作。

2.3.2　网络集聚程度

网络集聚程度是反映网络集团化程度，通常用聚类系数来衡量，是一个局部特征量。现设网络 G 中连接变数为 M，最大连接变数为 $M_{\max}$，对于某节点 i，其局部聚类系数 $C(G_i)$ 可以用式（2-8）表示为

$$C(G_i) = \frac{M}{M_{\max}} = \frac{M}{k_i(k_i - 1)/2} \tag{2-8}$$

式中，G_i 为局部网络，且最多有 $k_i(k_i - 1)/2$ 条边连接，k_i 为节点 i 的邻接点数目。那么整个网络的聚类系数 $C(G)$ 为网络 G 中所有节点的聚类系数的平均值，如式（2-9）所示

$$C(G) = \frac{1}{N} \sum_{i \in G} C(G_i) \tag{2-9}$$

由式（2-8）和式（2-9）可推出

$$C(G_i) = \frac{1}{N} \sum_{i \in G} \frac{M}{k_i(k_i - 1)/2} \tag{2-10}$$

2.3.3　网络中心性

中心性衡量的是网络主体在网络中的地位及拥有的权力。中心性主要指标有：度数和中心度、接近中心度和中间中心度。度数和中心度衡量的是行为主体的局部中心性，测量网络中行为主体自身的活动能力，没有考虑能否控制其他主体；接近中心度刻画的是一个行为主体在多大程度上不受其他行为主体的控制；中间中心度研究的是一个行为主体在多大程度上居于其他两个行动者之间，刻画的是一种"控制能力"指数。对于网络而言，如果一个主体在活动中较少地依赖于其他主体，则此主体具有较高的中心度，测量中心度的一个重要目的便是找出网络中的重要行为主体。中心性的分析有利于明确网络中的核心主体和边缘主体，有效抑制主体协同过程中存在的不利因素的影响。

2.3.3.1　点的度数中心度

点的度数中心度可以分为两类：绝对中心度和相对中心度，绝对中心度是指

某节点直接相连的点数，相对中心度是指绝对中心度的标准化形式。x 点的绝对中心度表达式通常记为 $C_{AD}(x)$，如果某个节点具有最高的度数，则该节点居于网络中心，很可能拥有最大的权力。由于网络的规模不同，不同网络中点的局部中心度不可比较。Freeman（1979）提出了用相对度数中心度弥补这一缺陷。相对中心度是指点的绝对中心度与网络中点的最大可能的度数之比。在一个由 n 个节点组成的网络中，任意点的最大可能的度数一定是 $n-1$。

2.3.3.2　网络的度数中心势

图的中心势指数是用来衡量整个网络的整体中心性。首先找出网络中的最大中心度的值，然后计算该值在网络中其他点的中心度的差，再计算该"差值"的总和，最后用得到的总和除以在理论上各个差值总和的最大可能值。网络的度数中心势计算公式为

$$C_D = \frac{\sum_1^n [C_{\max} - C_i]}{\max \sum_1^n [C_{\max} - C_i]} \tag{2-11}$$

式中，$C_i = \sum_j x_{ij}$ 是 0 或 1 的数值，代表节点 j 和节点 i 之间是否存在创新合作的关系；$C_{\max}$ 是 C_i 中最大的点度中心度。网络的度数中心势反映的是节点间存在的直接联系，而中间中心度反映的则是两个节点间的捷径，也是连接两个行为者的最短路径，中间中心度越高，则说明该节点在该网络中的媒介作用越明显。网络的中间中心度计算公式为

$$C_M = \frac{2 \sum_1^n [C_{\max}^* - C_i^*]}{[(n-1)^2(n-2)]} \tag{2-12}$$

式中，$C_i^* = \dfrac{\sum_{i<j}(n_i)}{d_{ij}}$，$d_{ij}$ 表示节点 i 到节点 j 的捷径数。

2.3.4　网络结构洞

结构洞（strucural holes）是用来表示网络主体间是否存在非冗余的联系，结构洞是不同行动者之间的非冗余的联系。举例说明，如图 2-2 所示，D 与 A，B，C 三者中任意两者间的关系结构构成一个结构洞，如 A 和 B 均与 D 存在连接关

系，但两者之间不存在联系，于是形成一个空洞（hole）。

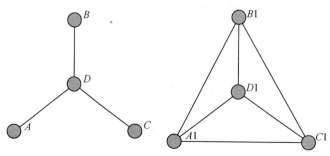

图 2-2　结构洞示意图

D 如果要把信息传递给 A 和 B，必须分别通知；而 D1 如果要把信息传递给 A1 和 B1，则只需传递给其中的一个即可，也就是说，对于 D 而言，A 与 D 的关系和 B 与 D 的关系是非冗余的，但对于 D1 而言，A1 与 D1 的关系和 B1 与 D1 的关系则是冗余的，因为 A1 和 B1 存在直接的联系。其中，D 是结构洞的中间人或者占据者。Burt 认为，占据者能够通过结构洞获取"信息优势"和"控制优势"，从而在网络中比其他位置上的节点获取更多的利益和竞争优势。结构洞理论强调三方关系结构的重要性，而三方关系揭示了整个网络的核心结构（刘军，2009）。

针对结构洞的测量，Burt 给出了自己的测量指标即结构洞指数。Burt 结构洞指数包括四个方面：有效规模（effective size）、效率（efficiency）、限制度（constraint）、等级度（hierarchy）。其中一个网络节点的有效规模等于该节点的个体网规模减去网络的冗余度。节点 i 的有效规模可以用公式表示

$$EF_i = \sum_j \left(1 - \sum_k p_{ik} m_{jk}\right), \quad k \neq i, j \tag{2-13}$$

式中，j 代表与 i 相连的所有节点，k 是除了 i 或 j 之外的每个第三者。$p_{ik} m_{jk}$ 代表在点 i 和 j 之间的冗余度。其中，p_{ik} 代表节点 i 投入 k 所占比例，m_{jk} 是 j 到 k 的关系的边际强度（marginal strength），它等于 j 到 k 的关系取值除以 j 到其他点关系中的最大值。一个网络节点的效率等于该点的有效规模除以实际规模。一个节点受到的"限制度"则是指此节点在网络中拥有的运用结构洞的能力。根据 Burt 理论，节点 i 受到 j 的限制度指标可以表示为

$$C_i = \left(p_{ij} + \sum_k p_{ik} m_{jk}\right)^2 \tag{2-14}$$

等级度则是指某节点受到限制性的大小，通常等级度越大，说明该节点受到的限制越大，用公式表示为

$$H = \frac{\sum \left(\dfrac{C_{ij}}{C/N}\right) \ln\left(\dfrac{C_{ij}}{C/N}\right)}{N\ln(N)} \tag{2-15}$$

式中，N 是点 i 的个体网规模，C/N 是各个节点的限制度的均值，分母则代表最大可能的总和值。

2.3.5 网络 n 派系

对于不同性质的网络而言，派系的定义不同，在一个无向关系网络中，派系指至少包含三个点的最大完备子网络（maximal complete sub-gragh）。派系具有如下三个性质：一是派系的密度为 1；二是一个包含 n 个节点的派系中任何一个节点与其他 $n-1$ 个节点相连；三是派系中任何两个节点间的距离都是 1。在现实生活中，行为主体之间的关系未必是直接的，也可能是间接的。在一个网络中，那些联系不是很紧密的一个小群体也可以叫做凝聚子群，由此，提出建立在可达性等基础上的 n–派系。建立在可达性基础上的凝聚子群考虑的是点与点之间的距离，要求一个子群的成员之间距离不能太大。由此可以设定一个临界值 n 作为凝聚子群成员之间距离的最大值，这就是所指的 n–派系（n-cliques）。对于一个无向二值关系网络图而言，如果其中一个子网络的任意两点间在整个网络中的距离（即捷径距离）最大不超过 n，则该子网络称之为 n–派系。从形式化角度可以描述，令 $d(i, j)$ 代表两点 n_i，n_j 在总网络中的距离。则一个 n–派系的形式化定义就是一个满足如下条件的拥有点集 Ns 的子网络，即 $d(i, j) \leq n$，且所有的 n_i，$n_j \in Ns$，在整个网络中不存在与子网络中的任何点的距离不超过 n 的点。在实际分析中，n 的大小取决于研究者的需要，n 的取值越大，对派系成员限制的标准就越松散。

3　无标度网络

随着复杂网络研究及其应用的进一步深入，科学家惊奇地发现大量的复杂网络在网络连接关系方面表现出惊人的相似性。Barabási 等通过研究万维网发现，节点的度分布并非如 Erdös 和 Rényi 的随机图理论指出的那样服从泊松分布，而是服从幂率分布，即 $P(k) \sim k^{-\gamma}$，其中 γ 位于 2~3，这就是网络表现出的 Scale-free 特性。此外，小世界网络也不能反映一个真实网络中的增长和优选，因为在复杂网络中，节点个数是不断增加的，同时节点连接新边的概率依赖于它本身的度，具有选择性，也就是说网络中的节点具有"异质性"，如演员合作网、万维网、财富网、地震网、生物网络中每个节点的重要性和作用不同，基于此，Barabási 等提出了 BA 无标度网络模型（Barabási，1999）。在无标度模型中，网络节点具有成长性和优先连接性，由此造成无标度网络度呈现幂律分布。所谓成长性是指网络节点数的增加，如在 Internet 中的自治系统或路由器的添加，以及万维网（WWW）中网站或网页的增加等，优先连接性则是指新节点的加入并非随机连接，而是择优选中那些度值较高的节点进行相连，如加入网络的新网站通常优先选择那些被经常访问的网站作为超链接。因此，随着时间的推进，网络表现明显的出"马太效应"（Stefancic and Zlatic，2005），从而造成网络节点连接"富者愈富，贫者愈贫"的现象。这也就证明了为什么在一个网络中，有些节点连接很多，而有些节点连接很少（Wagner and Leydesdorff，2005）。网络的 Scale-free 特性的揭示掀起了对实际网络的实证研究，研究发现自然界领域、生物领域、工程领域及社会领域中几乎所有的实际网络都具有 Scale-free 特性，并且绝大多数网络的度分布指数在 2 和 3 之间，表现在网络中则是大多数节点的度值很小，少数节点的度值很大，因而绝大多数节点的度值偏离平均值，$\langle k \rangle$。研究表明，无标度网络产生的两个因素：增长和择优连接缺一不可。此外，Albert 和 Barabási（2000）还研究了网络内部边的增加、重连和删除对网络度分布的影响，并针对真实的具体网络建立了相应的网络演化模型（Bianconi and Barabási，2001；Li and Chen，2009；Onody and de Castro，2004）。有些学者研究发现除了节点增长和择优原理能够产生无标度网络外，应用优化方法也可以得到无标度网络，其中能够产生幂律分布的机制包括随机游走（Saramaki and

Kaski，2004）、HOT（highly optimized tolerance）理 论（Carlson and Doyle，2000）和自组织临界（Carlson and Doyle，2000）等理论。

3.1　无标度网络的定义

实证分析表明无标度网络的所有节点的平均群系数要大于同等规模随机网络，且与网络中的节点数目不相关（Watts and Strogatz，1998；Albert and Barabasi，2002）。现实生活中大规模网络的度的分布服从幂律分布，即 $p(k) \propto k^{-r}$，同时 $r \in (2, 3)$。这种具有重尾部度的分布的网络就是无标度网络。在无标度网络中大多数的节点只有一两个连接，而少数集散节点却有很大的度。网络同时存在无标度性和高聚集性。因此，无标度网络针对随机失效具有很强的容错性，即鲁棒性（Robustness）；然而，当具有大量连接边的集散节点受到选择性攻击时，无标度网络非常容易瘫痪，抗攻击能力很差，即脆弱性（fragility）。无标度网络理论的出现为我们分析复杂系统提供了全新的手段。

自 Réka Albert 和 Albert-László Barabási 于 1999 年首次提出无标度网络（scale-free networks）的概念以来，无论在实证研究上，还是在建模和理论分析方面，无标度网络的研究都取得了令人瞩目的成果。

实证表明许多大型网络是无标度的，即它们的度分布服从幂律分布，与传统随机网络的泊松分布明显不同。随机图和小世界网络模型不能再现该特性，则是由无标度网络的机理所决定的。从根本上而言随机网络和小世界网络建模的出发点为研究网络的拓扑结构，而无标度网络是针对复杂系统的网络部件及演化过程进行建模。也就是说在随机图和小世界网络模型中采用的建模方法与再现幂律度分布的无标度网络的建模方法有着本质的不同。前两者的建模目标是构造一个具有明确拓扑特性的图，而无标度网络建模把重点放在把握网络的动态演化的特性上。无标度网络研究的前提假设是，如果能客观地模拟所研究的网络的组成和演化过程，就能客观地再现该网络的拓扑结构。在无标度网络的研究中，动态的演化特性起着主导作用，而网络的拓扑结构仅仅是这种建模原理的副产品（Willeboordse，2006）。

无标度网络理论的提出者 Albert-László Barabási 和 Réka Albert（1999）将现实网络中的这种幂律度的分布现象归结于实际网络所共有的两种生成机制。复杂系统所涉及的随机网络和小世界网络所讨论的网络模型均假设，对一个具有 N 个固定节点的网络图，随机地连接或重新连接这些节点，并不改变 N 的值。与之相反，大多数实际网络描述的是通过不断地增添新节点而增长的开放系统

（王寿云等，1996）。实际网络的出现和生长往往是从一个小小的节点核心开始，随着节点的数量增长，通过新生节点与原有节点的连接而不断演化的，这个过程贯穿于网络生命周期始终。这就是无标度网络的增长机制（growth）。其次，随机网络和小世界网络均假设任意两个节点间相连接（或重新连接）的概率与该节点的度无关，即新的连接是随机产生的。然而大多数现实网络呈现出择优连接的迹象，也就是说连接到某个节点的概率与该节点的度有关。这是无标度网络的偏好依附机制（preferential attachment），该机制会导致现实网络中经常出现的"富者愈富"（winner takes it all）的马太效应（Stefancic and Zlatic，2005）。这两种机制不仅使得无标度网络的建模成为可能，而且也为探索未知的真实网络的机理提供了新视角和新方法。

无标度网络的另外一处独特是其网络特性。目前复杂网络的研究，在大量网络现象的基础上抽象出两种复杂网络：一种即小世界网络，另一种即无标度网络。这两种网络都同时具有两个基本特征：高平均集群程度和小的最短路径，而无标度网络的度分布又同时具有幂律分布特征。因此无标度网络比小世界网络具有更高的复杂性程度。高平均集群程度反映了复杂系统在这两种网络中从自发向有序的演化态势；而小的最短路径特征则体现为演化速度快的特征。因此复杂系统的较低层次的组成部分之间的局部交互作用会增强，频率也会加快，作用也将更明显。不同性质和特性的涌现将出现在系统的各个层次上。同时这两种网络同时具有弛豫时间短、共振性好的特征，而这些特征就分别来源于网络的小最短路径和高集聚程度。这都说明高集聚程度和小最短路径是小世界网络和无标度网络的复杂性增加的两个特性。

无标度网络的最后一个特性体现在其建模的手法上。在复杂网络研究中，构造小世界网络的常规手法是在规则网络的基础上，断开其中某些节点的连接，然后利用随机机制连接其中若干节点，使网络具有小世界的特性。而在无标度网络的构造中，无标度网络的增长机制和偏好依附的机制起到了决定性的作用：其一，节点按照一定速率增长；其二，新增加的节点与原来网络节点的连接是根据原有连接概率的高低依据偏好择优而连接的。这两个机制的引入急剧地增加了无标度网络的复杂性。构建无标度网络的这种方法的实质含义是在原有网络理论的规则性中引入了随机因子和吸引子。如此构造出来的无标度网络的复杂性的含义具有极深的物理意义。从一个方面而言它验证了耗散结构理论的创始人 Ilya Prigogine 所提出的"涨落导致有序"的理论（普里戈金和斯唐热，2001），如同耗散结构理论一样，无标度网络也证明了系统的复杂性的增长源自于一定的随机性的增加。但在另一方面，无标度网络中小的随机性的渗入却会导致更高的平均集群程度，进而导致有序的产生。在这一点上它颠覆了随机性是导致无序的观点。

3.2 无标度网络的结构特征

3.2.1 无标度网络的增长机制

无标度网络的形成基于两个产生机制，一是节点增长，二是节点的择优选择。大量实证研究证明，无标度网络度分布遵循幂律分布，即 $P(k) \sim k^{-\gamma}$，网络的聚类系数可以由参数 p 加以调节。下面给出无标度网络演化模型的生成算法（Barabási and Albert，1999）。

总的来看，无标度网络的生长算法如下。

1. 增长

假设 $t = 0$ 时刻，网络最初节点数为 m_0，在此后的每一个时间间隔内，新增节点与原有节点发生 m 条边连接，且 $m < m_0$。

2. 择优连接

新增节点与原有的 i 节点间的连接取决于节点 i 的度 k_i，且新节点与原有节点 i 相连的概率正比于节点 i 的度：$P(k_i) = \dfrac{k_i}{\sum_j k_j}$。在经过 t 时刻后，网络节点数为 $N = m_0 + n_t$，n_t 为 t 时刻网络新增节点数，此时网络边数记为 m_t，节点度为 k 的概率为 $P(k) \sim k^{-\gamma}$。

3.2.2 无标度网络的平均路径长度

无标度网络的平均路径长度为

$$L \propto \frac{\log N}{\log\log N} \tag{3-1}$$

且该网络也具有一定的小世界网络特性（Newman and Watts，1999）。

3.2.3 无标度网络的聚类系数

无标度网络的聚类系数为

$$C = \frac{m^2 (m+1)^2}{4(m-1)} \left[\ln\left(\frac{m+1}{m}\right) - \frac{1}{m+1} \right] \frac{[\ln(t)]^2}{t} \qquad (3-2)$$

由此可见，与 ER 随机图类似，当网络规模足够大时，无标度网络不再具有明显的聚类特征。

3.2.4 无标度网络的度分布

目前对无标度网络的度分布理论计算方法有三种，连续场理论（continuum theory）（Fronczak et al.，2003）、主方程法（Dorogovtsev et al.，2000）和速率方程法（Krapirsky et al.，2000），其计算结果都是相同的，其中主方程法和速率方程法是等价的。由 $P(k_i) = \dfrac{k_i}{\sum_j k_j}$ 可知，这里节点 i 的度为 k_i，且 k_i 的平均变化率正比于 $P(k_i)$，假设 k_i 是一个连续的实变量，则 k_i 满足演化方程式

$$\frac{\partial k_i}{\partial t} = mP(k_i) = m \frac{k_i}{\sum_{j=1}^{N-1} k_j} \qquad (3-3)$$

式中，$\sum_{j=1}^{N-1} k_j$ 表示除新增节点外的所有节点度的和。对于无标度网络模型而言，在 t 时间步网络共增加了 mt 条边，每条边连接两个节点，供给算了两次，因此去掉新增的节点有 m 条边，有 $\sum_j k_j = 2mt - m$，且在 $t+1$ 时刻，$\sum_j k_j = 2mt + m$，根据连续性理论，即把 $k_i(t)$ 看成是连续动力学函数，取 $\sum_j k_j \approx 2mt$ 是合适的。由此可知节点 i 的度数 $k_i(t)$ 近似地满足下述动力学方程

$$\frac{\partial k_i}{\partial t} = mP(k_i) = m \frac{k_i}{\sum_j k_j} = \frac{k_i}{2t} \qquad (3-4)$$

对于节点 i 初始状态，在加入网络的时刻 t_i 有 $k_i(t_i) = m$。式（3-4）有解

$$k_i(t) = m \left(\frac{t}{t_i}\right)^{\varepsilon} \qquad (3-5)$$

式中，$\varepsilon = \dfrac{1}{2}$，即为动力学指数（dynamic exponent）。式（3-5）说明了网络所有节点以相同的方式（幂律）演化。从式（3-5）可知，节点 i 在 t 时刻度 $k_i(t)$ 小于 k 的概率可以表示为 $P(k_i(t) < k)$

$$P(k_i(t) < k) = P\left(t_i > \frac{m^{1/\varepsilon} t}{k^{1/\varepsilon}}\right) \qquad (3-6)$$

假设新节点的加入是等时间间隔，即 t_i 是一个常概率密度

$$P(t_i) = \frac{1}{m_0 + t} \tag{3-7}$$

将式（3-7）代入式（3-6）后可得

$$P\left(t_i > \frac{m^{1/\varepsilon}t}{k^{1/\varepsilon}}\right) = 1 - \frac{m^{1/\varepsilon}t}{k^{1/\varepsilon}(t + m_0)} \tag{3-8}$$

度分布 $P(k)$

$$P(k) = \frac{\partial P(k_i(t) < k)}{\partial k} = \frac{2m^{1/\varepsilon}t}{m_0 + t}\frac{1}{k^{1/\varepsilon+1}} \tag{3-9}$$

当 $t \to \infty$ 时，可得

$$P(k) \sim 2\mathrm{m}^{1/\varepsilon}k^{-\beta} \tag{3-10}$$

式中，$\beta = \frac{1}{\varepsilon} + 1 = 3$ 成为度（分布）指数。

3.2.5　无标度网络的鲁棒性和脆弱性

在一个网络中，如果移走某一节点后，与该节点相连的边也同时被移走，从而使网络中其他节点的路径有可能被中断，如果在节点 i 和 j 之间有多条路径，那么中断其中一些路径可能会增大两节点间的距离，从而使整个网络的平均路径长度 L 增大，如果 i 和 j 之间的所有路径被中断，那么这两个节点间就不再连通。如图 3-1 所示，如果移走节点 g，则整个网络不再连通，而移走节点 d，整个网络的连通性没有破坏。由此，给出定义：如果移走少量节点后网络中的绝大部分节点仍保持连通，则称该网络的连通性对节点故障具有鲁棒性。

Albert 等于 2000 年曾在 *Nature* 上发表论文比较了 ER 随即图和 BA 无标度网络的连通性对移走节点的鲁棒性（Albert et al, 2000）。Albert 等认为对网络攻击分为两种形式，一种是随机故障策略，即完全随机地去除网络中的部分节点；二是蓄意攻击策略，即有意去除网络中度最高的节点。假设移走的节点数占原始网络总节点数的比例为 f，可以用最大连通子图的相对大小 S 和平均路径长度 l 和 f 的关系来度量网络的鲁棒性。研究发现，无标度网络对随机节点的故障具有非常高的鲁棒性，而对关键节点的故障却具有极高的脆弱性，这是因为无标度网络的度分布具有极端的非均匀性，绝大多数节点具有相对较小的度，而少量节点的度却非常大。当 f 较小时，随机选取的节点都是度较小的节点，移走这些节点对整个网络的连通性影响不大。Albert 等通过对 Internet 的研究验证了对随机故障的鲁棒性和对蓄意攻击的脆弱性是无标度网络的一个基本特征，并且指出其根源在

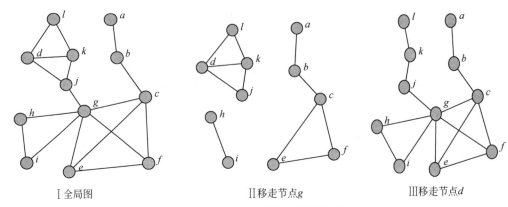

I 全局图   II 移走节点g   III 移走节点d

图 3-1 移走节点对网络连通性的影响

于无标度网络中的度分布不均匀性。由此可见，无标度网络对随机破坏具有很强的抗毁性，但是对于蓄意攻击却十分脆弱。

　　目前，有大量的研究证明了无标度网络的存在，即网络度分布服从幂律分布，且幂指数 $\gamma \in (2, 3)$ 如表 3-1 所示。其中，N 为网络节点总数，M 为网络边的总数，$\langle K \rangle$ 为平均度数，L 为平均路径长度，γ 为幂指数（包括有向和无向之分），C 为聚类系数，"—" 表示没有可靠的数据。Newman（2001）证明了科研合作网络具有无标度网络特性。Walter 等（2005）在考察了 1988～1999 年的生物技术产业合作网络规模时发现该网络具有无标度特征。同年，Gay 和 Dousset（2005）研究发现生物技术科研合作网络是一个具有无标度特性网络，因为新节点优先连接到核心节点。此外，通过网络分析，Wagner 和 Leydesdorff（2005）指出在国际科技合作中存在着一个基于声望和奖励的优先连接机制。Balconi 等（2004）论证了理论发明家通过欧洲专利局（European Patent Office，EPO）更愿意与非理论发明家进行联系。Assenza 等（2008）在基于无标度网络特征的分析下，研究了如何增强网络合作问题。我国学者闫栋和祁国宁（2006）通过对 SUN 和 IBM 公司提供的大规模软件系统进行研究发现，JAVA 软件系统网的度分布服从无标度分布，幂律指数约为 2.5。胡一竑等（2009）利用复杂网络的相关理论对比研究了中外供应链管理研究领域的科研合作网络，通过统计实证研究发现，中外科研合作网络均为无标度网络。楚杨杰等（2010）通过研究武汉市公交换乘网络，证明了该城市公交网络具有无标度特性。

表 3-1　实际的无标度网络统计数据

领域	网络	类型	N	M	$\langle k \rangle$	L	γ	C
社会领域	电影演员	无向	449 913	25 516 482	113	3.48	2.3	0.78
	电子邮件	有向	59 912	86 300	1.44	4.95	1.5/2.0	0.16
	性关系	无向	2 810	—	—	—	3.2	—
信息领域	WWW（nd.edu）	有向	269 504	1 497 135	5.55	11.3	2.1/2.4	0.29
	WWW（Altavista）	有向	203 549 046	2.13E+09	10.50	16.2	2.1/2.7	
	引用网络	有向	783 339	6 716 198	8.57	—	3.0/–	
	单词搭配网络	无向	460 902	1.7E+07	70.1	—	2.7	0.44
技术领域	自治网 Internet	无向	10 697	31 992	5.98	3.31	2.5	0.39
	软件包	有向	1 439	1 723	1.20	2.42	1.6/1.4	0.08
	电子电路	无向	24 097	53 248	4.43	11.1	3.00	0.03
	对等网络	无向	880	1 296	1.47	4.28	2.1	0.01
生物领域	代谢网络	无向	765	3 686	9.64	2.56	2.2	0.67
	蛋白质网络	无向	2 115	2 240	2.12	6.8	2.4	0.07

3.3　无标度网络的动力学行为

由于复杂网络上的动力学行为通常依赖于网络的拓扑结构，因此研究复杂网络的网络特性有利于深入了解网络的动力学行为。基于上文对无标度网络结构研究分析的基础上，考虑到无标度网络度分布服从 $P(k) \sim k^{-\gamma}$，且节点的度存在较强的涨落特性，因此我们应用度为 k 的节点的相对密度 $\rho_k(t)$ 来分析无标度网络上的动力学行为。借鉴 Catanzaro 等（2008）提出的无标度网络上的扩散–歼灭（diffusion-annihilation）和 Weber 等（2008）提出的多类成分反应扩散动力学过程，假设无标度网络由二元随机变量 $N(t)$ 来表示，其中 $N_i(t)$ 的值为 0 或 1，分别对应于网络节点 i 存在个体 A 或个体消失，即个体 A 加入网络或退出网络，因此有无标度网络在 t 时刻完全由向量 $N(t) = \{N_1(t), N_2(t), \cdots, N_n(t)\}$ 决定。且有

$$N_i(t+1) = N_i(t)\eta + [1 - N_i(t)]\xi \tag{3-11}$$

式中，η，ξ 为二元随机变量，在概率 p 和 $1 - p$ 下值分别为 0 或 1。

$$\eta = \begin{cases} 0, & p = p_d + (1 - p_d) \left[1 - \dfrac{1}{k_i} \sum_j \boldsymbol{a}_{ij} N_j(t) \right], \\ 1, & 1 - p \end{cases} \tag{3-12}$$

$$\xi = \begin{cases} 0, & p = \sum_j \dfrac{(1 - p_d) \boldsymbol{a}_{ij} N_j(t)}{k_j} \left(1 + \dfrac{p_d}{k_j} \sum_l \boldsymbol{a}_{jl} N_l(t) \right), \\ 1, & 1 - p \end{cases} \tag{3-13}$$

式中, $\boldsymbol{a}_{ij}$ 表示网络连接矩阵, 概率 p 表示主体 A 从节点 i 退出的概率, p_d 表示主体 A 的死亡率, 考虑到某一主体可能断开与某一个节点的连接而连接到其他节点, 则随机选择的节点与其连接的概率为 $1 - \dfrac{1}{k_i} \sum_j \boldsymbol{a}_{ij} N_j(t)$ 。利用平均场算法对方程 (3-11) 加以处理得

$$\begin{aligned} \langle N_i(t + 1) \mid N(t) \rangle = {}& N_i(t)(1 - p_d) \frac{1}{k_i} \sum_j \boldsymbol{a}_{ij} N_j(t) \\ & + (1 - N_i(t)) \left[\sum_j \frac{(1 - p_d) \boldsymbol{a}_{ij} N_j(t)}{k_j} (1 + \frac{p_d}{k_j} \sum_l \boldsymbol{a}_{jl} N_l(t)) \right] \end{aligned}$$

$$\tag{3-14}$$

上述方程用来描述无标度网络在 t 时刻状态前提下的 $t+1$ 时刻的平均演化状态。由平均场理论知道, $\langle N_i(t) N_j(t) \rangle \equiv \langle N_i(t) \rangle \langle N_j(t) \rangle$, 以及 $\langle N_i(t) N_j(t) N_l(t) \rangle \equiv \langle N_i(t) \rangle \langle N_j(t) \rangle \langle N_l(t) \rangle$, 因此对整个网络进行系统平均后得

$$\begin{aligned} \rho_i(t + 1) \equiv \langle N_i(t + 1) \rangle = {}& \rho_i(t) \frac{(1 - p_d)}{k_i} \sum_j \boldsymbol{a}_{ij} \rho_j(t) \\ & + (1 - \rho_i(t)) \left[\sum_j \frac{(1 - p_d) \boldsymbol{a}_{ij} \rho_j(t)}{k_j} \left(1 + \frac{p_d}{k_j} \sum_l \boldsymbol{a}_{jl} \rho_l(t) \right) \right] \end{aligned}$$

$$\tag{3-15}$$

在同一网络中, 节点度相同的点其相对密度相同, 即

$$\rho_i(t) \equiv \rho_j(t), \qquad \forall i, j \in \nu(k) \tag{3-16}$$

其中, $\nu(k)$ 是度为 k 的节点集合。于是有

$$\sum_i \boldsymbol{a}_{ij} = \sum_{k'} \sum_{i \in \nu(k')} \boldsymbol{a}_{ij} = \sum_{k'} k P(k' \mid k), \qquad \forall i, j \in \nu(k) \tag{3-17}$$

这里对 i 求和可以分为两步, 一是对 k' 和 $v(k)$ 分别求和, 同时涉及条件概率 $P(k' \mid k)$, 即度为 k 的节点其邻居度为 k' 的条件概率。于是对式 (3-15) 进行处理后得

$$\rho_i(t + 1) = \rho_i(t)(1 - p_d) \theta(\rho(t)) + \frac{k}{\langle k \rangle} (1 - p_d)(1 - \rho_k(t)) \rho(t) \left[1 + p_d \theta(\rho(t)) \right]$$

$$\tag{3-18}$$

其中，$\rho(t)$ 是网络总的个体密度，$\theta(\rho(t))$ 是指任一条边指向新增节点的概率，且有

$$\theta(\rho(t)) = \frac{1}{\langle k \rangle} \sum_k k p(k) \rho_k(t) \tag{3-19}$$

于是通过方程（3-18）和方程（3-19）可得

$$\frac{\mathrm{d}\rho_i(t)}{\mathrm{d}t} = -\rho_i(t) + \rho_i(t)(1 - p_d)\theta(t) + \frac{k}{\langle k \rangle}(1 - p_d)(1 - \rho_i(t))\rho(t)[1 + p_d\theta(\rho(t))]$$

$$\tag{3-20}$$

由静态条件 $\partial_t\rho_i(t) = 0$ 可知

$$\rho_i = \frac{\dfrac{k}{\langle k \rangle}(1 - p_d)\rho(1 + p_d\theta(\rho))}{p_d + (1 + p_d)(1 - \theta(\rho)) + \dfrac{k}{\langle k \rangle}(1 - p_d)\rho(1 + p_d\theta(\rho))} \tag{3-21}$$

式（3-21）说明在网络中度大的节点被其他节点连接的概率越大。

从无标度网络理论及其应用发展情况来看，网络的无标度特性证明的意义在于认识到网络的结构和演化不可分割，即真实的网络是动态变化的而非静态不变的，网络演化伴随着成长与衰败的过程。此外，研究还发现真实的网络系统，无论是细胞生长还是因特网的形成都是收敛到类似的结构上，即网络度呈幂率分布，且与网络的年龄、方式和规模等无关（Barabási，2009）。

4　复　杂　系　统

复杂系统作为一门独立的学科出现于 20 世纪 90 年代，而复杂网络作为研究复杂系统的有效工具和方法始于 20 世纪 90 年代末。众所周知，复杂系统是由相互作用的众多子系统组成，如果将子系统抽象成节点，把子系统之间的相互作用关系抽象成连接节点的边，则复杂系统可以抽象成一个复杂网络。最早将复杂系统看成一个网络进行研究的是社会学家，社会学家通过研究人群关系网络，分析了个体对整个系统的贡献，强调网络中个体节点的作用。因此研究一个复杂网络，不仅要考虑其微观的网络结构及网络特征，而且要分析其作为一个整体即从宏观的视角研究其系统特性。

4.1　系统的复杂性

4.1.1　相关概念

1. 系统

系统（system）是相互作用的多元素的复合体。可以用形式化的数学方程来描述：$S = (A, R)$。其中 A 为构成系统 S 的元素集合，R 为元素间各种关系的集合，且 A 中不存在相对于 R 的孤立元。由此可见，一个系统主要由元素集和关系集共同决定。

2. 系统结构

系统结构（structure）是指组成系统的各部分之间的关系方式的总和，通常可区分为框架结构和运行结构。当系统处于尚未运行或者停止运行的状态时，各组成部分之间的基本联结方式称之为系统的框架结构；当系统处于运行过程中，各组成部分之间体现出的相互作用、相互制约等方式即为系统的运行结构。

3. 系统演化

系统演化（evolution）是指随着时间的推移，系统的结构、行为、功能、状态及特性随着系统的发展而发生相应的变化。演化是系统普通具有的特性，只是不同的系统其演化快慢不同。系统演化的结果可以分为两类，一类是进化，一类是退化。进化是系统由低级向高级、由简单向复杂演化；退化则是系统由高级向低级、由复杂向简单演化。在现实世界中，系统的进化与退化相伴而生，两种演化是互补的。Mckeley 曾指出演化是指相对于急变而言的缓慢的变化过程，是一个有机体和社会实体的进步过程，是单个组织随着时间而发展的过程。

4.1.2 复杂性科学

系统科学是用来研究复杂系统的性质和演化机制，并揭示各类系统在演化过程中遵循怎样的共同规律。现代系统科学大致经历了三个发展阶段，早期的"老三论"，即以控制为主要考虑对象的一般系统论（bertalanffy）、控制论（wiener）和信息论（shannon）；中期的新三论，即以自组织现象为主要研究对象的耗散结构论（prigogine）、协同学（haken）和突变理论（thom）；新时期的复杂系统论，以研究复杂性为主流的新理论，主要代表人物有 Holland 等。系统复杂性研究开辟了系统科学研究的新路径，为系统科学的进一步发展作出重要贡献。

实践证明，系统论是研究复杂性问题的理论工具之一，一般系统论最早于1937 年由 Bertalanffy 提出。一般系统论的提出促进了对解决复杂性问题的研究方法的兴起。信息学家 Weaver 首先提出了系统的简单性和复杂性，并将复杂性划分为有组织和无组织两类。自组织理论的提出进一步推动了复杂性研究，Prigogine 于 1969 年提出了耗散结构理论，Haken 构建了协同学理论，Eigen 于1979 年提出了超循环论，这些理论的提出促进了复杂性科学的发展。学者们普遍认为复杂性的产生源于物质世界的自组织，应用自组织理论可以揭示复杂性的本质和来源。Nicolis 和 Prigogine 在《探索复杂性》一书中指出，复杂性存在于物理、生物及自然和社会中的各个领域中，差别只是复杂性的类型、程度和层次不同而已。

早期对系统复杂性的研究多停留在对系统外部的研究，注重系统外部因素对系统本身的控制与管理，自组织理论的提出开创了系统内部研究的先河，人们开始注重系统内在的演化与发展，即从系统内部分析系统的复杂性。然而由于受思维方式的局限，学者们认为组成系统的元素多是静止的，没有主动性。对于社会经济系统而言，一个明显的特征是组成系统的元素多是"活"的，这区别于以机械装置为原型的系统，也不同于热力学等系统；而且各元素之间具有复杂的非线性关系，又相互作用，相互影响，能够主动按照一定的规则朝着一定的目标行动，当环境发生变化时，这些元素能够适时地对自身的形状和构造做出改变。因此，对社会经济系统的研究首先要寻找系统的复杂性来源。

复杂性科学是系统科学发展到一定阶段的新学科，复杂性科学从一个全新的角度来认识世界，能够对经济和商业行为甚至政治行为发生潜在的巨大影响。因此，复杂性科学被誉为"21 世纪的科学"（沃尔德罗普，1995）。目前，从复杂系统观的视角对创新网络进行研究正成为一个新的交叉学科研究领域。基于创新网络是一个多层面的复杂系统理解，研究发现，创新网络的演化进程是一个从低级到高级、由简单到复杂的过程。在研究复杂性科学中，有一个重要的概念便是熵（entropy）。熵的概念最早于 1864 年由法国物理学家克劳修斯提出，但当时的解释比较抽象。1872 年，奥地利最伟大的物理学家波尔兹曼在研究气体分子运动过程中，对熵进行了微观解释，即 $S = k\ln W$。后来，普朗克、吉布斯在进一步研究后指出，在由大量粒子（原子、分子）构成的系统中，熵表示粒子的无序程度，或者说，表示系统的紊乱程度。系统越"乱"，熵就越大；系统越有序，熵就越小。控制论的创始人维纳曾说过，"一个系统的熵就是它的无组织程度的度量"。对于一个孤立的封闭系统，熵总是增加的，即系统总是由有序向无序发展，此观点反应了一切过程的方向性问题。对个一个开放系统来说，熵的变化可分为两部分；一部分是系统自身由于不可逆变化引起的熵增加，即所谓的熵产生 dS_i（i：inside），这一项永远是正的；另一部分是系统与外界交换物质和能量引起的熵流 dS_e（e：exchanges），这一项可正或负，整个系统熵的变化为两项之和

$$dS = dS_i + dS_e \tag{4-1}$$

当 $dS_e < - dS_i$ 时

$$dS = dS_i + dS_e < 0 \tag{4-2}$$

因此，负熵流可能使总熵减少，系统由相对无序状态向相对有序状态变化。从原则上讲，只要给系统一个负熵流，就有可能得到一个稳定有序构象。开放系统的非平衡有序原理是 1977 年诺贝尔奖获得者 Prigogine（非平衡态统计物理与耗散结构理论奠基人）为首的布鲁塞尔学派创立和发展的耗散结构理论的基点。

4.2 复杂系统的特征

对复杂系统的研究，不同学科的学者通常有不同的认识，至今还未形成统一的确切的定义。1984 年，Gell- Mann、Anderson 和 Arrow 等不同领域的科学家成立了研究复杂性的组织圣菲研究所（SFI）。圣菲研究所的研究贯穿了从量子力学到宇宙科学的整个科学体系，通过多学科交叉研究，探索了事物的简单性、复杂性、确定性和随机性的运行规律，研究认为具有主动性的个体组成的系统在适应环境的过程中是不断进化的，这样的系统为复杂适应系统（简称 CAS）。SFI学者认为复杂系统是由众多相互作用的单元构成，复杂性研究的是在一定的规则下复杂系统的有组织的行为。国内学者钱学森教授认为系统可以分为简单系统和巨系统，简单系统又可以分为小系统和大系统，巨系统又可以分为简单巨系统和复杂巨系统。其中复杂巨系统是指具有很多相互关联的子系统，且系统本身存在很多层次结构（钱学森等，1990）。成思危（1998）认为复杂系统具有智能性，它们能够对所处的环境做出预测并随之发生变化，并能够按照预定的目标采取行动。一个复杂系统通常具有自组织性、适应性和动态性等特征。

（1）自组织性。复杂系统是由众多相互作用的独立的元素组成，这些独立的元素之间的相互作用并非特意地进行组织和控制，而是个体之间相互依赖、自然演化的结果。

（2）适应性。复杂系统具有自组织性，可以通过自我调整来适应环境的变化，可以将不利因素转化为适应自己发展的有利因素。

（3）动态性。复杂系统处于不断变化的过程，其发展的过程伴随着发生、成长、老化、突变现象，系统的整体性能有时受外力的作用而改变，有时是因为系统中部分与整体的关系发生了变化而导致系统整体性能发生改变。

SFI 的研究者们为复杂科学的研究作出了重要的贡献，并引发了全球性学习和研究复杂科学理论的浪潮，至今为止，对复杂科学的研究已经形成了若干学派（柴立和和杨战，2004），其中包括国家的知名学者的研究成果（表4-1）。

表 4-1　复杂系统研究的流派

学派名称	代表人物	理论工具	研究方向
交叉学派	集成联盟	"学科交叉" 或 "后现代主义方法"	社会、教育、科学、语言等系统

学派名称	代表人物	理论工具	研究方向
系统动力学派	Forester，Neadms，Senge 等	常微分方程	组织理论，尤其是学习型组织
自适应学派	Cowen，Kaufman，Holland 等以 SFI 为基础的学者	偏微分方程	生物、经济、认知等系统
混沌理论学派	一些分散的组织和个人，如 Alamos 非线性研究中心	非线性常微分方程	物理、经济等系统
结构基础学派	Piece，Polanyi，Pragot，等	形式逻辑，包括集合论、图论、关系论等	管理理论，特别是交互管理
中国学派	钱学森、顾基发等	从定性到定量的综合集成	逻辑思维、形象思维综合集成，机器"智能"和人的智能综合集成；物理—事理—人理

4.3　复杂适应系统

复杂适应系统（CAS）理论自 1994 年由 Holland 提出后，便引起了学术界的轰动，并吸引了众多学者投入到该理论的研究中。目前，对 CAS 的研究与认识达到了一个新的高度，它被看成是第三代系统观，CAS 理论突破了以往把系统元素看成静止的、被动的对象，而是引入了具有适应能力的 agent 概念，agent 可以是一个过程、一个人、一个企业甚至一个国家。CAS 理论从行为主体和环境的互动作用的视角去认识和描述复杂系统的行为，为复杂系统研究开辟了新的视野。CAS 理论重点研究复杂系统的演化规律，即对复杂性产生机制进行研究。CAS 理论的核心思想是"适应性造就复杂性"（霍兰，2000）。CAS 理论认为系统是由具有适应性的主体（adaptive agent）组成，适应性是指主体通过与环境或其他主体进行交流，在交流过程中"学习"并"积累经验"，并根据学到的经验主动地改变自身的结果和行为方式，进而产生新的层次和新的更大的主体，最终实现整个系统的演变或进化（徐志国等，2000）。

一个复杂适应系统区别于一般系统的一个显著特征是"整体大于部分之和"，产生这种效果的原因是系统整体具有涌现性，涌现现象的发生正是基于主体间的相互作用，因为主体在与其他主体和环境进行交互作用时，任何主体都在努力适应别的适应性主体，对于每一个主体而言，不存在孰优孰劣，且相互间起着彼此的"环境"作用；在相互作用中，主体间的关系存在着从"平等"到"分化"的发展过程，因为各种因素的影响，每个主体的发展方向不尽相同，并且原有的系统结构也不断发生变化，整个系统变得越来越复杂，这便是由简单到复杂的演化结果。CAS 理论吸收了多学科的先进思想，借助生物学的遗传算法（genetic algorithm）引入随机变量来考量复杂系统中随机因素的作用。CAS 理论否认那种在某一环节中引入外来的随机因素，按照一定的分布影响演变的过程的看法，而是强调随机因素不仅影响系统状态，而且影响组织结构和行为方式。CAS 理论认为系统中的行为主体具有适应性，能够与其他主体及环境进行交互作用。行为主体在不断的交互作用的过程中，伴随着博弈和信息交换活动，这些活动便是"学习"或"积累经验"的行为，行为主体可以根据积累的经验改变自身的结构和行为方式，以此体现适应性特征。行为主体的自适应性导致了整个系统的演变和进化，如新层次的产生、分化及多样性的出现，新的更大的行为主体开始出现。复杂适应系统通常具有自组织、自适应和自创新等功能。组成系统的行为主体为了达到特定的目标，在对外部环境状态认识的基础上，通过与外部环境的相互作用及和其他主体的协作，自治地处理问题。在复杂适应系统中，一个主体应该具有协作（co- operation）、协调（co- ordination）和解决冲突（collision resolution）等功能（王周焰和王浣尘，2000）。由此可见，CAS 理论发展了系统科学强调的相互作用的思想，并具体化了系统进化的观点。

参 考 文 献

柴立和，杨战．2004．复杂性科学的几大学派及其研究特点．现代物理知识，(6)：25-30.

成思危．1998．管理科学的现状与展望．管理科学学报，(1)：175-183.

楚杨杰，程文龙，罗熹．2010．城市公交网络无标度特性实证分析．武汉理工大学学报，32 (11)：119-121.

胡一竑，朱道立，张建同，等．2009．中外科研合作网络对比研究．管理学报，6 (10)：1323-1329.

刘军．2009．整体网分析讲义——UCINET 软件实用指南．上海：上海人民出版社．

帕·巴克．2001．大自然如何工作．武汉：华中师范大学出版社．

钱学森，于景元，戴汝为．1990．一个科学新领域——开放的复杂巨系统及其方法论．自然杂志，(1)：3-10.

王寿云，于景元，戴汝为，等．1996．开放的复杂巨系统．杭州：浙江科学技术出版社．

王周焰，王浣尘．2000．复杂适应系统．科学学与科学技术管理，21 (11)：50-52.

沃尔德罗普．1995．复杂：诞生于秩序与混沌边缘的科学．陈玲译．上海：三联出版社．

徐国志等．2000．系统科学．上海：上海科技教育出版社．

闫栋, 起国宁 . 2006. 大规模软件系统的无标度特性与演化模型 . 物理学报, 55 (8):
 3800-3804.

伊·普里戈金, 伊·斯唐热 . 2001. 从混沌到有序——人与自然的新对话 . 曾庆宏, 沈小峰,
 译 . 上海:上海译文出版社 .

约翰·H·霍兰 . 2000. 隐秩序—适应性造就复杂性 . 周晓牧, 韩晖, 译 . 上海:上海科技教
 育出版社 .

章忠志, 荣莉莉, 周涛 . 2005. 一类无标度合作网络的演化模型 . 系统工程理论与实践,
 (11):55-60.

Albert R, Barabási A L. 2000. Topology of evolving networks:local events and universality. Physical
 Review Letters, 85 (24):5234-5237.

Albert R, Barabási A L. 2002. Statistical mechanics of complex networks. Reviews of Modern Physics,
 (74):47-97.

Albert R, Jeong H, Barabási A L. 2000. Attack and error tolerance in complex networks. Nature, 406
 (6794):387-482.

Albetr R, Jeong H, Barabási A L. 1999. Diameter of the world wide web. Nature, (401):103-131.

Assenza S, Gardeňes J G, Latora V. 2008. Enhancement of cooperation in highly clustered scal-free
 networks. Physical Review E, 78 (1):1431-1434.

Balconi M, Bresehi S, Lissoni F. 2004. Networks of inventors and the role of academia:an exploration
 of Italian patent data. Research Policy, 33 (1):127-145.

Barabási A L, Albert R, Jeong H. 1999. Mean-field theory for scale-free random networks. Physics
 A, (272):173-187.

Barabási A L, Albert R. 1999. Emergence of scaling in random networks. Science, 286 (5439):
 509-512.

Barabási A-L. 2009. Scale-free networks:a decade and beyond. Science, (325):412-413.

Bianconi G, Barabási A-L. 2001. Competition and multiscaling in evolving networks. Europhysics
 Letters, 54 (4):436-442.

Boccaletti S, Latora V, Moreno Y, et al. 2006. Complex networks:structure and dynamics. Physics
 Reports, 424:175-308.

Carlson J M, Doyle J. 2000. Highly optimized tolerance:robustness and design in complex
 systems. Physical Review Letters, 84 (11):2529-2532.

Catanzaro M, Boguňá M, Pastor-Satorras R. 2008. Reaction-diffusion processes in scale-free net-
 works. Physical Review E, 78 (1) 1-14.

Cowan R, Jonard N. 2004. Network structure and the diffusion of knowledge. Journal of Economic
 Dynamics &Control, (28):1557-1575.

Dorogovtsev S N, Mendes J F F, Samukhin A N. 2000. Structure of growing networks with preferential
 linking. Physical Review Letters, (85):4633-4636.

Dorogovtsev S N, Mendes J F F. 2003. Evolution of Networks: From Biological Nets to the Internet and WWW. New York: Oxford University Press.

Erdös P, Rényi A. 1959. On random graphs I. Publicationes Mathematicae, (6): 290-297.

Erdös P, Rényi A. 1960. On the revelution of radom graphs. Publications of the Mathematical Institute of the Hungarian Academy of Science, (5): 17-61.

Erdös P, Rényi A. 1961. On the strength of connectedness of a random graph. Acta Mathematica Scientia Hungary, (12): 261-267.

Faloutsos M, Faloutsos P, Faloutsos C. 1999. On power- law relationships of the internet topology. ACM SIGCOMM Computer Communication Review, 29 (4): 251-262.

Frauenfelder E H Z T. 2004. Complex Networks. Lecture Notes in Physics. Berlin: Springer.

Fronczak A, Fronczak P, Holyst J A. 2003. Mean-field theory for clustering coefficients in Barabási-Albert networks. Physical Review Letters, 68 (4): 046126.

Gay B, Dousset B. 2005. Innovation and network structural dynamics: study of the alliance network of a major sector of the biotechnology industry. Research Policy, 34 (10): 1457-1475.

Jeong H, Tombor B, Albert A, et al. 2000. The large- scale organization of metabolic networks. Nature, (407): 651-654.

Kleinberg J M. 2000. Navigation in a small world. Nature, 406: 845.

Kochen M. 1989. The Small World. Norwood: Ablex Publishing Corporation.

Krapivsky P L, Redner S, Leyvraz F. 2000. Connectivity of growing networks. Physical Review Letters, (85): 4629-4632.

Li X, Chen G-R. 2009. A local-world evolving network model. Physica A, (328): 274-286.

Newman M E J, Strogatz S H, Watts D J. 2001. Random graphs with arbitrary degree distribution and their applications. Physical Review E.

Newman M E J, Watts D J. 1999. Renormalization group analysis of the small- world network model. Physics Letters A, (263): 341-346.

Newman M E J. 2001. The structure of scientific collaboration networks. National Academy of Sciences, 98 (2): 404-409.

Newman M E J. 2003. The structure and function of complex networks. Siam Review, (45): 167-256.

Onody R N, de Castro P A. 2004. Nonlinear Barabási-Albert Network. Physica A, (336): 491-502.

Saramaki J, Kaski K. 2004. Scale-free networks generated by random walkers. Physica A, (341): 80-86.

Schuster H G. 2002. Complex Adaptive Systems. Saarbruskey: Scator Verlag.

Stefancic H, Zlatic V. 2005. "Winner takes it all": strongest node rule for evolution of scale-free networks. Physical Review E, 72: 036105.

Stefancic H, Zlatic V. 2005. "Winner takes it all": strongest node rule for evolution of scale-free networks. Physical Review E, 72 (03): 5-6.

Strogatz S H. 2001. Exploring complex networks, Nature, (410): 268-276.

Wagner C S, Leydesdorff L. 2005. Network structure, self-organization, and the growth of international collaboration in science. Research Policy, 34 (10): 1608-1618.

Walter W P. Douglas R W, Kenneth W K, et al. 2005. Network dynamics and field evolution: the growth of inter-organizational collaboration in the life sciences. American Journal of Sociology, 110 (4): 1132-1205.

Watts D J, Strogatz S H. 1998. Collective dynamics of small-world networks. Nature, 393 (6684): 440-442.

Weber S, Hutt M T, Porto M. 2008. Pattern formation and efficiency of reaction-diffusion processes on complex networks. Europhysics Letters, 82 (2): 1-5.

Willeboordse F H. 2006. Dynamical advantages of scale-free networks. Physical Review Letters, 96 (1): 018702.

中　篇
基于无标度网络的
复杂生态系统研究

5 引　论

本篇研究依据于 L 江水电站枢纽工程所选坝址和坝型对所处生态系统的影响。L 江水电站枢纽工程位于 Y 省 D 州 L 江干流上，是 L 江-R 江流域规划开发的第十一级工程，是经 Y 省批准的重点工程。该工程是以发电、防洪为主，兼顾灌溉的综合性枢纽工程，并为城市供水、养殖和旅游提供有利条件。

D 州是我国少数民族自治区，地处西南边陲，交通不便，经济发展严重滞后，基础设施十分薄弱，而能源紧缺和电力供求的突出矛盾则是制约国民经济发展和边疆少数民族人民脱贫的主要因素之一。地区工矿企业发展缺少电力，农业排灌、农副业加工、乡镇企业兴起，城乡人民生活水平提高均缺少电力，因此发展电力工业是促进地区经济发展的关键环节。该地区煤炭资源贫乏，水力资源丰富，但开发利用程度较低，因此必须优先开发水电。L 江水利枢纽工程具有较好的调节性能，技术经济指标优越，工程的兴建对发展地区经济、缩小本地区与内地的差距，促进当地人民群众脱贫致富、加强民族团结、维护边疆稳定起重要的推动作用。

L 江-R 江干流防洪问题严重，据统计，几乎年年有洪灾出现。由于 R 江干流缺乏控制性防洪工程，没有形成完整的防洪体系，利用河道治理措施仅能提高部分河段防御洪水能力，L 江水电站枢纽位于 L 江干流的最后一个峡谷，可以控制整个流域面积的 49%，兴建 L 江水库，能有效地控制上游洪水，从根本上解决下游的防洪问题。

因此，不论从 D 州电网发展角度出发，还是从 R 江下游的防洪需要来看，兴建 L 江水电站枢纽工程都是非常必要的。目前 L 江-R 江干流尚无控制性水库工程，L 江水电站枢纽紧扼 L 江的最后一个峡谷，可以控制整个流域面积的 49%，能有效地控制上游洪水，从根本上提高下游的防洪标准，战略地位十分重要，因此 L 江水库在 R 江流域防洪中具有不可替代的作用。

L 江水利枢纽在能源和防洪方面的作用是显而易见的；但是对于任何一个水利枢纽工程决不可忽视其可能在移民（杨涛，2005；傅秀堂等，2005）、淹没耕地和文物（董杰等，2005；杨文军，1997；吴平勇，2004a；2004b；汪克田，2005）、大坝的淹没、阻隔、径流调节对生物资源、生物多样性、景观多样性

（黄发梁，1998；虞泽荪等，1998；张文国和陈守煜，1999；李正霞，2000）等方面产生的影响。这是因为水利枢纽工程大坝的修建会使原本完整的流域生态系统被人为地分为上游、水库和下游三个部分，从而促使局部气候、水文条件及物质循环和能量流动等发生变化（郭乔羽等，2003），如改变了水流的自然循环，改变了河道的特征（Ward and Stanford，1995；Stanford et al.，1996；Poff et al.，1997），破坏了河流及地下水的连续性（Liqon et al.，1995），减弱了河口的造陆过程从而减小可供使用的栖息地面积（Bednarek，2001），切断了鱼类的泗游路线等（Rasa and Schaeffer，1995；Baker et al.，2000；Fearnside，2001）。同时水利枢纽还可能产生淤积对土壤盐碱化的影响；滑坡与水库可能诱发地震（高德军等，2006；韩志勇等，2006）；边坡开挖可能对植被和景观的影响（蒙吉军等，2005）；泄洪冲刷及雾化可能对岸坡的影响；开挖弃渣和混凝土废料可能对环境的影响等；在水库蓄水后，随着排入水库的工业废水的增多，库区水流缓慢，水体稀释扩散能力降低，水体中污染物浓度将逐渐增加，造成水库水质下降（杨东贞等，2005；戴群英等，2005；魏鹏等，2002；李锦秀等，2002）；大坝蓄水后，水温结构可能发生变化及其可能对下游农作物产生的冷侵害（戴跃华等，2006）；水库蓄水后因河流情势变化会对坝下与河口水体生态环境可能产生的潜在影响等。2003年以来关于"杨柳湖工程"和"怒江水电开发规划"的争论等引起了社会和公众广泛的关注，就是明证（吴平勇，2004a；2004b；王兴奎等，2005；郭发明，2004；邹秀萍等，2005；洪尚群等，2005；郭慧光和高虹，2005；陈伊恂，2005）。

我国经济经过改革开放以来的长足的发展，水利项目的开发已经进入到一个繁荣的时期，有多个水利项目同时进行。这表明水利开发在已经渡过了资金约束时期和市场约束时期。政府和社会对水利开发给生态系统带来的影响的关注日益增强，国家已明确要求对待开发的水利项目进行环保认证，这标志我国的水利开发进入了生态环境约束时期（陈文祥，2005；陈晓和丁光，2004）。因此，对水利项目的每一项负面影响，都应该进行科学的、定量的分析。对移民和淹没耕地过多，生态环境损失过大的河段采取避让政策；对一般的生态环境损失通过技术措施加以解决；对不可避免的生态环境损失进行经济补偿。同时，对正面的生态环境影响也应该计算其效益和价值。总之，应该通过技术、经济、生态环境比较进行决策（陈佑楣，2005）。相关的理论和实证研究对保护、改善人类赖以生存的生态环境、维护社会、经济、生态环境的持续、协调、稳定发展有着重大和深远的意义。

对L江水电站设计方案进行生态评估将是一个细致而复杂的工作。整个课题将涉及对该项目相关的各生态因子，包括气候因子（温度、湿度、光、降水、风等）、土壤因子（土壤结构及土壤物理化学性质等）、地形因子（海拔、地形起伏、水文等）、生物因子（生物、生物群落、生物之间的相关关系）和人为因子（人类活动）各方面因该项目给所属生态环境带来的影响进行评估（李振基等，2000）。Odum（1981）将生态系统定义为一定空间范围内，各生物成分和非生物成分通过能量流动、物质循环、信息传递和价值流向而相互作用、相互依存所形成的一个生态学单元。在任何一个生态系统内，结构和功能都是相互依存、相互制约的，通过其结构和功能间的相互适应、完善，该生态系统的各组成部分在一定时间内依靠制约、转化、补偿和反馈等机制而达到一种协调稳定的状态。整个生态系统是由某些生物和它们所处的非生物环境共同构成的，相互之间相互联系、相互作用，不可被分割，同时彼此之间持续进行能量流动和物质循环的一个整体。任何生态系统在受到其适应性限度以内的干扰后，可以通过自身调节，恢复到近似于原有状态的稳态平衡。

由此可见传统的局部性的研究理论与方法不能完全满足该项目的要求。本篇研究在借鉴国内外生态系统评估及预警的理论研究成果与成功案例的基础上，力图将该项目所涉及的各个环节联系起来，从整体上对该项目对所处生态环境的影响做出评估，探讨有关方法和建立相应模型，并充分利用该课题对研究的结果进行实证分析。在研究过程中，将致力于揭示大型人类工程对所处的生态环境，以及其中的种群和群落带来的影响。其研究成果将为类似的项目的综合评估和预警体系提供理论指导。在将系统性和复杂性研究引入生态评估领域方面做一定的尝试，这将有助于保护和建设生态环境、改善环境状况、防止现有生态系统退化并为解决退化生态系统的修复与重建提供参考意见。因此，本篇的研究具有创新性和针对性，其立项具有重要的理论意义和实用价值。

5.1　生态系统生态学

5.1.1　生态系统生态学的产生和发展

诞生于 20 世纪 70 年代的生态系统生态学（ecosystem ecology）是生态学（ecology）的一个新兴分支学科，它是从系统学的角度研究生态系统的组成要素、组织结构与功能、系统的发展与演化，以及人为影响和调控机制的一门新兴学科（Odum，1993）。生态系统生态学应用系统分析方法从事生态系统结构与功能及其相关演化的动态研究，并通过描述生态系统结构与功能动态的数学方程建立生态模型，以近乎真实地表达一个生态系统的稳定状态和动态演化，并对生态系统承受外力冲击可能产生的反应和后果进行预测。其内容包括系统测量、系统分析、系统描述、系统模拟和系统最优化。其中系统最优化是建立最佳生态系统的依据（Odum, 1982），其目标是指导人们应用生态系统原理，改善和保护各类生态系统的可持续发展性。生态系统生态学是现代生态学发展的前沿，在促进各类生态系统可持续发展中能发挥极为重要的作用。

生态系统生态学是以生态系统为对象，对系统内植物、动物、微生物等生物要素和大气、水分、土壤、地形等非生物要素及其作用进行不同层次的全方位研究（蔡晓明, 2000）。生态系统（ecosystem）是指在一定空间中共同栖居着的所有生物（即生物群落）与其环境之间由于不断进行物质循环和能量流动过程而形成的统一整体（李博, 2000）。生态系统小到一个池塘、一个土丘，大到整个地球。虽然不同的生态系统的外貌有区别，生物组成也各有其特点，但其共同点是生态系统中生物和非生物构成了一个相互作用，物质不断循环，能量不停流动的复杂系统。生态系统是自然界独立的功能单元，几乎包括了地球的全部遗传和物种多样性的总体，提供对人类生存至关重要的产品与服务，是人类生存、发展的基础（李克让等, 2005）。

虽然不同的生态系统具有相同的共性给生态系统生态学提供研究的基础，但不同生态系统所具有的特性也自然成为研究过程中的障碍。组成部分上的差异和组成部分间独特的关联性是生态系统生态学的研究重点。因此在对应用生态系统概念进行研究时，其范围和边界是由所研究问题的特征决定的（李博, 2000）。对 Y 省 L 江水利枢纽工程所处的生态系统进行评估时，应当根据生态系统生态学构建相应的客观的生态系统模型，这无论是从理论上还是从实践上都具有十分重要的意义。

5.1.2 生态系统生态学

由德国生物学家 Ernst Heinrich Philipp August Haeckel 于 1869 年首次提出的生态学旨在研究事物或生物群体及其环境的关系（金哲等, 1986; 1990）。生态学已经发展成为了一门独立的科学，它具有自己的研究目标、理论与方法（李耶波, 1988; 许涤新, 1988）。生态系统生态学则是生态学经历了个体生态学、种群生态学和群落生态学后达到的一个新的高度（Odum, 1981; 孙儒泳, 1986）。它所思考的实体对象为自然界普遍存在的具有不同组成部分和层次的生态系统。它所强调的是生态系统结构和功能上的基础研究。它所研究的内容包括自然生态系统的保护和利用、生态系统的调控机制、生态系统退化的机理及其修复、全球性生态问题、生态系统的可持续发展（董全，1996）。生态系统生态学又可以依据其研究对象的不同分为传统的生态系统生态学、研究生物圈内各种生态系统间相互作用和联系的生态学和研究以人类活动为主导作用的，人与生态系统相互作用和联系的跨学科（包括自然与人文科学）的生态科学三个阶段（高拯民，1990）。本篇以后所指生态系统生态学即最后一种注重考察人为因子干扰和作用下，人与自然相互作用的生态系统生态学，它是工程学、数学、运筹学、控制论和生态学相互交叉的一门边缘科学。

　　同样生态系统的定义和内涵也是不停发展的。生态系统（ecosystem）一词是英国植物生态学家 Tamley（1935）首先提出来的，他指出"更基本的概念……是整个系统（具有物理学的概念），它不仅包括生物复合体，而且还包括了人们称为环境的各种自然因素的复合体。……我们不能把生物与其特定的自然环境分开，生物与环境形成一个自然系统。正是这种系统构成了地球表面上具有大小和类型的基本单位，这就是生态系统"。生态系统这个术语的产生，主要在于强调一定地域中各种生物相互之间、它们与环境之间功能上的统一性。生态系统主要是功能上的单位，而不是生物学中分类学的单位。

　　Ricklefs（1979）在《生态学》（*Ecology*）一书中绘制了生态系统中物质循环和能量流动的基本格局。该生态系统模型中，由有机化合物组成的高能量的生物群与无机化合物所组成的低能量的物质群，在太阳光能的驱动下相互之间进行能量的转化和释放。这个模型形象地表明生态系统中生物和非生物成分间相互作用和相互依赖的关系：它们通过物质交换而联系在一起，驱使生态系统物质循环的能量来自太阳。

　　Odum（1990）对生态系统边界问题的确定提供了方法和思路。他指出生态系统是生物及与之发生相互作用的物理环境所形成的开放系统。在划界时应考虑输入和输出的已加工的能量和物质，即：生态系统＝输入、环境＋系统＋输出、环境。同时通过此次分析法构架生态系统内部生物群落中的生产者、消费者和分解者等组成及其结构、能量流动和物质循环等途径及有关的概况。表明生态系统是个功能单元（functional unit），充分体现出生态系统的专一性（obligatory relationship）、相互依存性（interdependence）和因果关系（causal relationship）。他多次强调生态系统水平的研究应当成为生态学的核心。

　　Kumar（1992）指出生态系统是一个包括相互作用的植物动物、微生物及其依赖的非生物环境的超级系统。他将植物、动物、微生物及其依赖的非生物环境比成一个黑匣子而将整个生态系统描述成了一个三维模型。在这个模型中所有的初级生产者、次级生产者和分解者都是该系统中的主要成分，而且生态系统的整体性（holism）、有限性（limitation）和复杂性（complexity）的概念得到了强调。

Schulze 和 Mooney（1993）通过建立生态系统中营养、气候因素等与生态系统之间的反馈作用，结合对土地和历史影响物种成分和结构的历时性研究，确立了结构与功能的多样性与物种多样性之间的较优化的反馈，从而描述了生物多样性与生态系统之间的关系。他们指出：①在大多数生态系统中，物种多样性对于正在变化环境中的群落具有重要意义，在对抗外来种的入侵过程中物种的多样性比结构的多样性更重要；②一个特定的生态系统稳定性随着物种数量的减少而提高或降低，但这种影响在热带、温带和寒带生态环境中是不同的；③多种元素循环对一个特定生态系统中的特种具有重要的意义；④系统中元素循环通过微生物的作用得以维持，这些微生物的功能常取决于植被物种的成分和非生物环境；⑤物种在群落中的组配机制需要与生态系统过程联系起来理解，在特定生态系统中维持营养、物质循环单个物种功能有时显得很重要。

马世骏等（1990）在探讨人类生态学的基础上，提出了"社会–经济–自然"复合生态系统（social-economic-natural complex ecosystem，SENCE）模型。该模型将社会、经济和自然组合在一起，真实地反映出了当代许多社会问题或多或少关系到社会体制、经济发展状况和生态系统的真实情况。SENCE 模型反映出符合生态系统的实质也就是可持续发展问题的实质，即以人为主体的生命与其环境间相互关系的协调发展（马世骏和王如松，1993）。包括物质代谢关系，能量转换关系及信息反馈关系，以及结构、功能和过程的关系。这里的环境包括人的栖息劳作环境（包括地理环境、生态环境、构筑设施环境）、区域生态环境（包括原材料供给的源、产品和废弃物消纳的汇及缓冲调节的库）及文化环境（包括体制、组织、文化、技术等）。它们与作为主体的人一起被称为"社会–经济–自然"复合生态系统，具有生产、生活、供给、接纳、控制和缓冲功能，构成错综复杂的人类生态关系，包括人与自然之间的促进、抑制、适应、改造关系；人对资源的开发、利用、储存、扬弃关系，以及人类生产和生活活动中的竞争、共生、隶属、乘补关系。发展问题的实质就是复合生态系统的功能代谢、结构耦合及控制行为的失调（王如松和欧阳志云，1996）。

5.2　国内外研究现状

早期的生态学主要是个体生态学（autecology），是以生理生态学为基础，主要研究生物个体、物种与环境的相互关系，研究生物个体对环境变化的反应，研究生物有机体如何通过特定的形态和生理对环境适应的机制。

　　这一时期的代表有 Malthus（1978 年）的《人口论》、Humbodt（1807 年）的《植物地理知识》和 Darwin（1859 年）的《物种起源》。

　　种群生态学（populaiton ecology）诞生于 20 世纪 30 年代开始，它是伴随着科学界掀起系统分析的热潮和系统分析方法而出现的。种群生态学首次尝试着运用系统的理论去理解在一定空间内同一物种个体集合多产生的种群和种内关系的统一体。与此同时，生态学中出现了生态系统的概念。初期的生态系统生态学集中在"自然平衡"和群落稳定性的研究上（林鹏，1986）。因为当时的系统分析理论还停留在将复杂系统视为具有反馈机制和内部关联的各个分部，从而使系统能稳定在相对恒定的平衡点上（张和平和刘云国，2002）。著名生物学家 Odum（1969）把生态系统定义为"一个包括生物和非生物环境的自然单元，二者相互作用产生一个稳定系统，在系统中的生物与非生物环境之间通过循环途径进行着物质的交换"。从这个定义，可以对当时运用于生态系统的系统分析方法窥见一斑。

　　这一时期取得了辉煌的成就：Peral 和 Read 对 logistic 方程的再发现（王荣良，1982；崔启武和 Lapson，1982），这个方程是描述种群数量变化的最基本方程；Lotka 和 Volterra 分别提出了描述两个种群间相互作用 Lotka- Volterra 方程（Hua et al. , 2005；Meng，2005）；Elton（1927）在《动物生态学》一书中提出了食物链、数量金字塔、生态位等非常有意义的概念；Lindeman（1942）提出了生态系统物质生产率的渐减法则。

　　20 世纪 50 年代，种群生态学发展到了群落生态学（community ecology）。群落生态学将目光转向了包含有不同物种的生态学单元——群落，以及不同物种的个体间，同一物种的个体间的相互关系上。此时，经典的生态学方法，强调稳定状态，并主张自然系统是一个封闭的、自调节和自然平衡的系统。一些学者如 Clements、Tansley、Whittaker、Gleason、Chapman 等先后提出了诸如顶极群落、演替动态、生物群落类型（biome）、植被连续性和排序等重要的概念，对生态学理论的发展起了重要的推动作用（苏智先等，1993）。

　　20 世纪 60~70 年代后，开始了以生态系统生态学为中心的生态学。生态系统生态学在现在生态学中占据了突出地位，这是系统科学和计算机科学的发展给生态系统研究提供了一定的方法和思路，使其具备了处理复杂系统和大量数据的能力的必然结果。系统科学理论和分析手法的增强使得科学家可以从多因素、多层次、多功能、多变性和作用非线性的角度研究生态系统。可以说系统科学的发展直接导致了生态系统生态学的产生，并推动了生态学由一门定性的学科发展为定量的、用新技术武装的学科，由一个传统的、经验性和描述性的学科发展为具有现代理论和技术、多学科交叉的新兴学科。用大的复杂的生态系统更完善地反映客观世界，这种思想观念的建立是生态学发展中的一次根本变革。以 Odum (1971) 为首的众多生态学家将系统分析中的"机器类比法"引入到了生态学的研究。Olson (1963) 借用正在崛起的计算机的强大的计算能力，对生态系统模拟的过程进行计算机控制，从而使这一方法成为研究浩大而繁杂的自然生态系统的一种颇为实用的方法。由于这种方法具有形象化和易于被接受和运用的特点，使得生态学概念得到了广泛的传播。至此生态系统逐渐被广泛接受为是一个非平衡的、开放的、具有层次结构和空间特性，且具有尺度的空间单元。生态系统生态学的发展经历了以下四个阶段。

第一个阶段为 20 世纪 60～70 年代。1964～1974 年，由 54 个国家参加的"国际生物学计划"（International Biological Programme，IBP）解开了人类大规模探索生态系统的序幕。IBP 主要研究自然生态系统结构、功能和生产力等，计划涉及七个领域，即陆地群落生物生产力、生物生产过程、陆地群落自然保护、海洋群落生物生产力、淡水群落生物生产力、人类适应、生物资源的利用与管理。该计划的研究重点是全球不同生物群系（biomes）的生产力，以及为满足地球上不断增长的人口的需要，研究可能提取的产量的最大定额。换而言之，IBP 计划的最终目的是为了最合理地利用生物有机物质而查明它们的质和量的分布，以及再生产的基本规律。该计划实施后共出版了 35 本有关生态系统的专著。有人认为 IBP 缺乏系统理论的总结等，但 50 多个国家共同工作，这为生态系统的研究开创了一个新的时代。

在这一阶段中，Odum (1969) 从生态系统的产生和演化中总结了生态系统发展过程中结构和功能特征变化的规律。Margalef (1958) 对生态系统的结构和功能的调节进行了研究；Pielou (1969；1977；1974) 进一步推进了定量分析在生态系统研究中的作用，采用数学分析方法对生态系统进行了分析，开创了数学生态学。

第二个阶段为 20 世纪 70～80 年代，1971 年 11 月由联合国教育、科学及文化组织（简称联合国教科文组织）发起了"人与生物圈计划"（Man and the Biosphere Programme，MAB），并于 1972 年正式通过这个长期研究计划。目前已有 113 个国家和地区加入了该计划。MAB 是人类历史上第一次将自然科学与社会科学结合起来的大型国际合作项目，也是第一次把人与自然及其资源作为一个整体来研究，这标志着生态系统研究的新的里程碑。1986 年又将该项目的规模扩大，并将研究重点放在了人为因素对生态系统的影响上，着重研究人类活动与生态系统的相互作用（李文华，1998；梁知新，1995）。

这个时期内，Wiegert（1976）建立了相关模型，详细描述了陆地和水域生态系统的营养结构，深刻揭示了可利用资源在维持系统发展中的意义。Cohen（1990）在其《群落食物网：数据和理论》等著作中大量地使用了统计规律和模型，使食物网理论有了明显发展。

第三个阶段为 20 世纪 80 ～ 90 年代。由国际科学联合会（ICSU）于 1983 年开始筹备，1986 年开始实施的"国际地圈——生物圈计划"（International Geosphere-Biosphere Programme，IGBP），旨在了解控制整个地球系统物理的、化学的和生物学作用过程以及人类活动对上述基本过程、变化的影响。

此时的生态系统生态学取得了长足的发展。Allee 和 Starr（1982）分析认证了生态系统层级结构是个中数系统（middle number systems）。May（1990；1988；1976；1986）通过一系列的著作奠定了系统生态学的一些基本理论，如多样性与复杂性的关系；非线性现象及绝灭速率评述等。Wilson 和 Peter（1988）从系统分析的角度论述了生物多样性。S. J. Mc Naughton 等在生态系统水平上，深入研究了植物、动物与初级生产格局等问题。L. R. Pomeroy 等详细总结了生态系统生态学的发展现状和理论，标志着生态系统生态学进入了一个新的理论发展阶段。

第四个阶段是 20 世纪 90 年代至今。世界环境与发展委员会于 1987 年第一次明确地给出"可持续发展"的定义：可持续发展是既满足当代人的需要又不对后代人满足其需要的能力构成危害的发展。1992 年 6 月联合国在巴西里约热内卢召开的环境与发展会议将"可持续发展"的理念推向了高潮，共有 183 个国家和地区，70 多个国际组织的代表出席了会议，102 位国家元首和政府首脑到会和讲话。这是有史以来规模最大、级别最高的环境与发展会议。人们认识到当前人类正处于这样一个转折点，一方面创造了空前巨大的物质财富和社会文明，另一方面也造成全球生态系统的破坏，削弱和动摇了社会继续发展的基础。里约热内卢会议审视过去，规划未来，寻求经济发展与环境保护的协调发展，标志着全球谋求可持续发展的新时代已经开始。无疑，这次会议给生态系统生态学的发展指出了明确的发展方向（蔡晓明，2000）。

观念的更新影响到了生态系统生态学理论的发展，而系统科学，如耗散结构理论、协同学、灰色理论、突变理论、混沌学及复杂网络理论等都直接推动了生态系统生态学的发展。美国在亚利桑那州进行了宏大的"生物圈二号"生态系统模拟试验。

Golley（1993）从非线性原理和系统分析理论出发，较全面地论述了生态系统概念发展的由来，并强调只有全面的、整体的、有机的和动态的研究生态系统，才有可能从根本上把握住自然界的演化机理。

Thom 指出如果需要评估某物种对其他物种的影响，或进行定量分析时，关键之处是将目光从局部转向全局。从这个角度而言，生物学的基本问题是一个拓扑学的问题。因为只有利用拓扑学，生物学才有可能从局部走向整体，从区域走向全球。他强调可以忽略物种的反应、非生物外部条件和非实物影响因素，而将食物链网络的拓扑结构看成是整个生态动力系统的终极约束。

Pimm（1982）通过研究发现杂食性动物对食物网络的运作起到了一种"缓冲垫"的作用，在能量的转换方面对生态系统的稳定性起着至关重要的作用。

Pahl-Wostl（1995）利用混沌理论，从理论上对生态系统的动态做了较为深刻的分析。

Harary（1959；1961）试图建立一套指标体系，用以确定人在社会学网络或是某种物种在生态学网络中的重要性。Jordán 等（1999）将这套指标做了一定的修改，命名为"要点指标"，用以对物种在食物链网络中的具体作用和地位进行定量分析。

Jorgensen（1992）通过比较还原观和整体观两种不同途径的研究方法对生态系统的复杂性做了较全面地阐述。

Ciering（1983）利用模糊数学的方法建立了生态系统中物种竞争的模型。

Dauly 等（1988）及 Yodzis（2001）在利用随机网络模型对生态系统进行研究时，试图将能量守恒定律纳入网络结构。

Berlow 等（1999）通过四例案例分析表明食物链上级物种的数量不是在所有的情况下都能决定其下级物种的数量。

Fisher（1994）证实了局域性的淡水系统内物种发展模式的无标度性。

Klijin（1994）从分类研究、理论和应用三个方面论述了生态系统的有关理论在环境保护方面的运用。

Vannote 等（1980）在他们的研究中试图将河流系统从源头的河源起，向下流经各级流域直至注入大海为止，等同于一个从低级至高级相连的河流网络，看成一个有内在关联的整体系统考察，称为河流连续统（river continuum）。河流连续统不仅是地理空间上的连续，更是生物学过程，生态学演化及物理环境的连续。

Simpson 和 Christensen（1997）从系统工程的角度论述了生态系统功能与人类活动间的互动关系。

Memmott 等（2000）描述了一个陆地系统（silwood park）的食物链的网络。

值得一提的是在这个网络中，他们加入了该系统所特有的排他性的物种。

Martinez（1991）描述了一个是淡水系统（little rock lake）的食物链网络。

Huxham 等（1996）描述了一个是河口系统（ythan estuary）的食物链网络。

Solé 和 Montoya（2001）对上述三个物种较全的食物链网络进行了比较分析，指出过多的食物链的环节已经对生态系统能量循环体系的分析造成了太多的障碍。每个物种应当只有一或两种食物。物种的数量与和其相连的食物链节点的数量正相关，并服从幂律分布 $P_k \approx k^{-r}$，（$r > 0$），此处 P_k 为某物种有 k 种物种于其构成直接食物链关系的概率。系统中只有极少数的物种拥有数量众多的食物链环节。对这些物种的攻击，生态系统呈现出脆弱性。

Williams（2001）通过对七个不同的食物链的分析，做了同样的研究。结果表明尽管不同的食物链有相当大的差别，但是几乎所有物种都只有不超过三种食物。同样食物链中节点间的相互作用度分布与随机网络的 Poisson 分布完全背离，显示出带有肥尾的倾斜，能较好地用幂律拟合。

我国学者在这方面也做了大量的工作。孙儒泳（1982；1983；1992）较为全面论述了生态系统基本概念和理论。

沈韫芬和蔡庆华（2003）利用生态系统的复杂性原理论述了淡水生态系统复杂性研究可能取得突破的几个方向：河流连续统（river continuum concept，RCC）理论、生物完整性指数（index for biotic integrity，IBI）和（index of watershed indicators，IWT）等为代表的生态系统健康研究，标度（scaling）分形（fractal），生态系统管理与信息系统，空间数据分析与异质性，数学模型与混沌等。

蔡庆华等（1997），邓红兵等（1998）及吴刚和蔡庆华（1998）对将系统多样性和复杂系统引入流域生态系统研究的理论和方法做了有益的尝试。

张知彬等（1998），戴汝为和沙飞（1995）从理论上论述了将复杂性理论引入生态系统研究的可能性和方法。

毛战坡等（2004）认为在河流上建坝改变了河流的水文、水力特性，物理化学特性及河流生态学特性，严重影响河流生态系统的结构和功能。大坝对河流生态系统的生态效应是规划、建造、设计及大坝泄流等过程的复合函数，需要在大坝的规划、设计、建造、运行过程中，根据河流生态系统的特点，充分考虑流域土地利用、生态恢复、流量适应性管理等措施，减轻大坝对河流生态系统的影响，实现流域水资源的可持续发展，从而达到人与自然和谐发展的目的。

李医民等（2004）将生态系统中的生态位（niche）和生物群落概念抽象化，而将生态系统看成是一个耗散结构，利用系统模糊分析理论给出生态位和生物群落的 Fuzzy 数学模型。

陈灵芝 (1993) 在其主编的《中国的生物多样性——现状与保护对策》中系统地阐述了人类活动对生态系统的影响。

刘坷和陈海棠 (2003)，王志国 (2001) 都立足于复杂系统的角度对水库建设给所处生态环境的影响表示了极大的关注、侯玲 (2005) 从环境系统分析入手，试图运用系统混沌原理探讨环境系统决策在环境混沌情景下的决策，并把生态系统评估定义为复杂巨系统；而房春生 (2002) 更是试图利用系统工程的原理建立水利工程的生态价值评价指标体系。

董哲仁 (2005) 从物理—化学评估、生物栖息地评估、水文评估和生物评估的角度对国际河流健康技术进行了综述。

陆军和郝大举 (2005) 将风险评估理论纳入了是环境评估的体系。

5.3　研究目标、方法和主要创新点

5.3.1　研究目标

以遭受人类活动干扰的生态系统为对象，以生态系统生态学、环境经济学、自然资源经济学、西方经济学和管理科学等为理论基础，以 Y 省 L 江水利枢纽工程为背景，结合实际情况，运用无标度网络等复杂网络理论，耗散结构理论、自组织理论、雪崩动力模型等系统动力学理论研究自然稳态状况下的生态系统受到人类大型生产和生活活动干扰后的自组织和演化过程，探索生态系统内人类活动与自然间的相互关系和运行机制，利用网络系统理论和数学生态学模拟其演化过程并利用 Y 省 L 江水利枢纽工程进行实证分析。

5.3.2　研究方法

1. 理论分析

在前人的理论基础上，运用耗散结构理论、自组织理论、系统动力学理论、复杂网络理论和无标度网络理论等方法展开研究

2. 计算机模拟

运用 Matlab 等软件编制无标度网络的相应程序，模拟、演示模型，并对相

关的数据进行运算。

3. 实证分析

注重理论与实际结合，定量与定性相结合，对评估项目进行实证分析。

5.3.3　创新之处

（1）将人为因素纳入传统生态系统生态学的研究范畴，提出复杂生态系统的概念，明确由于基本概念的变化导致的传统的研究对象和方法的不科学性，确立复杂生态系统理论的研究对象和研究方法。

（2）揭示复杂生态系统的耗散结构和自组织临界的特征，并在此基础上分析复杂生态系统的演化特征和演化过程。论证传统的还原法理论在复杂生态系统研究方面的局限性，提出了针对研究对象的系统性，系统科学的手段是不二的选择。

（3）本篇从复杂网络理论的角度提出并证明复杂生态系统的无标度性，并以系统科学领域最新成果——无标度网络理论为基础，对建立复杂生态系统的无标度网络模型和运用模型的演化进行预测的可能性和可操作性进行了详尽的论证。

（4）利用复杂生态系统独特的反馈机制，设计计算连接概率的新算法，并利用系统动力学理论证明了该算法演化过程的无标度性。利用这种算法可以很好地模拟复杂生态系统中各种物质和信息流的传递方向和扩散性，对真实地模拟复杂生态系统具有重要意义。

（5）建立复杂生态系统的层次模型，提出将不同层次的生态系统概念作为网络的节点，将复杂生态系统内的各种物质和信息流作为相关节点间的连接，切实地模拟了现实中的生态系统的演化状态，并对演化过程中的前提和步骤做出明确的界定。

（6）具体针对大型人类工程对所处生态系统的影响建立无标度分析模型，并对其演化结果做出分析和评估。

6　生态系统要素分析

6.1　生态系统的结构分析

6.1.1　生态系统的定义和内涵

生态之所以可以从系统层面上进行分析，是因为它满足系统的三个条件，即①整体是由许多成分组成的；②各成分间不是孤立的，而是彼此互相联系、互相作用的；②组成的整体具有独特的、特定的功能，也就是由彼此间相互作用、相互依赖的事物，有规律地联合组成的集合体，是有序的整体。

至今有关生态系统的定义比较多。关于生态系统的概念有两个层次的理解。较低的层次的理解为生物群落与无机环境相互作用的自然系统，是无机环境与生物群落的有机结合，与生态系统的成分联系起来，生物群落包括生产者、消费者和分解者，无机环境是指非生物物质和能量；高层次的理解为在一定的空间和时间内，在各种生物之间及生物与无机环境之间通过能量流动和物质循环而相互作用的自然系统，这是从生态系统的功能方面来理解生态系统的概念，即生态系统中的各成分之间通过物质循环和能量流动而联系在一起的一个有机整体。后一种理解的代表人物为孙儒泳和 W. E. Westman。我国著名生态学家孙儒泳（2001）定义生态系统为在一定空间中共同栖居着的所有生物（即生物群落）与其环境之间由于不断进行物质循环和能量流转过程而形成的统一整体。生态系统本身就是一个生态学功能单位。W. E. Westman（1985）将生态系统定义为一个相互进行物质和能量交换的生物与非生物部分构成的相对稳定的系统。

总的来说，生态系统具有三大功能：能量流动、物质循环和信息传递。这是指在特定规律制约之下，生态系统内的要素或属性，自身之间或与环境之间，不断地进行着物质、能量和信息的交换，交换的强度及定量表述，通常以"流"的形式（物质流、能量流、信息流、人口流、经济流、货物流等）贯穿于其中。这些交换既维系着系统与环境的关系，又维系着系统内部各个要素之间的关系、形成了一个动态的、呈等级的、分层次的、可以实行反馈的相对独立体系。以

"流"的概念定义这种交换集中体现了生态系统的可测性、可比性、可控性及定量化的特点。在系统中的每一个组成要素，只要其状态发生了变化，它们一定可以通过"流"的相应改变（包括"流"的路径改变、方向改变、强度改变、速率改变等），去影响其他组成要素，并最终波及整个生态系统。这就是生态系统的整体观，也体现了生态系统的个体效应对于整体效应的贡献。

生态系统只是一种概念性的表述，它本身不应该也不可能去规定具体的范围和大小。因此，任何一个生态系统的建立，唯一地取决于人们所研究的对象、内容、方式，以及人们所要达到的目标。所有这些，归根结底又都取决于人们对于客体的认识深度。这集中体现在生态系统所具有的"组织性""包容性"和"等级性"的特点上，如图6-1所示。

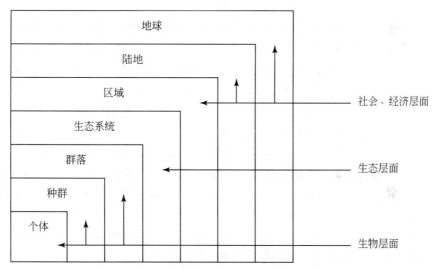

图6-1　生态系统的等级性、组织性和包容性

由此可见，在具体的研究中需要针对不同的内容确定相应的生态系统范畴，这样才能做到有的放矢，客观地再现生态系统的组成、结构和运作机理。

6.1.2　生态系统的构成与结构

一般生态系统生态学在涉及生态系统这一概念时，都强调了生物和环境是不可分割的整体；强调了生态系统内生物成分和非生物成分在功能上的统一，将一定范围内的由生物群落中的一切有机体与其环境组成的具有一定功能的综合统一体称作生态系统。生物成分和非生物成分被当成一个统一的自然实体来对待，而这个自然实体——生态系统就是生态学上的功能单位。可见生态系统的根本组成部分为生物成分、非生物成分和生态过程三大类。

生态系统的非生物成分包括其气候因子、地形因子和土壤因子，同时也是生态系统的生命支持系统。其中气候因子包括辐射，主要指太阳光、温度、湿度、水分和大气成分等。地形因子包括影响生物生存的地理要素如山体、丘陵、平原、湖泊、河流和海洋等。土壤因子则指自然环境中以土壤为主体的基质和介质，其中土壤是植物生长的最重要基质，也是众多微生物和小动物的栖息场所。生态系统的非生物组成成分可以通过其自身的物理状况（如辐射强度、温度、湿度、压力、风速等）和化学状况（如酸碱度、氧化还原电位、阳离子、阴离子等）对系统中生物的生命活动产生综合影响。

而生态系统中不同的生物依据其在生态系统内起到的不同的作用，可以分为生产者、消费者和分解者三大功能类群。其中生产者（producers），又称初级生产者（primary producers），指自养生物（autotroph），主要指绿色植物，也包括一些化能合成细菌。这些生物能利用无机物合成有机物，并把环境中的太阳能以生物化学能的形式第一次固定到生物有机体中。生产者也是自然界生命系统中唯一能将太阳能转化为生物化学能的媒介。消费者（consumers）指以初级生产的产物为食物的大型异养生物（heterotroph），主要是动物；而分解者（decomposers）是指利用动植物残体及其他有机物为食的小型异养生物，亦称为还原者（reductor），如真菌、细菌、放线菌等微生物。分解者使构成有机成分的元素和储备的能量通过分解作用又释放到无机环境中去。

生态过程包括维系生态系统的各种相互作用机制，如能量流、养分循环、生产率、植物和动物的竞争、捕食和其他有机体的相互作用。

生态系统一般主要指自然生态系统。由于当代人类活动及其影响几乎遍及世界的每个角落，地球上已很少有纯粹的未受人类干扰的自然生态系统了。尤为重要的是随着人类社会文明和生产力的发展，世界上绝大多数的生态系统已经饱受人类的干扰。早在1962年R. Carson的《寂静的春天》（*Silent Spring*）就曾经明确地指出：人类一方面在创造高度文明，另一方面又在毁灭自己的文明，环境问题如不解决，人类将生活在"幸福的坟墓之中"。因此现代生态系统生态学研究的大部分生态系统是半人工、半自然的生态系统（如农业生态系统），甚至完全是人工建造的生态系统（如城市生态系统）。简单地将生态系统认为是自然的，而将任何人为因素排斥在生态系统之外，就绝不可能客观地再现生态系统的运作与演化。然而任何生态系统要维持稳定，一般都需遵循自然生态系统的基本规律，如能流物流的维持、调控和平衡等，这使得研究现代生态系统生态学，抑或是遭受人类干扰的生态系统时，能有一个很好的立足点。因此在本篇的讨论中将把人为因子纳入生态系统的考虑之中。

由上可见生态系统具有一个多层次的发散形结构（图6-2）。

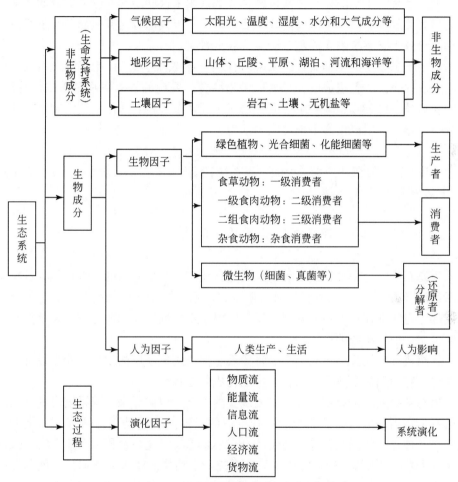

图6-2　生态系统组成部分和结构简图

结构是生态系统内各要素相互联系、作用的方式，是生态系统的基础。由于组成要素的差异，不同的系统拥有不同的结构。结构保持了系统稳定性，并依靠稳定性，在外界干扰作用下，继续保持系统的有序性和恒定性。图6-2表示的是生态系统的三种不同的组成部分和结构。第一种是简单地将生态系统表述为生物成分、非生物成分和生态过程；第二种是依据其构成将生态系统划分为气候因子、地形因子、土壤因子、生物因子、人为因子和演化因子；第三种则更多地考虑到生态系统内不同组成部分间的相关关系，而将生态系统划分为非生物成分（生命支持系统）、生产者、消费者、分解者（还原者）和人为影响，以及贯穿整个生态系统的系统演化。任何生态系统都依赖于这些不同的组成部分和各部分间的相关关系。任何一个组成部分的缺位或某一组成部分与其他部分间关系的断裂都将导致生态系统陷入混乱、瘫痪，甚至毁灭。

可见生态系统的结构概括起来说，有三个必要的部分：①生态系统有两个以上的组成部分；②各组成成分与其环境相结合，系统的外界事物是系统的环境，系统与环境不可分割；③各组成成分之间相互联系、相互作用、相互制约，从而形成一个整体。所以生态系统可以表示为

$$\text{Eco}(\delta,\ t) = [\,C(\delta,\ t),\ E(\delta,\ t),\ S(\delta,\ t)\,] \tag{6-1}$$

式中，Eco 表示处在某一水平上的生态系统；δ 表示该系统；t 表示时间；C 表示成分；E 表示外部环境；S 表示结构。

6.1.3 生态系统内部组成部分间的关联方式

生态系统就是一种反馈系统，能通过自我调节维持自己的正常功能。系统是不断通过反馈（feedback）机制进行调整，使系统维持和达到稳态。生态系统各组成部分之间都存在着各种反馈，反馈确保了系统的运作和演化。正是反馈这种关联机制保证了系统的稳定性。

各组成部分间反馈机制的丧失将导致它们之间关联度的缺位，使得各部分彼此独立，它们的集合体自然也就不可能构成生态系统。

生态系统的复杂性不仅源于组成成分的庞杂，也同样来自于系统内的各种反馈机制，特别是生物因子部分中的有意识的反馈。反馈是生态系统一个重要特性，是一种复杂的过程，指系统的输出端通过一定通道，即反馈环（feedback loop）反送到输入端，变成了决定整个系统未来功能的输入。依据其功能的不同将反馈分为正反馈和负反馈，具有增强系统功能作用的称正反馈（positive feedback）。这是一个增大与中心（位置）点距离的过程，是指生态系统中某种组成成分的变化引起其他一系列的变化，最终加剧最初发生变化的成分的变化。因此，正反馈的作用常常是使生态系统远离稳态，而具有削弱系统功能作用的反馈称为负反馈（negative feedback）。这是一种不断减小与中心点距离的过程，是不断趋向中心点的行为过程，指的是生态系统中某种成分的变化所带来了连锁反

应，而其最终结果却是平抑了最初的扰动。因此负反馈是保持系统稳定性的重要机制。

正负反馈的各自内涵和功能不同。就其关系来看，不能把它们截然分割，而应当辩证地看它们之间的相互联系和在一定条件下的相互转化。正是这两种反馈相互交替、相辅相成维系着整个生态系统的稳态。

图6-3表示的就是将生态系统内的生物因子具体地划分为生产者、消费者和分解者之后，考虑到人为因素后的生态系统内的反馈机制，即组成部分间的关联性的简图。图中的实线箭头标明的是正反馈，虚线箭头表示的是负反馈，虚点线双箭头表示的是随机反馈。从图6-3中明显可见由于引入了人的因素，整个系统的结构和功能都发生了变化。总而言之，随着社会的进步和科技的发展，人为因子在生态系统内部起的作用将愈来愈大，可以预见人类生活和生产对生态系统的依赖和影响将达到前所未有的高度。因此在对生态系统进行模拟和评估时，将人为因子纳入考虑范畴已成为当务之急。

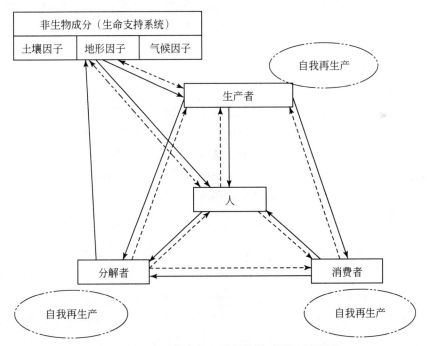

图6-3　生态系统内各组成部分的反馈机制简图

6.2 生态因子特性

生态系统由各种生态因子构成。生态因子（ecological factors）是指环境中对生物生长、发育、生殖、行为和分布有直接或间接作用的要素。根据其功能的不同可将其划分为气候因子、地形因子、土壤因子、生物因子、人为因子和演化因子。生态因子有如下特性。

6.2.1 生态因子的综合作用性

任何一个生态系统总是由多个生态因子的综合组成，整个生态系统的功能和作用远大于各个生态因子的简单相加之和。任何生态因子都不可能单独存在。维持生态系统的存在和发展所必需的各种生态因子，对于生态系统的作用是同等重要的，具有不可代替性。任何一种生态因子的缺位，不可能通过其他生态因子的增加而得到弥补，最终将导致生态系统的崩溃。

6.2.2 生态因子的多变性

生态系统是动态的，这是因为生态因子会随时间、空间变化而变化，从而构成生态系统的多样性和复杂性。生态系统是一个复杂的多变量体系，在生态因子变化的同时，生物本身对生态因子的需要也在变化着，所以在自然界中，不存在完全相同的生态系统。也就是说，生态系统是经过长时间的演化，使生物与其环境长期形成适应的结果，即生态因子的多变性与生物对生态因子的需要的可变性达到一致的状况。

6.2.3 生态因子的相互作用性

在生态系统中，各个生态因子对生物的作用具有同等重要性。只有各种生态因子同时配合在一起才能形成生态系统并发挥其作用，其中不管某一个生态因子对生物的生长发育怎样适宜，如果没有其他因子的配合，生物也无法完成生长发育的全部过程。同时由于生态因子的相互作用，系统中一个生态因子发生了变化，常常会引起其他因子的变化。

6.2.4 生态因子的限制作用

生态系统中的各个生态因子都存在量的变化。当其超过了某个物种生存的阈值时，就会影响生物的生长和分布，甚至导致物种的死亡。Buffingto 和 Herbel（1965）根据生物所需的最小有效量提出最小量定律（law of the minimun），即当一生物所需的养分元素，降低到该生物的最小需要量以下时，该营养元素就会限制该生物的生长，即能够影响生物的无数因子中，总有一个因素限制生物的生长、生存或繁殖。后来 Hunt 等（1991）将此观念再扩充到生物所能忍受因子的最大和最小量，提出了耐性定律（law of tolerance）。除了最大和最小量之外，还提出了量适度的观念。他认为生物对某项环境因子的需要，有一个最适宜的程度。若超过这些适应范围，达到生物体不能忍受的程度，此即为忍耐的最大限度。反之，若最适度减低其影响作用，降至该生物体不能忍受的程度，称为忍耐的最小限度。任何一个生态因子在数量或质量上不足或过多，即当其接近或达到某种生物的耐受性限制时，该种生物则会衰退或不能生存。

6.2.5 生态因子的主导作用

在生物体所必需的生态因子中，其中必然有一个因子对生物的生长发育具有决定性的作用，这个因子就称为主导因子。对生物而言，主导因子不是绝对的，而是可变的，它随时间、空间，以及生物有机体的不同发育时期而发生变化。

6.3 生态因子分析

6.3.1 气候因子

生态系统的气候因子包括辐射（主要指太阳光）、温度、湿度、水分和大气成分等。

生态系统中物质与能量的根本来源是光辐射。光辐射是一个能量因子，这是因为位于食物链低端的植物生长所需的物质积累主要来源于光合作用。植物的光合作用，对于大气中二氧化碳和氧气的平衡有非常重要的作用，光合作用的产物是地球上所有生态系统能量和物质的来源。

温度对生态系统的影响体现在对系统中能量的流动、生物的生理活动和生长发育方面。温度的变化直接加剧或减缓生态系统中能量转移速度。温度对光合作用和呼吸作用的影响都是通过有关的酶和温度而起作用的。一定范围内，随温度升高，生理活动加快。各种生物的生理活动只是在一定范围内随温度上升而加强，超过这一范围，生理活动速度减慢。植物种子只有在一定温度条件下才能萌发。种子萌发速度在其临界值以下与温度的增加值成正相关。植物生长的主要原因，是在一定温度范围内，温度上升，细胞膜透性增大，植物对生长所必需的水分、二氧化碳、盐类等物质的吸收增多；同时植物蒸腾加快，光能利用率提高，酶活性增强（Walker，1991）。因此，温度上升能促进植物细胞分裂和细胞增长。温度也是影响植物分布的主要因子之一，温度的高低，成了限制植物分布的一个关键因子。

水分是构成生物的必要成分之一，又是生物赖以生存的必不可少的生活条件。哪里有水，哪里才有生命，水是影响生物分布的另一个关键因子。水体中含有各种化学物质、溶盐及矿质营养、有机营养物质等提供生物生活需要。由于各个地区的水质不同，构成了生态环境的生态差异。水分是植物种子萌发的必备条件，也是其利用光合作用生长的重要元素。水不仅影响动物的生存，还影响动物的生长、发育和生殖。液态水通过蒸发、蒸腾，转化为大气圈中的水汽，再成为降雨回到地面上，构成物质循环的一个方面。大气中水热条件结合在一起，就会产生风云千变的地区气候。

大气不仅是生物生存的环境，同时也与生物进行物质与能量的交换。大气中含有生物生活所必需的物质，如光合作用需要的二氧化碳和呼吸作用需要的氧气等。众所周知，氧气是生命存在的基本条件，而大气中的二氧化碳也是极具生态意义的因子。二氧化碳是植物光合作用的主要原料，植物通过光合作用，把二氧化碳和水合成为碳水化合物，构成各种复杂的有机物质，从而成为生态系统的初级生产力。绿色植物从大气中取得二氧化碳，化合成有机物质，供动物和人类食用，动物和植物又通过呼吸作用把部分二氧化碳返回大气，还有微生物把动植物的残体进行分解，把二氧化碳返还大气，形成一个完整的物质循环。大气在气温的作用下，形成风、雨、霜、雪、雾和冰雹等天气现象，一方面调节地球环境的水分平衡，一方面对生物产生有利的和有害的影响。

6.3.2　土壤因子

土壤形成于母岩的风化，是地球表面疏松的、具有一定厚度的表层。母岩的差异决定了土壤颗粒大小也有差别，因而影响到土壤的物理性质，如土壤的含水量和通气性，以及土壤的吸附性等。母岩不同，土壤的化学成分，土壤 pH 等也不相同。在气候和地形相同的条件下，形成不同的土壤，主要原因就是母岩不同。土壤与植物的生存有密切的直接关系。土壤中有丰富的矿质营养物质，再加上水分、有机质、生物等，在长时间的地质——生物循环相互作用下，形成了土壤。土壤和生物之间的密切关系非常明显，土壤上生长着植物，活跃着各种微生物。土壤中的固氮微生物和菌根真菌等直接作用于植物的生长。土壤中的无机和有机成分也为植物的生长提供基本元素，而生物的死亡又将这些养分交还给土壤。物质和能量的循环与反馈机制在这里得到了具体的体现。

6.3.3 地形因子

地形因子是间接生态因子，能使能量和物质重新进行分配。地形因子对动植物的影响，主要表现在山脉的走向可以有助于或阻挡气团的流动、山体的整齐程度及朝向会在山体的两侧形成截然不同的生物分布、河流的走向也极大地约束了生态系统内的物质及能量的流动、地势的平缓与否也决定了生物的分布区域的大小，此外，坡向、坡位、坡度等对动植物也有较大的影响。

6.3.4 生物因子

生态系统中的生物与其环境间、生物彼此之间相互作用，是一个生物有机体和环境，以及生物与生物之间的辩证统一体。一方面，生物在整个生活过程中，一刻也不能离开它周围的环境，生物要从环境中取得它生活所必需的物质以建造自身，而环境又能对生物的整个生活过程和生长发育状态发生影响。另一方面，生物对环境的变化也产生各种不同的反应和多种多样的适应性。这两方面的作用构成了生物与环境之间相互矛盾、斗争而又和谐的辩证统一关系。生物与环境之间的这种关系就是生态关系。生态系统中的生物有动物、植物和微生物。

6.3.5 人为因子

人类的诞生是地球发展史上最伟大的事件。地球生物圈，这个无比巨大的生态系统，也由于人类的介入而进入了一个全新的发展时期。这种变化归根于人类的生物特性及其高级意识。

在人类诞生前的几十亿年间，由生物与环境构成的生态系统包括生产者、消费者和分解者三个生物成员。它们构成了错综复杂的食物链（网），进行着循环不息的能量、物质和信息流动。人类诞生以后，生态系统的这种格局仍然没有改变，这是因为人类和一切动物一样也是自己不能制造有机物质，而是最终要靠植物制造的有机物质、同时捕食多种动物为生的"消费者"。人类也不过是食物链（网）上的一个环节，生态系统中能流、物质流和信息流的一个中转站。这些都反映了人类身上的生物特性。人类既然并非超生物、超自然的精灵，也就不可能摆脱生态系统的具有生物属性的人类的生存和发展，仍然必须遵循生物与环境相互作用、相互依存的客观规律，这是毋庸置疑的。

然而，如果把人类诞生前后的生态系统完全地等同起来，无视今天的生态系统及其运行规律中由于人类的活动而引入的种种新因素，产生的种种新特点，却也是有悖于事实的，因为人类毕竟不是一般的生物，这取决于人类是生物界唯一具有高级意识的物种，是动物中唯一能制造工具的物种。其他一切动物都没有这种能力，它们的生存都只能以自身机体对环境的适应为条件，服从"适者生存"的客观规律。一旦环境发生变化，有的物种就会由于不能适应新的环境而无法生存。而人类的历史从某种意义上说就是工具的制造史，即人类有可能不是依靠自身机体对环境的适应，而是依靠制造和使用工具，从环境中取得生存所需的生活资料了。人类的这种能力与其大脑和高级意识的发达程度密切有关。人类改造生存环境的活动从一开始就是有意识、有目的，是在对客观世界有所认识的基础上能动地进行的；改造的实践又反过来加深了对客观世界的认识，如此相互促进，其结果是导致了科学技术的不断发达和对环境的改造能力愈趋强大，物质财富也随之与日俱增。人类的这种能力，显然是一切动物所无法比拟的。

人类的生物属性，决定了作为生物界的一部分的人类，仍然必须遵循一般生态学规律，才能求得生存和发展。同时人类的社会属性，必然会使生态系统及其运行规律产生某些新的特点。如果将人类诞生以前的生态系统称为自然生态系统，而把人类诞生后以人类为主体的生态系统称为人类生态系统，那么这两者之间的区别十分明显。

首先是生物成分中的变化。自然生态系统中的各种生物是以食物链的形式进行能量交换，从而互相联系的。它们彼此间又可按能量利用的效率排序，构成"生态金字塔"。而人类出现以后，利用其具有高级意识的社会属性，将自己送上了"生态金字塔"的顶部，成了食物链的终端环节。人类可利用一切他所需要的动物和植物，而不用担心其他动物对自己生存的威胁。这个变化，显然不能不使构成食物链（网）的一切生产者和消费者，以及通过食物链（网）进行的能流和物质流，受到人类这个终极消费者的生存需要的强烈影响。

其次是在构成生态系统的自然环境中，出现了日益扩大的人造环境。人类在从自然界摄取物质、能量来满足自己的生存的同时，总是通过对自然环境的改造，给自然环境打上人的烙印，而不是直接利用原始的自然条件，这又使它和共他生物截然不同。随着现代科学技术的发展，人类认识和改造环境的能力不断增强，人造环境相对于自然环境的比例也必然与日俱增。今天的人造环境，已经成为由无数具有不同功能的人造物构成的庞大系统。人造环境直接反映了人类社会的物质文明的发达程度，它既是人的创造物，又反过来服务于人类，除了满足维持人类生存的基本需要外，还可使人类获得越来越丰富多彩的物质、文化享受，甚至使人的生活超越了时间（季节）和空间（距离）的限制，变得越来越随心所欲。

可见人类的影响，不仅使生态系统的结构而且使它的功能也都发生了十分巨大的变化。而造成这种变化的主要因素是科学技术。科学技术反映了人类面对自然界的更加高超的智慧和能力，它为人类提供了有意识地支配自然界、干预自然界物质运动的更有效的手段，使人类支配、干预自然界的能力也与日俱增。正是在科学技术的帮助下，人类才能按照自己的需要，以空前的规模和速度对自然界进行开发利用，进而造成高强度的能量和物质流动。这在人类诞生之前是绝不可能的，因为那时生态系统中的能流和物质流，都只是生物自发的本能活动的结果。由于这种变化，人类不可避免地生活在双重环境之中：自然环境和人造环境。人类不可能脱离自然环境而生存，但由物质文明构成的人造环境却变成了人类获得所需物质和能量的更加直接的来源。这样，在人类的意识中，对自然环境的依赖性逐渐淡化，而对发展物质文明和人造环境的积极性却不断加强。当一切其他动物始终只是依靠自身对自然环境的适应来维持生命的时候，人类却在自主地发展着物质文明和人造环境，并且因此而使自己越来越远地拉开了与动物界的距离。显然，只要地球上一天有人类存在，创造物质文明的活动就一天不会停止，人造环境也必然还会继续不断地扩大下去。

虽然人类具有强大的高级意识，并可以利用现代科学技术改造和利用自然，但这绝不意味着人类可以打破自然生态系统的运行规律，用自己的主观意愿取代自然的生态系统。这是因为人类由于自身的生物属性无法摆脱对自然生态系统的依附关系。人类仍然是生物界的一员，仍然只能靠自然生态系统内在的能量和物质合乎规律地运行才能生存发展。目前世界性的生态问题就证明了这一切：自然资源的萎缩，意味着生态系统中能量和物质输入来源的短缺；环境中污染物含量的升高，说明物质流的循环正在发生淤塞，出现障碍；人口的过度增长一方面加重了自然资源的紧缺和环境污染的严重程度，另一方面又增加了对自然资源的需求压力。这就是由人类在生态系统中的生物属性的缺位而引起的人类与自然关系的扭曲而造成的。人类智慧和科学技术确实大大提高了能量和物质流动的效率，但这只能以遵循而不是违反自然生态系统的远行规律为前提。同样，人类对生态系统的利用和改造也只能在适应生态系统，并与之保持协调为前提下进行。

6.4　生态系统的主要过程

演化过程是生态系统的过程的总称，生态系统通过物种及要素的流动扩大加强了不同生态系统间的交流和联系，从而产生了复杂而深远的影响，这其中最为重要的是物种流、能量流、物质流和信息流。

6.4.1　物种流

物种流（species flow）是指物种的种群在生态系统内或系统之间时空变化的状态。物种流是演化过程中的一个重要过程，它扩大和加强了不同生态系统间的交流和联系，提高了生态系统的服务功能。自然界中众多的物种在不同生境中发展，通过流动汇集成一个个生物群落，赋予生态系统以新的面貌。每个生态系统都有各自的生物区系。物种既是遗传单元，又是适应变异的单元。同一物种个体可自由交配，共享共有的基因库（gene pool），一个物种具有一个独特的基因库。所以，物种流亦就意味着基因流（gene flow）。流动、扩散是生物的适应现象，通过流动，扩大了生物的分布区域，扩大了新资源的利用；改变了营养结构；促进了种群间基因物质的交流，形成异质种群又称复合种群或超种群（metapopulation）；经过扩散和选择把最适合的那些个体保留下来。一个多样化的基因库更有利于物种的发展。尽管如此，种群在流动扩散中并不能保证每个个体都有好处，即使环境极度恶化，代价很大，但通过扩散仍然增大了保留后代的概率。

物种流主要有三层含义：①生物有机体与环境之间相互作用所产生的时间、空间变化的过程；②物种种群在生态系统内或系统之间格局和数量的动态，反映了物种关系的状态，如寄生、捕食、共生等；③生物群落中物种组成、配置，营养结构变化，外来种（exotic species）和本地种（native species）的相互作用，生态系统对物种增加和空缺的反应等。

物种流有如下些特点：①迁移和入侵。物种的空间变动可概括为无规律的生物入侵（biological invasion）和有规律的迁移（migration）两大类。有规律的迁移多指动物依靠主动和自身行为进行扩散和移动，一般都是固有的习性和行为的表现，有一定的途径和线路，跨越不同的生态系统。而生物入侵是指生物由原发地侵入到另一个新的生态系统的过程，入侵成功与否决定于多方面的因素。②有序性（order）。物种种群的个体移动有季节的先后；有年幼、成熟个体的先后等。③连续性（continuous movement）。个体在生态系统内运动常是连续不断和非匀速的。④连锁性（chain reaction）。物种向外扩展常是成批量的，且有连锁效应。

物种流对生态系统的影响可以表现为物种的增加和去除对生态系统的影响；入侵物种通过改变资源的利用或资源更新，从而改变了资源的利用率，进而改变了生态过程；物种丧失、空缺所造成分解作用及其速率的影响；外来种侵入后通过改变原有生态系统的干扰机制，改变了生态过程，从而对生态系统带来的间接影响。总之，一个外来种一旦入侵成功，对生态系统的影响将是多方面的：①改变原有系统内的成员和数量；②改变了系统内营养结构；③改变了干扰、胁迫的机制；④获取和利用资源的种类和方式不同于本地物种。只要具备其中的一条，物种流就能够直接或间接地改变生态系统过程。

6.4.2 能量流

能量是生态系统的动力，是一切生命活动的基础。一切生命活动都伴随着能量的变化，没有能量的转化，也就没有生命和生态系统（孙儒泳等，1993）。能量在生态系统内的传递和转化服从热力学第一和第二定律。生态系统的能量流动研究都是以此为基础的，如初级生产、次级生产、分解作用、食物网等都是以能量流动为研究内容的，主要研究进入生态系统的外界能量在生态系统中的流动规律。

生态系统中能量存在的形式表现为以下五种形式：辐射能（来自光源的光量子以波状运动形式传播的能量，在植物光化学反应中起着重要的作用）；化学能（化合物中储存的能量，它是生命活动中基本的能量形式）；机械能（运动着的物质所含有的能量，动物能够独立活动就是基于其肌肉所释放的机械能）；电能（电子沿导体流动时产生的能量，电子运动对生命有机体的能量转化是非常重要的）；生物能（凡参与生命活动的任何形式的能量均称为生物能）。生态系统中这些不同形式的能量可以储存和相互转化，最终以热能的形式作用于生态系统，故而生态系统的能量流（energy flow）必然遵循热力学的第一和第二定律。

在生态系统中，能量的形式不断转换，但在这一过程中，系统内的能量依照能量守恒定律既不会增加，也不会减少，只能按严格的当量比例由一种形式转变为另一种形式。因此，对于生态系统中的能量转换和传递过程，都可以根据热力学第一定律进行定量分析，并列出平衡式和编制能量平衡表，即生态系统服从于热力学的第一定律

$$W = JQ \tag{6-2}$$

具体表现为热能 Q 与机械功 W 之间可以相互转化，J 表示热功当量，$J = 4.1885$ 焦耳/卡。

在对系统内的能量传递方向和转换效率进行进一步的研究时，就可以利用热力学第二定律中的自由能（free energy），即系统的可用能的概念将系统表述为：①自由能的提高不可能是一个自发的过程；②自由能的转换不可能百分之百有效。系统的熵值变化 ΔS 可表示为

$$\Delta S = \Delta Q / T \tag{6-3}$$

其中，ΔQ 表示生态系统中热能的变化，T 表示系统所处的温度值。

若用熵概念表示热力学第二定律，则：①在一个内能不变的封闭系统中，其熵值只朝一个方向变化，常增不减；②开放系统从一个平衡态的一切过程使系统熵值与环境熵值之和增加。

生态系统是一个开放系统，它们不断地与周围的环境进行着各种形式能量的交换，通过光合同化，引入负熵；通过呼吸，把正熵值转出环境。

在任何一个生态系统中太阳辐射能都是其能量的最主要来源。太阳辐射为生态系统提供生物的热环境并为植物光合作用提供能源。若将太阳辐射外，对生态系统发生作用的一切其他形式的能量统称为辅助能，其中包括自然辅助能（如潮汐作用、风力作用、降水和蒸发作用）和人工辅助能（如施肥、灌溉等）。两者之间最大的区别是太阳辐射是视听系统中通过光合作用所产生的生物化学潜能的唯一来源，而辅助能不可能直接转换为生物化学潜能，但却可以促进辐射能的转化，对生态系统中光合产物的形成、物质循环、生物的生存和繁殖起着极大的辅助作用。生态系统中能量流的主要路径为：能量以太阳辐射形式进入生态系统，并以植物物质形式得以储存起来，而后沿着食物链和食物网的流动遍布生态系统，或者以动物、植物物质中的化学潜能形式储存在系统中，或者作为产品输出，离开生态系统。

生态系统中能量流最显著的特点是单向性和逐级递减。首先，能量以光能的形式进入生态系统后，就不能再以光的形式存在，而是以热的形式不断地逸散于环境中。其次，能量在生态系统中的流动，大部分被各个营养级的生物所利用，并通过呼吸作用以热能的形式散失。散失的热能不可能再回到生态系统

参与流动。因为至今尚未发现以热能作为能源合成有机物的生物。其逐级递减的特性体现在从太阳辐射到被生产者固定，再经植食动物，到肉食动物，再到大型肉食动物，被利用的能量是逐级递减的。这是因为：①各营养级消费者不可能百分之百地利用前一营养级的生物量；②各营养级的同化作用也不是百分之百的，总有一部分不被同化；③生物在维持生命过程中进行新陈代谢，总要消耗一部分能量。

6.4.3 物质流

生命的维持与延续不仅需要能量，而且还需要各种物质，包括20余种必要元素。讨论这些物质在生态系统中移动的规律，是研究生态系统功能的重要方面。生态系统的物质循环一般分为两类：水循环、气体型和沉积型的生物地化循环（biogeo-chemical cycles）。现在人们所进行的土壤营养动态研究和全球气候变化的研究都属于这个领域的内容（Mearns et al.，1984；Szekely，1980；杨一先，1990）。

生态系统内的物质流依然遵循物质循环的基本原理——物质不灭定律和质能守恒定律。正是这两个定律使得研究生态系统内的物质流的平衡成为可能。

在生态系统的循环过程中，物质被暂时固定、储存的场所称为库（pool）。生态系统中各组成组分都是物质循环的库，如植物库、动物库、土壤库等。物质在库与库之间的转移运动状态称为物质流。依据循环的范围，可将物质流分为地质循环和生物循环两类。地质循环指的是物质或元素经生物体的吸收作用，从环境进入生物有机体内，然后生物体以死体、残体或排泄物形式将物质或元素返回环境，回归无机状况的循环的过程，这是一种闭合式循环。生物循环指的是以被转化为生物能量的元素，在生态系统中被相继利用，然后经过分解者的作用再为生产者吸收、利用，这是一种开放式循环。循环中参与循环的物质FC占总输入物质FI的比例称为循环效率EC，即

$$EC = FC/FI \tag{6-4}$$

生态系统中物质流包括以下几个重要形式。

6.4.3.1 碳循环

碳是生命骨架元素。在一个完整的生态系统中，无机形式的CO_2通过光合作用被固定在有机物质中，然后通过食物链的传递，在生态系统中进行循环。表现为生物循环的途径有：①在光合作用和呼吸作用之间的细胞水平上的循环；②大

气 CO_2 和植物体之间的个体水平上的循环；③大气 CO_2—植物—动物—微生物之间的食物链水平上的循环。此外，碳以动植物有机体形式深埋地下，在还原条件下，形成化石燃料，当人们开采和利用这些化石燃料时，CO_2 被再次释放进入大气，这属于地质循环。

6.4.3.2　氮循环

氮是生命代谢元素。它是一种很不活泼的气体，不能为大多数生物直接利用。只有通过固氮菌的生物固氮，闪电等的大气固氮，火山爆发时的岩浆固氮及工业固氮四条途径，转为硝酸盐或氨的形态，才能为生物吸收利用。在生态系统中，植物从土壤中吸收硝酸盐，氨基酸彼此联结构成蛋白质分子，再与其他化合物一起构成了植物有机体，于是氮素进入生态系统的生产者有机体，进一步为动物取食，转变为含氮的动物蛋白质。动植物排泄物或残体等含氮的有机物经微生物分解为 CO_2、H_2O 和 NH_3 返回环境，NH_3 可被植物再次利用，进入新的循环。氮在生态系统的循环过程中的损耗多体现为因有机物的燃烧而挥发和游离氮形式的损失，而重返无机状态。

6.4.3.3　水循环

水是生命基础元素。水既是一切生命有机体的重要组成成分，又是生物体内各种生命过程的介质，还是生物体内许多生物化学反应的基础。水是生物圈中最丰富的物质，水以固态、液态、气态三种形态存在。环境水分对生物的生命活动也有着重要的生态作用。水在生物圈的循环，可以看成是从水域开始，再回到水域而终止。水域中，水受到太阳辐射而蒸发进入大气中，水汽随气压变化而流动，并聚集为云、雨、雪、雾等形态，其中一部分降至地表。到达地表的水，一部分直接形成地表径流进入江河，汇入海洋；一部分渗入土壤内部，其中少部分可为植物吸收利用，大部分通过地下径流进入海洋。植物吸收的水分中，大部分用于蒸腾，只有很小部分为光合作用形成同化产物，并进入生态系统，然后经过生物呼吸与排泄返回环境。生物圈中水的循环平衡是靠蒸发与降水来调节的。由于地球表面的差异和距太阳远近的不同，水的分布不仅存在着地域上的差异，还存在着季节上的差异。一个区域的水分平衡受降水量、径流量、蒸发量和植被截留量及自然蓄水量的影响。降水量、蒸发量的大小又受地形、太阳辐射和大气环流的影响。地面的蒸发和植物的蒸腾与农作制度有关。土地裸露不仅土壤蒸发量增大，并由于缺少植被的截留，使地面径流量增大。因此，保护森林和草地植被，在调节水分平衡上有着重要作用。

6.4.3.4 磷循环

磷是生命信息元素，它采用岩石经土壤风化释放的磷酸盐和农田中施用的磷的形式进入生态系统。磷被植物吸收进入植物体内后沿两条路线循环：一是沿食物链传递，并以粪便、残体归还土壤；另一是以枯枝落叶、秸秆归还土壤。这两种路线共同组成了磷的生物循环。在生物循环的过程中，一部分磷脱离生物循环进入地质循环，其路线也有两条：一是动植物遗体在陆地表面的磷矿化；另一是磷被水的冲蚀进入江河，流入海洋。

6.4.4 信息流

信息传递包括营养信息、化学信息、物理信息和行为信息。诸多信息构成了生态系统的信息网。目前，除一些种内和种间有相互传递信息的报道外，对于生态系统中信息是如何流动的还是非常模糊的，更保守但更适宜的提法还是生态系统的稳态和稳定性研究（孙儒泳，2001）。生态系统内的信息流体现为各个组成部分之间及各个部分内部都存在着各种信息的交流，存在着信息的传递。生态系统信息流不仅包含着个体（物种）、种群和群落等不同水平上的信息，所以生物的分类阶元及其各部分都有特殊的信息联系，从而赋予生态系统以新的特点。生物的信息传递、接受和感应特征是长期进化的结果。信息传递的目的就是要使接受端获得一个与发送端相同的复现消息。生态系统内的信息传递可分为四种：物理信息，指以物理因素引起生物之间感应作用的一类信息，如光信息、声信息、接触信息等；化学信息，指生物在其代谢过程中会分泌出的酶、维生素、生长素、抗生素、性引诱剂和促老激素等化学物质，被其他生物所接受而传递；营养信息，指针对食物链中某一营养级的生物数目的变化，另一营养级的生物发出的可被同级生物感知的信号；行为信息，指同类生物籍以光、声及化学物质等形式产生的传递。信息流在生态系统中具有可传扩性、永续性、时效性、分享性与转化性的特征。

6.4.5 生态系统生产力

生产力的研究作为生态系统功能与人类最明显的联系，历来是多样性与生态系统功能关系研究的主要内容。现在的很多实验研究都涉及这个问题（云南植被编写组，1987；费斌等，1998）。在农业生产中，追求高生产力与维持生物多样性似乎是一对矛盾。人们为了提高产量，使农田和森林生态系统的组成种过度单一，而物种单一对生态系统的稳定性与可持续利用又有影响。所以如何解决生物多样性与生产力的矛盾问题成了亟待解决的课题。

6.4.6　生态系统稳定性

生态系统稳定性是人们早期研究生物多样性与生态系统功能关系的主要指标，即使到了现在，稳定性仍然是生态系统功能的主要研究方向，因为不断受到人类干扰，生态系统日益退化，如何保持生态系统的稳定性、改善人们的生存环境一直是困扰人们的重要课题。有关这方面的研究也是层出不穷，但直到现在，关于稳定性的概念和定义仍没有统一，这多少给人们的研究带来了很多困难（费斌等，1998；Van Dyne，1966；Van Dyne et al.，1963）。

根据 Grimm 和 Wissel 的研究成果，在有关文献中可以发现 70 个不同的稳定性概念和 163 种定义。一般认为，稳定性包括两个方面：抵抗力和恢复力。抵抗力是描述群落受到外界干扰而保持原状的能力；恢复力是描述群落受到外界干扰后回到原来状态的能力（孙儒游，2001）。传统上，人们只把处于稳定平衡状态的系统视为稳定系统，稳定性则是指处于平衡状态的系统，经受干扰不发生变化或发生变化后回到平衡状态的能力（马克平，1993）。当然，从另一个方面讲，系统的稳定性还包括结构稳定性和功能稳定性两个层次，对于任何一个生态系统来说，这两方面的稳定性既不能相互替代，也不能截然分开，要视具体问题具体分析。

7 复杂生态系统的系统特性

传统生态系统学由于其分析手法的局限性，所利用的系统模型往往居于简单的非现实的假定的基础，所以不可能具有有效性。从这种研究角度出发，其过程多注重比较限定的生态学过程（如捕食与被捕食），或机械地从生物学的层面将系统剖析为普遍存在的基本要素（basic components）和比较特殊的次要要素（subsidiary components），再与实验不断进行对比，最终达到各种成分的模型化（孙儒泳等，1993）。如果将人为因素引入种群、群落、生态系统等生物的概念中，并将其看成是完整的统一体，则上升到了复杂生态系统的高度，应相应采用系统分析（systems analysis）的方法进行动态分析。此时首先要把对象看成是因果关系的综合体，并将这种综合体分解成若干组成因素，然后以数理模型表示，再研究各因素间的相互作用关系，根据其相互联系，制成整体系统模型（systems model）。其次，这种模型主要是应用计算机模拟来实现的，同时进行对比和校正，以期达到分析和预测的目的（Van Dyne，1966；Van Dyne et al.，1963）。在采用这种研究方法时，需要注意复杂生态系统的两个特征。

7.1 复杂生态系统是远离平衡态的耗散结构

把远离平衡的非线性区形成的新的稳定的有序结构，称之为耗散结构（普里高津和斯唐热，1987；普里高津，1998）。耗散结构理论阐明了客观世界有序和无序总是相伴出现的，无序和有序之间存在着联系和转化（布里格斯和皮特，1998）。耗散结构理论架起了热力学的寂静论和达尔文进化论之间的桥梁（王文清和陈万清，2000），并可以深刻地揭示生态系统的许多现象和本质问题，对于理解生态系统形成和发展，以及瞬息的变化有着深远意义。利用耗散结构理论研究复杂生态系统可以发现三个显著的特点。

7.1.1 复杂生态系统是一个开放的、为物质流所穿过的、时空和状态上发展方向单一且不可逆的系统

生态系统开放性是一切自然生态系统的共同特征。自然界中不存在孤立的

（与外界环境既无能量又无物质的交换）生态系统（isolated ecosystem）生态系统开放性主要表现在以下两个方面。

（1）全方位开放是生态系统的首要特点。生态系统通过各种方式和渠道与外界沟通。

（2）生态系统不停地与所处的环境进行熵的交换。生态系统通过不断地摄入能量，并将代谢过程中所产生的熵排向环境。生态系统从本质上不同于孤立系统的行为就在于其同环境之间有熵的交换。开放的生态系统必然不断地和外界进行物质和能量交换。环境的物质和能量从系统外部输入系统中，并通过由食物链构成的营养结构在系统内部定向而有规律地传输、转化，它的一部分在系统内部累积形成新结构的自由能，而其余部分向系统外输出。这个过程的重复循环，就会不断地降低生态系统的总熵，并使生态系统始终处于低熵状态，这样生态系统所积累的自由能越来越多，生态系统的耗散结构也越来越复杂，越来越有序。生态系统是一个开放系统，它们不断地与周围的环境进行着各种形式能量的交换，通过光合同化，引入负熵；通过呼吸，把正熵值转出环境。任何系统的总熵的变化由两部分组成的

$$dS = deS + diS \tag{7-1}$$

式中，dS 表示生态系统的总熵；deS 表示系统与外界环境发生能量和物质交换而产生的熵变化，而因为生态系统是开放的，不是孤立的，所以 deS 的值可以是正的，也可以是负的，但 $deS \neq 0$。当 deS 远小于零时，系统从外部环境不断获得能量和物质. 吸收负熵流，系统的总熵值将减小，有序性增加，信息量增加。diS 表示生态系统内部由于不可逆过程而产生的熵变，故而 $diS \geq 0$，这表明系统内部的熵产生要求满足热力学第二定律。

（3）生态系统的开放性促使生态系统各要素始终处于动态，并在相互间不断产生交流，如系统内物种个体生理活动和适应性对策上的变化；种群间交流和大小的变化；种与种间关系的改变，以及物种的诞生、消亡和突变等都是在开放的环境中得以实现的。

（4）生态系统的开放性，使得生态系统本身的结构和功能得到不断发生和发展。例如，外界气候的变化会影响到相关生物群落的分布和外貌，也影响到群落的结构和生产力等。

总而言之，生态系统的开放性决定了系统的动态和变化，给生态系统提供了不断发展的可能。

7.1.2　复杂生态系统在远离平衡态中发展

生态系统的平衡状态是指系统的状态参量既不随时间变化，也没有空间变化。任何一个生态系统内部的变化总是趋稳的，但其外部的变化总是破坏这种趋势。生态系统在平衡态区域体现出具有确定性的规律性；在近平衡态区域呈现具有线性关系的规律性；而在与平衡态、近平衡态有本质不同的远离平衡态区域，则呈非线性关系。只有处在远离平衡态区域的生态系统才有可能发生突变，由原来的状态发展到一个新状态。生态系统远离平衡态（far-from-equilibrium）的区域不再局限于要素间单一的线性组合，这是因为在生态系统内各要素之间存在着复杂的联系和作用，如负反馈和熵的产生伴随时间出现波动和涨落变化等，而这些都具有非线性特点。

这与人类所期望的稳定的生态系统，即"生态平衡"的概念不一致。生态系统稳定性的物理意义是系统状态不随时间变化，但这也不同于平衡态。稳定性可以用熵来测度

$$\mathrm{d}S/\mathrm{d}t = \mathrm{d}eS/\mathrm{d}t + \mathrm{d}iS/\mathrm{d}t \tag{7-2}$$

当 $\mathrm{d}S/\mathrm{d}t > 0$，即 $\mathrm{d}iS/\mathrm{d}t > -\mathrm{d}eS/\mathrm{d}t$ 时，负熵流不足以抵消熵的产生或环境输入的正熵流，这样生态系统的不可逆过程无法进行下去，系统将会解体。

当 $\mathrm{d}S/\mathrm{d}t = 0$，即 $\mathrm{d}iS/\mathrm{d}t = -\mathrm{d}eS/\mathrm{d}t$ 时，负熵流正好抵消正熵的产生，在热力学的意义上是生态系统的定常状态。

当 $\mathrm{d}S/\mathrm{d}t < 0$，即 $\mathrm{d}iS/\mathrm{d}t < -\mathrm{d}eS/\mathrm{d}t$ 时，负熵流足够充分，生态系统通过自组织作用可以向有序化方向继续顺行发展，这时的生态系统是优良的，进化的。

由上可得，在不可逆的生态系统演化过程中，生态系统稳定性的条件是其总熵变不大于零，即 $\mathrm{d}S/\mathrm{d}t \leqslant 0$。这便是热力学定律在生态系统稳定性上的体现。

7.1.3　复杂生态系统的要素间存在着非线性联系

生态系统的各要素之间存在着复杂的非线性相互作用机制。由 6.2 节可知，生态系统各要素之间并不完全产生简单的因果关系或者线性的依赖关系，而存在着各种反馈机制，其中既有正反馈的倍增效应，也有负反馈的限制增长饱和效应。反馈机制的根源在于复杂生态系统组成要素间的非线性关联性，其体现形式为奇异点的存在，表明初始条件任何微小的变化可造成后来结果的巨大差别，即"蝴蝶效应"（butterfly effect）。复杂生态系统中所出现的种种矛盾：确定性和不

确定性，平衡与非平衡，稳定性和不稳定性，均质性、异质性和多均衡性等，均源于这种非线性，这也是辩证统一的客观世界的真实情景。

综上所述，复杂生态系统满足耗散结构所必需的三个条件，即系统的开放性；系统处于远离平衡态的非线性区域；系统各要素之间存在着非线性相关机制，亦即满足了生态系统的热力学本质。耗散结构理论，即非线性非平衡热力学理论适用于生态系统学的研究从根本上证明了传统的静态研究方法的弊病。

7.2　复杂生态系统具有自组织临界性

复杂生态系统之所以能成为系统，是因为它满足系统科学上系统这个概念的具体要求，即是由多要素组成的整体；要素之间，要素与整体之间、整体与环境之间存在着有机联系；系统具有整体功能；系统是有层次的；系统的存在与发展必须适应环境，并随着时间和所处环境的变化而改变（王众托，1991）。同时处于系统层面上的复杂生态系统又表现出以下四个特点。

7.2.1　复杂生态系统含有大量的相互紧密联系的组成单元

表现为各类生态因子的组成单元具有多样性，这种多样性导致了各生态因子间关系的非线性，也就是说存在各种闭环类的反馈机制。在一定条件下，其中的一个微小的变化会引起无法预见的巨大后果。

这一特性具体地体现为生命有机体及其赖以生存的生态综合体的多样化和变异性，即生命形式的多样化，包括生命形式之间，生命形式与环境之间相互作用的多样性，还涉及生物群落，生态系统，生境，生态过程等的复杂性。也就是说复杂生态系统是生物及其与环境形成的生态复合体及与此有关的各种生态过程的总和（马克平，1993），包括其中的动物、植物、微生物和它们所拥有的基因以及它们的生存环境。

7.2.2　复杂生态系统是开放的动态系统，具有多种层次结构

生态系统是个开放系统（open system），主要表现在生态系统是全方位的与系统的外界进行交流，其四面八方亦都是与外界相通的，不断有能量和物质的进入和输出。复杂生态系统的开放性也还表现在熵的交换上。通过开放，生态系统不断地摄入能量，并将代谢过程中所产生的熵排向环境。复杂生态系统本质上不

同于孤立全封闭系统的行为，就在于同环境之间有熵的交换。

　　复杂生态系统的开放性具有重要的意义。首先，对一个生态系统而言，有了开放，才有输入；有输入才有输出，输入决定了输出。如果没有输入，那么也就不存在输出。其次，复杂生态系统的开放性促进了其组成要素间的交流。由于开放性的存在，生态系统各要素间产生了不断的交流，促使系统内各要素间关系始终处于动态之中。最后，开放性使生态系统本身的结构和功能得到不断更新和发展，并给生态系统的可持续发展带来了可能。

　　复杂生态系统同时是一个具有时空概念的复杂的大系统，表现为以生物为主体，与空间相联系，呈网络式的多维空间结构的复杂系统。它是一个极其复杂的，由多要素、多变量构成的系统，而且不同变量及其不同的组合又同时处在一定变量的动态之中，从而构成了很多亚系统，使整个复杂生态系统体现出完备的层次性。

　　复杂生态系统也有动态和生命的特征，因为它也有自己的发生、形成和发展的过程。它的发展过程可以被划分为幼年期、成长期和成熟期，从而使之具有自身特有的整体演变规律。

7.2.3　复杂生态系统整体形成之后，会拥有各组成部分所不具备的特征，其中"涌现"是其特性

　　整体性（holism）是生态系统最重要的一个特征。整体性是指系统的有机整体，其存在的方式、目标、功能都表现出统一的整体性。任何一个生态系统都是个多要素结合而成的统一体（integrate unit）。这个系统不再是各要素结合前各自分散的状态，而是发生了巨大变化，集中表现在系统的整体性。整体性是生态系统要素与结构的综合体现，主要表现在三个方面：第一，整体大于它的各部分之和。当要素按照一定规律组织起来时，便具有综合性的功能，同时在各要素相互联系、相互制约、相互作用下产生了不同的性质、功能和运动规律，尤其是出现了新质（emergent properties），所有这些都是各要素相互独立存在时所不具备的。所以，一个生态系统由若干成分结合而成时，就意味着出现了一个新的整体。第二，一旦形成了系统，各要素不能再分解成独立存在的要素，而被机械地肢解分离出去的要素不再具备系统整体性的特点和功能。第三，各个组成要素的性质和行为对系统的整体性是有作用的，这种作用是在各要素相互作用过程中表现出来的。各要素是整体性的基础，系统整体如果失去其中一些关键性要素，那么，也难以成为完整的形态并发挥作用。复杂生态系统的整体性越强，就越像一

个无结构的整体，在一定条件下，可以以一个要素的身份参加到更大的系统中去。这种整体性正是复杂生态系统的实质和核心。

7.2.4 复杂生态系统有向其环境学习以期适应的能力

因为复杂生态系统的开放性，其中会不断产生物质和能量的输入和输出。这种输入和输出的过程就是系统中的生物与其环境条件相适应的过程，并会最终建立了某种相互协调的关系。复杂生态系统的这种自组织（self organization）和自适应（self adaption）的机能主要表现在三个方面：第一，同种生物的种群密度的调控，这是在有限空间内比较普遍存在的种群变动规律。第二，异种生物种群之间的数量调控，多出现于植物与动物、动物与动物之间，常有食物链关系。第三，生物与环境之间的相互适应的调控。生物经常不断地从所在的生境中摄取所需的物质，生境亦需要对其输出及时进行补偿，两者进行着输入与输出之间的供需调控。这种自适应功能主要靠反馈机制来实现。

由以上四点特征，可以得出复杂生态系统满足具备自组织临界性的所有要求（李炜，2001）。因为复杂生态系统中的主体（特指生物因子）都是具有目的性和主动性的。系统内的成员形成一定的层次组织，但每个成员都在整体生态系统种占有特定的资源，并有一定的活动自由度。他们通过竞争与合作，以适应剧烈变化的外环境。

如果将复杂生态系统看成是一个开放的、动力学的、远离平衡态的、由多个部分组成的复杂系统，在外界驱动和内部组成部分的相互作用下，能够通过一个漫长的自组织过程演化到一个动力学临界状态，在这个状态下，系统的一个微小的局域扰动可能会通过类似"多米诺效应"的机制被放大，其效应可能会延伸到整个系统，形成一个大的雪崩。因为广延耗散动力系统一般包含数量巨大的能发生短程相互作用的组成部分，组成部分之间存在近邻的相互作用，在外界输入的物质和能量的驱动下，可以自发演化到一种临界状态，在此状态下，微小的扰动将触发"连锁反应"并导致巨变，系统在外界输入作用下发生的动力学事件对事件规模的分布是一个幂律关系；所谓自组织是指这种理论与上一节中提到的平衡相变有着本质的区别。平衡系统的相变是通过调节系统的某个参数达到的，然而自组织的产生纯粹是系统自成内部相互作用的一种动力学演化结果，不需要依靠任何外部因素的干扰或系统的驱使。一方面不需要对系统的外部控制参量进行任何的调整，在外界输入的物质和能量的驱动下系统能够自发地演化到这种临界状态；另一方面自组织临界状态具有鲁棒性（robustness），即系统对外界干扰及系统内部的涨落是稳定的，对初始条件的变化也是不敏感的，向临界状态的演化无需对系统的初始状态做特殊规定，也即临界状态是动力学吸引子。因为呈临界态的系统常在空间上呈现分形结构（自相似性），而在时间上则呈现闪烁噪声，自组织临界性理论对此给出一个相当一般性的解释：闪烁噪声是具有各种尺度和各种持续时间的信号的叠加，即处于临界状态的动态系统在产生所有各种尺度和所有各种尺度持续时间的连锁反应时所出现的信号（Bak et al.，1988）。

复杂生态系统同样具有自组织临界性的整体涌现性，指的是生态系统的某一组成部分按照一定的规则加入系统后，即会给整个复杂生态系统带来其各组成部分简单相加所不具备的整体特性，从而给系统的构成和功能带来质的提升和飞跃。复杂生态系统的整体涌现性主要还是由其组成部分按照系统的结构方式相互作用、相互制约而产生的。结构不同，其结果也不相同，因此表现为一种结构效应。

首先，复杂生态系统与一般自组织临界性最为显著的区别是关于具有适应性的主体（adaptive agent）的划分。所谓具有适应性，是指主体能够与环境及其他主体进行交流，同时在这种交流的过程中"学习"或"积累经验"，并根据学到的经验改变自身的结构和行为方式的能力。在复杂生态系统中，只有有生命的生物因子才是具有适应性的主体，因为它们在复杂生态系统的发展和演化的过程中具有闭环的反馈机制，而非生物因子由于其开环性的反馈机制，不能成为具有适应性的主体。其理论根据是具有适应性的主体应该是主动的、活的实体。这点是自组织临界性和其他建模方法的关键性的区别。这也是在分析复杂生态系统时应该着重利用的特点。

其次，自组织临界性将研究的重点从常规的复杂生态系统的组成部分的内部属性转移到了组成部分之间，以及组成部分与系统整体间的相互作用上。因为自组织临界性将这种相互作用定性为任何系统演变和进化的主要动力。同时更为奇特的是，虽然自组织临界性的研究方法与复杂生态系统的自身属性极不相同，但是它们却在侧重于相互关系的研究领域具有许多共同点。

最后，自组织临界性避免了传统的将宏观和微观分析武断割裂的弊病，而将两者有机地联系在一起。这样在对复杂生态系统的组成部分与系统整体，以及组成部分间相互关系的研究中，使得组成部分的变化成为整个系统变化的基础，可以统一进行考察。

7.3　本章小结

本章从系统工程的角度对复杂生态系统的特征进行了分析。

　　首先通过对复杂生态系统的开放性、流动性、发展性和方向单一性；远离平衡态的演化状态，以及组成部分间的非线性关系，认证了复杂生态系统是一个耗散结构。由于其非线性的特征使其在发展和演化中可能出现多个吸引子的现象。

　　其次，通过复杂生态系统组成部分的多元性，其间关系的非线性及反馈性，开放性和结构层次性，整体涌现性和演化中学习的能力，认证了复杂生态系统具有自组织临界性。而这种临界状态是复杂生态系统自组织的结果，同时也是其自发地向临界状态演化的过程。

　　通过以上两个特征的分析，可见对复杂生态系统的分析应该注重于其整体性，而不能用传统的还原论的从组成部分认识整体的方法，也不能用约化自由度的方法来研究，必须采用整体论的方法研究，因而必须寻求某种能抓住真实系统基本特征的模型。

8 复杂生态系统的无标度分析

通过第 7 章的分析，可知复杂生态系统具有非线性、动态性、开放性、奇怪吸引性、自学习性、整体用线性及反馈机制，所以不可能再沿用成熟的还原论方法这种复杂系统的机理及演化规律，而必须遵循以下几个原则。

（1）整体性原则。由于复杂生态系统的研究对象是非线性系统，传统的叠加原理失效，因此，不能采用把研究对象分成若干个小系统分别进行研究，然后进行叠加的办法，而只能从总体上把握整个系统。

（2）动态性原则。复杂生态系统是个动态系统，即与时间变量有关的系统。没有时间的变化，就没有系统的演化，也就谈不上复杂性规律。

（3）时间与空间相统一原则。复杂生态系统的研究不仅涉及时间方向上的复杂演化轨迹，而且还包括系统演化的空间模式。较为成熟的方法是利用系统中非线性关系导致的混沌研究系统沿时间方向演化的轨迹，同时利用分形来描述系统长期演化后的空间模式，并可以利用奇怪吸引子的分数维和李雅普诺夫指数等概念建立这两种研究手法的相关性。

（4）宏观与微观相统一的原则。依据复杂性科学的理论，复杂生态系统宏观变量上的波动可能来自于系统的组成部分中的一些小变化。因此，为了探讨这种宏观变量的变化规律，必须研究其相应的微观机制；但由于非线性机制的作用，又不能将系统进行分解，所以说必须将宏观与微观相统一。

（5）确定性与随机性相统一原则。复杂性科学理论表明：一个确定性的复杂生态系统中有可能出现类似于随机的行为过程，它是系统"内在"随机性的一种表现，它与具有外在随机项的非线性系统的不规则结果有着本质差别。对于复杂系统而言，结构是确定的，短期行为可以比较精确地预测，而长期行为却变得不规则，初始条件的微小变化会导致系统的运行轨迹出现巨大的偏差。

根据以上这些研究原则，对复杂生态系统的研究方法自然归结到了最近几年方出现的复杂网络理论的最新成果——无标度网络浏览。生态系统的研究一直和网络理论的发展有着密切的关系，小到蛋白质的排列，大到全球性的生态循环，无不体现出网络的特点。传统的网络理论将复杂系统肢解为若干组成部分，而后者着重研究各组成部分间的关系（Schuster，2002）。已经取得了的科学技术的发展只能使我们能更客观地理解这种关系及其作用，然而一直无法从整体上把握整个生态系统的运作及功能（葛永林和徐正春，2002）。特别是将人为干扰因素纳入生态系统的考虑范畴之后，这种研究方法往往迷失在繁杂的组织结构及纷纭的表象之中（陈禹，2001），因为此时的生态系统表现为一个具有极大数目节点，而节点间的关联又各不相同的复杂网络系统（王寿云等，1996）。正是由于这种特性，在过去 20 年间，注重演化理论的生态系统的研究并没有取得较大的进展，直到近几年，无标度网络理论的出现方提供了一种透过系统多样性和随机性，探讨系统根本的组织原则和次序的可能。

8.1　无标度网络是研究复杂生态系统的正确方法

20 世纪末 21 世纪初无标度网络理论诞生，它是认识复杂生态系统组织性、复杂性、非线性问题的新起点，使相关研究得以从无组织的基元性转向有组织的组织性、从少量组成单元低层次的简单性转向多组成单元高层次的复杂性、从可加性的线性转向不可简单累加的非线性发展。从图 8-1 三维坐标中可以清楚展现出无标度网络给复杂生态系统带来的科学研究对象、理论和模式的转变。

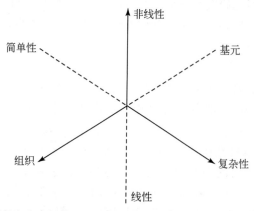

图 8-1　复杂生态系统的无标度理论研究的研究对象、理论和方法

传统的生态系统学是基于表 8-1 中第七象限简单性、组成单元和线性系统的认识和理解。而无标度网络理论的引入必定将研究引向第七象限中生态系统的复杂性、整体组织和非线性，寻找纷杂中的相类结构、特性及现象，以建立普适的理论原则、观念与研究方法，以达到各种复杂生态系统的科学整合、贯通与统一。

表 8-1　复杂生态系统的无标度理论研究的研究对象、理论和方法

坐标象限	一	二	三	四	五	六	七	八
研究对象	组织	基元	基元	组织	组织	基元	基元	组织
理论	复杂性	复杂性	简单性	简单性	复杂性	复杂性	简单性	简单性
方法	非线性	非线性	非线性	非线性	线性	线性	线性	线性

这是因为复杂生态系统是一个整体或系统。其研究的目的就是避免简单加总、机械的观点及被动反应的方法，探寻复杂生态系统整体及内部的各个层次上的组织原则和活动规律。复杂生态系统固有的特性确定了无标度网络是目前最为合适的研究手段。

8.1.1　整体性

复杂生态系统是一个有机的开放系统。系统中最为重要的生命的本质，不仅体现在系统各组成成分的相互作用，还体现在其与所处环境的相互作用中。复杂生态系统在时空上是有限的，且具有复杂结构的整体。系统中的任何部分不可能割裂于整体，并保持原有的特性和功能。

在这一点上作为系统科学最新的研究成果的无标度网络理论是从整体上认识和研究复杂生态系统的能力。

8.1.2　复杂生态系统是一种动态结构

系统中的生物都是以其组成物质的不断变化为自身存的必要前提。代谢是最基本的特征，生长是所有生物不可规避的过程。复杂生态系统是具有自我调节功能的动态系统，具体体现在各级层次的生长、衰老和死亡，以及新的层次的涌现中。

无标度网络是迄今为止唯一的一个能够在系统演化的描述中引入增长这个概念的理论，所以它可以更为切实地反映和体现现实中复杂生态系统的运动规律。

8.1.3　复杂生态系统是一个能动系统

系统中的组成部分具有反馈机制。整个生态系统的反馈表现为系统中的物质流、能量流和信息流之中。

无标度网络理论不再将系统中节点间的联系的建立归结于随机因素，而是理性地将其表述为节点间根据各自已有的不对称的信息，有"偏好"地、有选择地、有意思地和有目的地建立连接。这种理论的建立可以切实地反映出复杂生态系统中的反馈机制。

8.1.4 复杂生态系统本质上是组织结构问题，而组织是有等级性的

对复杂生态系统的研究应该体现在多个层次上，如生物圈层次、群落层次、物种层次、无机层次、有机层次、食物链层次、环境层次、物理化学层次、个体层次和由许多个体组合而成的群体层次。只有将多层次的研究有机地结合起来，才能将复杂生态系统的研究由经验科学发展为理论科学，由定性研究发展为定量研究。

无标度网络自身可以以多层次的结构出现，这为描述多层次的复杂生态系统提供了便利。

8.1.5 复杂生态系统组成部分的有界性，以及界线的不绝对性

作为整体的复杂生态系统中，各组成部分的边界是由半透面（semi-permeable surfaces）、浓度梯度和能量转换接口所组成。而且，即使是完整的生态系统也不是一种有严格和精确边界的系统，而是在一系列边界上与环境融合的系统。这些边界不是绝对的（即绝热的）墙。复杂生态系统组成部分间的边界本身就是允许渗透某些（尽管不是全部）信息、能量和物质的分界面。通过对复杂生态系统的研究，可以得到一个有序的整体。而这种超循环结构可被分解成作为它组分的下层系统的单个的有机的组成部分；同时，这种超循环结构还可能和更大的系统一起组成连续统，而这种连续系统仅被相对的边界所分离。这种由有序的总体组成的场，并在较高的层次上组成了场中的系统，以及系统中的系统，这就是复杂生态系统的等级结构。

在无标度网络中这种有界性是通过节点的不同来体现的，而界线的不绝对性体现为节点的度的大小，以及连接的有向性。

由上面的分析可知无标度网络理论特别适合于研究生态系统这种复杂网络结构。

8.2　利用无标度网络理论研究复杂生态系统所须做出的改进

无标度网络之所以与传统的随机网络有巨大的不同，在于其两个显著的特点。

（1）增长：无标度网络模型是第一个增长的网络模型。在初始时刻（$t = 0$）时，假定系统有 m_0 个孤立节点，在以后的每一个时间间隔中，新增一个度为 m 的节点（$m \leqslant m_0$），并用 m 条边将该节点连接到原系统中的 m 个节点上。

（2）择优连接：当在网络中选择节点与新增节点连接时，假定被选择的节点与新节点连接的概率 $\prod(k_v)$ 与和节点 v 的度成正比，即

$$\prod(k_i) = \frac{k_i}{\sum_j k_j} \tag{8-1}$$

经过时间间隔 t 后，就会形成一个 $N = m_0 + t$ 个节点，$\sum_{t=0}^{t} m_t$ 条边的网络。其顶点度的变化满足于 $\frac{\partial k_i}{\partial t} = \frac{k_i}{2t}$，初始条件 $k_i(t_i) = m$，该网络最终将自组织成无标度网络，该网络最终演化成标度不变状态即节点具有度 k 的概率服从度指数 $\gamma = 3$ 的幂律分布。

在使用外标度网络理论对复杂生态系统进行研究时，应该根据所研究对象的独特性，做出相应的调整。

（1）针对复杂生态系统的无标度性的增长特性，应该注意到现实系统中心节点的添加，即新的物种或因素的出现需要经历漫长的时间过程，所以在进行相应的研究时，更多需要考虑的是被施加定向干扰的生态系统的演变。在目前这种经济高速发展的背景下，定向干扰多指的是人为的对生态系统施加的影响。研究的重心应该放在扰动之前和扰动之后的稳态状况下的系统差异。

（2）以无标度网络形式出现的复杂生态系统，虽然依旧遵循增长的特性，具体表现为新物种的出现和生物的进化等方面，但更值得注意的是原有系统中节点的消失，体现为物种的灭绝和生物的进化等，因为生物的进化从某种意义上而言就是原有物种的消失。

（3）无标度网络中新增节点与原系统中节点的连接遵循式（8-1），这就表明如果原有节点的度越大，其被新增节点连接的概率也越大；但这与现实生态系统中的状态却大不相同。例如，在原系统中草是一个集散节点，即有很多因素影响到草的生长，而同时又有很多生物以草为食，这是一个新增节点就有极大的可

能性与之建立连接。在生态系统中可以将这种情况解释为新增因素影响到了草的生长，或是新增物种同样以草为食，这与实际状况不相符。草的大量增加的必然结果是食草类动物的大量繁殖，而其间接结果是以这些食草动物为食的食肉类动物的增加。用无标度网络理论解释这一点就是，新增节点不是与度最大的节点建立连接的可能性最大，而是和与度最大的节点相连的节点建立连接的可能性最大。如此定义可以更好地反映 8.1 节中所论述的复杂生态系统的反馈机制，也可以体现其非线性系统的作用的扩散性。

用无标度网络形式标注出来的复杂生态系统中的每一个节点 $v_i(i = 1，\cdots，n)$ 在现实状态中都表示为某一种无生命的物质或是有生命的物种。而物质是被不断消耗和补充的，物种是在不断进化的。这具体体现为该类物质或该物质随时间的变化而产生的数量上的变化

$$\mathrm{d}v_i/\mathrm{d}t = \varepsilon v_i \tag{8-2}$$

考虑到生态系统所受到的随机扰动，式 (8-2) 可改写为

$$\mathrm{d}v_i/\mathrm{d}t = (\varepsilon + y)v_i = \varepsilon v_i + yv_i \tag{8-3}$$

现实中这种扰动多以白噪声的形式出现，所以式 (8-3) 改写为

$$\mathrm{d}v_i(t) = \varepsilon v_i(t)\mathrm{d}t + v_i(t)\mathrm{d}B(t) \tag{8-4}$$

式中 $B(t)$ 是 Wiener 过程，设其期望 $E[B(t)] = 0$，$E\big|[\mathrm{d}B(t)]^2\big| = \sigma^2$。这是一阶线性 Ito 型随机微分方程，其解为随机方程

$$v_i(t) = v_i(t = 0)\exp\{(\varepsilon - \sigma^2/2)t + B(t) - B(0)\} \tag{8-5}$$

可见若 $\sigma^2 > 2\varepsilon$，则概率为 1，有 $v_i \to 0$，即该物质将被耗竭或该物种将退化灭绝。对式 (8-5) 两端取均值得

$$\mathrm{d}E(v_i)/\mathrm{d}t = \varepsilon E(v_i) \tag{8-6}$$

解得

$$E[v_i(t)] = v_i(t = 0)e^{\varepsilon t} \tag{8-7}$$

显然该解与受到扰动的模型的解一致。但其特异性在于：一方面节点 v_i 的大小的均值指数型无限增长；另一方面只要 $\sigma^2 > 2\varepsilon$，节点 v_i 衰亡的概率为 1。同时 $v_i(t)$ 的方差为

$$D[v_i(t)] = v_i(t = 0)^2\exp\{2\varepsilon t\}[\exp\{\sigma^2 t\} - 1] \tag{8-8}$$

变异系数为

$$[D(v_i(t))]^{\frac{1}{2}}/E[v_i(t)] = [\exp\{\sigma^2 t\} - 1]^{\frac{1}{2}} \tag{8-9}$$

从式 (8-9) 可知，随着时间的变化，节点 v_i 的量必然会产生异常剧烈的变动，并最终导致该物质的耗竭或该物种的灭亡。这与生态学上的进化论是不谋而

合的。更为重要的是复杂生态系统所表示出的平衡既不是稳定的平衡状态，也不是随机扰动下平稳的概率分布，相反的，系统可以依赖于随机扰动，从一个平衡态的吸引域转移到另一个吸引域，或在小的持续的随机扰动下，在不同的稳定状态（平衡点或极限环）之间不规则地转移。

以上论述表明复杂生态系统中任何节点 v_i 的增长系数 $\varepsilon(v_i)$ 取决于 $v_i(t)$。可将 $\varepsilon(v_i)$ 依赖于节点 v_i 的量的大小的关系分为两类：其一是 $\varepsilon(v_i)$ 随着节点 v_i 的量的增加而单调减少；其二是节点 v_i 所表示的无生命的物质可能有某种"规模效应"，有生命的物种可能因某种互助或群体行为而产生某种"集体效应"，也就是说在特定的阶段，增长系数 $\varepsilon(v_i)$ 可能随着节点 v_i 量的增加而增长，增加到一定的程度后，系统所固有的容量的不足就表现出来了，这时增长系数 $\varepsilon(v_i)$ 就会下降，这就是著名的 Allee 曲线（陈兰荪等，1988），如图 8-2 所示。相应的式（8-3）可改写为

$$\mathrm{d}v_i/\mathrm{d}t = \varepsilon(v_i) \cdot v_i \tag{8-10}$$

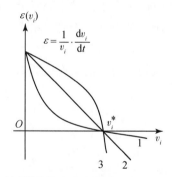
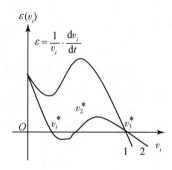

(a)单调的依赖关系(直线1为Logistic方程式)　　(b)Allee型非单调依赖关系

图 8-2　增长系数 $\varepsilon(v_i)$ 依赖于节点 v_i 量的大小的两种关系

设定一个 Rank 值计算各节点的重要性，记作 R。对系统中每条连接边赋以不同的权值，节点通过不同的边所连接到的其他的节点越重要则此节点的作用也越大。任一节点的重要性，是由于其相连的其他节点的重要性决定的。如此定义可以更好地再现复杂生态系统中各种流，特别是食物链的特性。Rank 的算法定义如下

$$R(v_i) = (1 - \varepsilon) + \varepsilon \cdot \sum_{j \in B(v_i)} \frac{R(v_j)}{N(v_j)}$$

$$= \left(1 - \frac{1}{v_i} \cdot \frac{\mathrm{d}v_i}{\mathrm{d}t}\right) + \frac{1}{v_i} \cdot \frac{\mathrm{d}v_i}{\mathrm{d}t} \cdot \sum_{j \in B(v_i)} \frac{R(v_j)}{N(v_j)} \tag{8-11}$$

其中，$R(v_i)$ 和 $R(v_j)$ 分别表示节点 v_i 和 v_j 的 Rank 值。$B(v_j)$ 表示所有流向节点 v_j

的连接的集合，$N(v_j)$ 表示所有流出节点 v_j 的连接的集合。其中，ε 表示该系统的阻尼系数，由于表示

$$\varepsilon = \frac{1}{v_i} \cdot \frac{\mathrm{d}v_i}{\mathrm{d}t} \tag{8-12}$$

固其取值为 0 ~ 1。相应的，ε 可以被理解为任一节点可能与节点 v_i 建立直接连接的概率；$(1 - \varepsilon)$ 为该节点无法与节点 v_i 直接相连的概率。

式（8-11）的算法的最大的优点是系统中任一节点的重要性是由具有流向该节点的连接的其他的节点的重要性所决定的，且每个流向该节点的连接点对其重要性的贡献是不同的。假设节点 v_j 是具有流向节点 v_i 的直接连接的节点中的一个，则节点 v_i 的重要性部分地取决于节点 v_j 的重要性；同时节点 v_j 对外的直接连接越多，其对节点 v_j 重要性的贡献也越小。该算法除了具有以上的特性之外，同时也保持了原有无标度网络式（8-1）的算法的特征，即若流向节点 v_i 的直接连接越多，节点 v_i 的重要性也就越大。而将节点 v_i 的增长系数作为系统的阻尼系数，可以起到减少除了节点 v_j 以外其他节点对节点 v_i 重要性排序的贡献。至此系统中所有节点的重要性形成的一个概率分布，所有节点的重要性之和是 1。如果将新增节点与原系统中所有节点中的每一个是否建立连接作为整体事件进行考虑，则每一节点的重要性可以被考虑为新增节点是否与其建立连接的概率，这样式（8-1）与式（8-11）合并，得

$$\prod(k_i) = R(v_i) = (1 - \varepsilon) + \varepsilon \cdot \sum_{j \in B(v_i)} \frac{R(v_j)}{N(v_j)}$$
$$= \left(1 - \frac{1}{v_i} \cdot \frac{\mathrm{d}v_i}{\mathrm{d}t}\right) + \frac{1}{v_i} \cdot \frac{\mathrm{d}v_i}{\mathrm{d}t} \cdot \sum_{j \in B(v_i)} \frac{R(v_j)}{N(v_j)} \tag{8-13}$$

现考虑复杂生态系统的演化问题，从不标度网络理论的角度看来，无外乎有加点、加边、减点和减边四种现象。

（1）加点：在任意时刻（$t = n$）时，假定系统有 N 个节点，新增一个度为 m 的节点（$m \leqslant N$）。新增的节点连接到现有系统的节点 $v_i(i \in N)$ 时，满足

$$\prod(k_i) = (1 - \varepsilon) + \varepsilon \cdot \sum_{j \in B(v_i)} \frac{R(v_j)}{N(v_j)}$$

（2）加边：在已存在的节点中添加 l 条新连接。随机选取一个节点 v_i 作为新连接的起始点，v_i 被选择作为新连接的另一个节点满足偏好概率

$$\prod(k_i) = (1 - \varepsilon) + \varepsilon \cdot \sum_{j \in B(v_i)} \frac{R(v_j)}{N(v_j)}$$

（3）减点与减边是一并考虑的。复杂生态系统中某种物质的耗竭或某物种

的灭亡可以被理解为节点的减少。任何节点的减少必然会导致原来与之相连的节点重新布置其新的连接，有时甚至会涉及原有系统中所有的 n 条边。新连接的分布遵循概率 $\prod (k_i) = (1 - \varepsilon) + \varepsilon \cdot \sum_{j \in B(v_i)} \frac{R(v_j)}{N(v_j)}$

同时考虑以上三点，可以得到复杂生态系统演化的动力学方程

$$\frac{\partial k_i}{\partial t} = (l - n) \frac{1}{N} + (l + m + n) \left[(1 - \varepsilon) + \varepsilon \sum_{j \in B(v_i)} \frac{R(v_j)}{N(v_j)} \right]$$

$$- (l + n) \frac{1}{N} \left[(1 - \varepsilon) + \varepsilon \sum_{j \in B(v_i)} \frac{R(v_j)}{N(v_j)} \right] \tag{8-14}$$

简化上式可得

$$\frac{\partial k_i}{\partial t} = \frac{l - n}{t} + \frac{l + m + n}{2l + 2m + \varepsilon} \frac{k_i + \varepsilon}{t} \tag{8-15}$$

同时由于初始条件 $k_i(t_i) = m$ ，代入式（8-15）得

$$\gamma = \frac{3l + 3m + n + \varepsilon}{l + m + n} = \frac{2l + 2m + \varepsilon}{l + m + n} + 1 \tag{8-16}$$

所以 γ 的值大于 2，上述复杂生态系统的演化必然是一个无标度网络。

8.3　本章小结

本章从无标度网络理论的角度对复杂生态系统的特征进行了分析。

首先，通过对复杂生态系统所具有的非线性、动态性、开放性、奇怪吸引性、自学习性、整体用线性及反馈机制的特点，提出了其研究过程中应该遵循的整体性、动态性、时间与空间相统一、宏观与微观相统一及确定性与随机性相统一的原则。

其次，根据复杂生态系统的特性和相应的研究原则，提出了运用无标度网络理论，并从复杂生态系统的整体性、动态结构、能动系统、组织等级性、组织结构，以及复杂生态系统组成部分的有界性和其界线的不绝对性等方面论证了无标度网络理论是研究复杂生态系统的正确方法。

最后，针对研究复杂生态系统所利用的无标度网络增长和依附偏好的特性进行了调整和界定，指出增长并不应该是单调的，而是应该伴随着无标度网络中某些节点的消失，而节点的消失恰好对应于生物进化的理论，并通过动力系统模型对其进行了验证和解释。同时针对复杂生态系统所特有的反馈和增长的机制设计了新的依附偏好算法，而且具体地证明了所得到的新网络模型的无标度性。

9 复杂生态系统的无标度网络模型

为复杂生态系统建立网络模型是一个艰巨而又繁杂的工作。这是因为复杂生态系统所特有的物种多样性、遗传多样性和生态系统多样性的特点。

地球上的生命是丰富多彩的，仅苔藓植物就有1.3万种之多，且每个生命个体都是独特的，不可替代的。已发现和命名的物种有150万种，其中植物26万种、昆虫70万种和脊椎动物50万种。估计地球上不同的物种共有500万~3000万种（孙儒泳等，1993）。完全确定不同物种间的关联度的难度太大。

世界上所有生命既能保持自己物种的繁衍，又能使每个个体都表现出差别，这要归功于其体内遗传密码的作用和基因表达的差别。在组成生命的细胞中，DNA是遗传物质，由四种碱基在DNA长链上不同的排列组合，决定了基因及生命的多样性。大自然用了几十亿年的时间，建造起如此浩繁、精致和复杂的基因，仅在人类DNA长链上就有10万个基因（Szekely，1980）。

在地球的表面，到处都有生命的存在。为适应在不同环境下生存，各种植物、动物和菌类与环境又构成了不同的生态系统。在不同的生态系统中，各种生命通过一张极其复杂的食物网来获取和传递太阳的能量，同时完成物质的循环（苏智先等，1993）。生态系统的结构、功能、平衡及调节机制千差万别是生物多样性的重要内容。

由此可见，由任意层面构建生态系统的仿真模型的难度都超出一般人的想象能力。然而可以利用复杂生态系统的层次性，依据研究对象的复杂性的不同（图9-1），从不同的层次上构建内涵与结构都不完全相同生态系统模型。

由6.1节可知复杂生态系统的基本组成部分为气候因子、地形因子、土壤因子、生物因子、人为因子和演化因子。其中演化因子是复杂生态系统在不同时间的不同状态的组合，只能通过连续的网络图进行描述，而无法在单独一张网络图中得以体现。那么剩下的五个基本组成部分所构成的网络图就可以表示在某一确定时刻的复杂生态系统的具体状态，如图9-2所示。

图9-2中整个复杂生态系统由除了演化因子外的五个最基本的组成部分构成，箭头方向表明生态系统中的物种流、能量流、物质流和信息流的存在和方向。可见气候因子受到地形因子和人为因子的影响，同时作用于土壤因子、生物

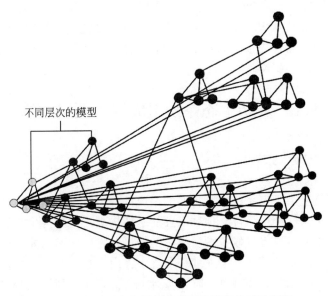

图 9-1 不同层次的复杂生态系统模型关系示意图

因子；土壤因子受到所有其他因子的影响，而反作用于生物因子和人为因子；地形因子反作用于所有其他因子，并受到人为因子的影响；生物因子受到所有其他因子的影响，并反作用于土壤因子和人为因子；人为因子和其他所有因子间存在作用和反作用的关系。

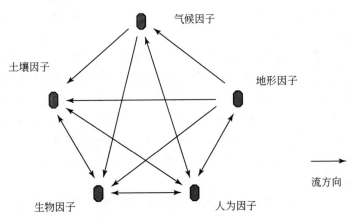

图 9-2 复杂生态系统基本组成部分的关系构成图

很明显，图 9-2 所表示的是一个全连通的随机网络图，图中任意节点的度均为 4。研究这种层次的复杂生态系统往往受局限于节点数目的有限性和节点间联系的复杂性，而无法从主要特征和演化方面对整个系统进行描述。因此在进行进一步的研究之前，需首先根据第 6 章的内容，分别描述复杂生态系统的各个组成因子的网络结构图。

9.1　复杂生态系统组成因子网络结构

9.1.1　气候因子网络

　　气候因子是复杂生态系统极其重要的组成部分，是支持人类活动及整个生命系统的地球表层大气环境条件。地球表层的一切物理、化学与生物过程，都依靠辐射、热量、水分与风等气候资源所供给的能量及物质的参与才能进行。气候因子存在于复杂生态系统的每一个演变环节之中，由人类生产、生活及整个生命系统所必需的光照、温度（热量）、降水（水分）、气压、风、气体成分等构成。这些气候要素及大气成分共同构成人类和生命活动的基本自然条件，为整个生物体及人类经济活动提供能量和水分等。气候因子具有很强的再生性。

　　特定气候的形成取定于气候特征的形成和气候变化状况。影响气候特征和变化的四大因子是太阳辐射、大气环流、下垫面状况和人类活动。由于地球上地理纬度的差异，导致了太阳辐射分布的不均匀；由于地表面河陆分布、地形差异、地球自转等因素而形成了不同尺度的大气环流和区域气候特征，加之人类活动对地球下垫面状况的改变和大气成分的改变，造成了气候的变化，使得气候资源的时空分布也有较大的复杂性。

　　光照主要指来自太阳的辐射能。一个地区的光照的多少首先决定于其所处的地理纬度。一年中光照的多少及可利用程度通常用日照时数和太阳辐射总量来表示。地理纬度、海拔高度和地形天气状况等是影响光照分布的主要原因。光照的经济价值主要表现在两个方面，一是太阳能的直接利用，如太阳能发电、供暖等；二是太阳能中的光合有效辐射通过植物的光合作用转换为有机物，如森林、草场、粮食作物等，从而为人们所利用。光合有效辐射一般约占太阳总辐射能量的 50% 左右。

　　热量是指某一地区在特定的气候条件下所能提供的热量多少，它是太阳辐射和地表、大气中各种物理过程的综合结果。热量状况的最直观描述就是温度，一个地区热量状况的好坏直接决定其作物种植类型、生长状况和产量。为了描述热量资源，一般采用积温，即在一定温度范围内日平均温度的累积值。地形差异和季风气候是影响热量分布的主要原因。

　　季风气候、地形、纬度差异及距海洋的距离不同，降水的分布呈现出很大的差异。大气降水是陆地上水资源的根本来源。大气降水量的多少及时空分布，往往决定区域的干湿程度，也影响到河流流量、湖泊和水库水量的多少，从而直接或间接影响到整个生态系统。此外如果降水与高温同期发生，可形成水热同步，有利于植物通过光合作用固化太阳光能，为整个生态系统提供初级生产力。

　　作为可再生的资源，风在复杂生态系统内占有很重要的作用。风是大气中热力与动力作用的产物，是由太阳辐射能转换而来。风输送着空气中的热量和水分及烟、尘等，由此形成不同的天气现象和气候特征。风同时也是某些植物的繁殖媒介。地面风不仅受气压场分布的支配，而且在很大程度上受地形与地势的影响。因此，风速和风向的时空分布较为复杂。

　　大气成分资源中最主要的是二氧化碳。大气中二氧化碳的含量、分布及季节变化除对气候有影响外，对作物的光合作用至关重要，二氧化碳是陆生植物光合作用的碳源。当周围空气中的二氧化碳浓度不同时，会影响到群体作物对二氧化碳的吸收，从而直接影响植物的光合速率。因此二氧化碳的浓度直接影响到作物的光合速率、生长和产量，另外氧气也对生命的维系具有绝对性的作用。

　　将以上所有气候因子的组成部分及其间的流关系可以表示为图9-3。图中各节点的标号及属性，见表9-1。

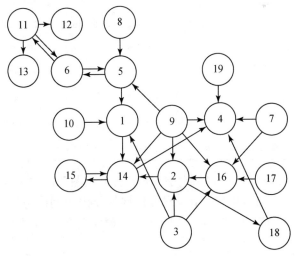

图9-3　气候因子组成部分网络图

表 9-1　气候因子网络节点及属性表　　　　　　　　单位:%

编号	节点名称	$\dfrac{k_i}{\sum\limits_{i=1}^{N} k_i}$	$\dfrac{k_i^{\leftarrow}}{\sum\limits_{i=1}^{N} k_i}$	$\dfrac{k_i^{\rightarrow}}{\sum\limits_{i=1}^{N} k_i}$	C_i	R_i
1	大气环流	8.333 3	13.333 3	3.333 3	17.628 2	6.733 8
2	热量	8.333 3	10.000 0	6.666 7	12.179 5	6.423 1
3	太阳辐射	5.000 0	0.000 0	10.000 0	0.000 0	1.758 8
4	降水	8.333 3	16.666 7	0.000 0	0.000 0	15.855 0
5	下垫面状况	8.333 3	10.000 0	6.666 7	20.192 3	5.843 3
6	人类活动	6.666 7	6.666 7	6.666 7	13.461 5	5.389 5
7	纬度	5.000 0	0.000 0	10.000 0	0.000 0	1.758 8
8	地表河陆分布	1.666 7	0.000 0	3.333 3	0.000 0	1.758 8
9	地形差异	8.333 3	0.000 0	16.666 7	0.000 0	1.758 8
10	地球自转	1.666 7	0.000 0	3.333 3	0.000 0	1.758 8
11	大气成分	6.666 7	3.333 3	10.000 0	7.692 3	4.049 3
12	二氧化碳	1.666 7	3.333 3	0.000 0	0.000 0	2.906 1
13	氧气	1.666 7	3.333 3	0.000 0	0.000 0	2.906 1
14	风	10.000 0	13.333 3	6.666 7	20.352 6	18.796 6
15	气压	3.333 3	3.333 3	3.333 3	0.000 0	9.747 4
16	光照	8.333 3	13.333 3	3.333 3	6.730 8	4.549 4
17	海拔	1.666 7	0.000 0	3.333 3	0.000 0	1.758 8
18	季风气候	3.333 3	3.333 3	3.333 3	1.762 8	4.488 6
19	与海洋距离	1.666 7	0.000 0	3.333 3	0.000 0	1.758 8

　　根据表 9-1，可以将图 9-3 转制为网络节点关系图，图中可以清晰地反映出无标度网络的特性，如图 9-4 所示。同理根据气候因子网络中每个节点 Rank 值的排序，可将图 9-4 转制为图 9-5。图 9-5 中的横向实线间的间距表明 Rank 值上 2.5 的值差。

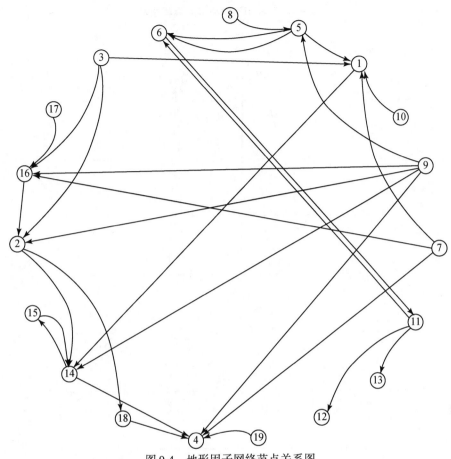

图9-4 地形因子网络节点关系图

9.1.2 地形因子网络

地形因子是间接生态因子，是环境异质性产生的原因之一。受技术条件的限制，以往研究中地形因子只能作为背景因子介入，无法分析地形的细微变化对植物分布格局的影响。地形因子对复杂生态系统的影响，主要表现在山脉和海拔的因素将全球划分为陆地和水域两大不同体系、山脉的走向可以有助于或阻挡气团的流动而划分不同的气候带、坡度和坡向会在山体的两侧形成截然不同的生物分布、河流的走向也极大约束了生态系统内的物质及能量的流动、地势的平缓与否也决定了生物的分布区域的大小等。

将以上所有地形因子的组成部分及其间的流关系可以表示为图9-6，图中名

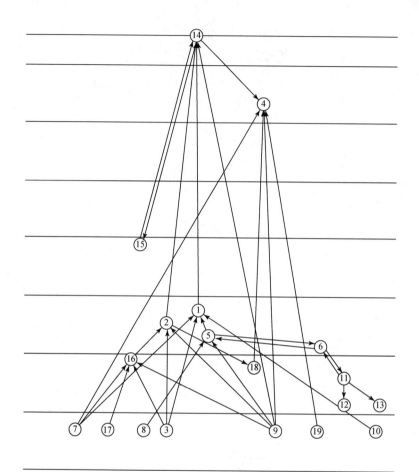

图9-5　气候因子网络节点依据 Rank 值排序的位置和关系图

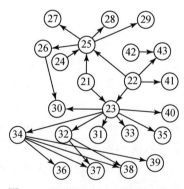

图9-6　地形因子组成部分网络图

节点的标量及属性见表9-2，然后将图9-6转制为表示网络节点关系的图9-7和反映节点 Rank 值排序的图9-8。

表9-2   地形因子网络节点及属性表   单位:%

编号	节点名称	$\dfrac{k_i}{\sum\limits_{i=1}^{N} k_i}$	$\dfrac{\overleftarrow{k_i}}{\sum\limits_{i=1}^{N} k_i}$	$\dfrac{\overrightarrow{k_i}}{\sum\limits_{i=1}^{N} k_i}$	C_i	R_i
21	山脉	3.846 2	0.000 0	7.692 3	0.000 0	3.008 1
22	海拔	7.692 3	0.000 0	15.384 6	0.000 0	3.008 1
23	陆地	17.307 7	7.692 3	26.923 1	44.898 0	4.925 8
24	水	1.923 1	0.000 0	3.846 2	0.000 0	3.008 1
25	水域	13.461 5	11.538 5	15.384 6	26.530 6	7.482 6
26	海洋	3.846 2	3.846 2	3.846 2	4.081 6	4.598 2
27	湖泊	1.923 1	3.846 2	0.000 0	0.000 0	4.598 2
28	河流	1.923 1	3.846 2	0.000 0	0.000 0	4.598 2
29	湿地	1.923 1	3.846 2	0.000 0	0.000 0	4.598 2
30	海岸	3.846 2	7.692 3	0.000 0	0.000 0	7.514 7
31	丘陵	1.923 1	3.846 2	0.000 0	0.000 0	3.606 2
32	平原	5.769 2	3.846 2	7.692 3	6.122 4	3.606 2
33	山地	1.923 1	3.846 2	0.000 0	0.000 0	3.606 2
34	高原	9.615 4	3.846 2	15.384 6	18.367 3	3.606 2
35	沟谷	1.923 1	3.846 2	0.000 0	0.000 0	3.606 2
36	苔原	1.923 1	3.846 2	0.000 0	0.000 0	3.774 4
37	森林	3.846 2	7.692 3	0.000 0	0.000 0	5.307 1
38	草原	3.846 2	7.692 3	0.000 0	0.000 0	5.307 1
39	荒漠	1.923 1	3.846 2	0.000 0	0.000 0	3.774 4
40	熔岩	1.923 1	3.846 2	0.000 0	0.000 0	3.606 2
41	坡度	1.923 1	3.846 2	0.000 0	0.000 0	3.647 3
42	太阳辐射	1.923 1	0.000 0	3.846 2	0.000 0	3.008 1
43	坡向	3.846 2	7.692 3	0.000 0	0.000 0	6.204 2

9.1.3   土壤因子网络

土壤是陆地生态系统的基础，是具有决定性意义的生命支持系统，其组成部分有矿物质、有机质、土壤水分和土壤空气，具有肥力是土壤最为显著的特性。土壤有两个作用，一是给树木提供养分和水分，另一个是支撑作用。土壤中既有

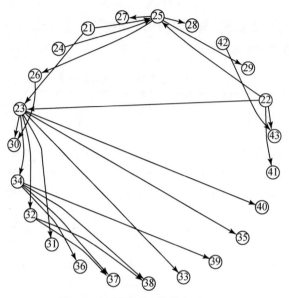

图 9-7　地形因子网络节点关系图

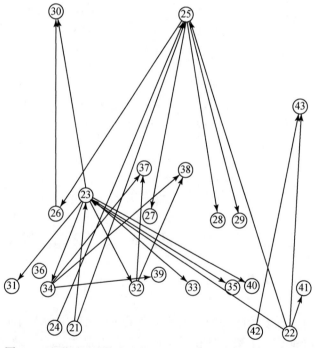

图 9-8　地形因子网络节点依据 Rank 值排序的位置和关系图

注：图中横向实线间的间距表明 Rank 值上 1.0 的值差

空气，又有水分，正好成为生物进化过程中的过渡环境。土壤是植物生长的基质和营养库。土壤提供了植物生活的空间、水分和必需的矿质元素。土壤是污染物转化的重要场地。土壤中大量的微生物和小型动物，对污染物都具有分解能力。

土壤是由固体、液体和气体组成的三相系统，其中固体颗粒是组成土壤的物质基础。土壤的颗粒具有水稳定性，由其组成的土壤，能协调土壤中水分、空气和营养物之间的关系，改善土壤的理化性质。

土壤中包含有大量的无机元素，如 N、P、K、Ca、Mg、S、Fe、Cl、Mn、B、Zn、Cu、Mo 等，是复杂生态系统中有机生物能量的重要来源之一。土壤是生物进化的过渡环境，是许多微生物的栖息场所，包括细菌、真菌、放线菌等，其中固氮微生物和菌根真菌对植物的生长尤其重要。土壤温度对植物种子的萌发和根系的生长、呼吸及吸收能力有直接影响，还通过限制养分的转化来影响根系的生长活动。土壤水分与盐类组成的土壤溶液参与土壤中物质的转化，促进有机物的分解与合成。土壤中的空气组成与大气中的完全不同，植物光合作用所需的 CO_2 有一半来自土壤。但是，当土壤中 CO_2 含量过高时，根系的呼吸和吸收机能就会受阻，甚至会窒息死亡。土壤酸碱度与土壤微生物活动、有机质的合成与分解、营养元素的转化与释放、微量元素的有效性、土壤保持养分的能力及生物生长等都有密切关系。

将以上所有土壤因子的组成部分及其间的流关系可以表示为图 9-9，图中各节点的标量及属性见表 9-3，然后将图 9-9 转制为表示网络节点关系的图 9-10 和反映节点 Rank 值排序的图 9-11。

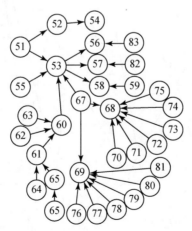

图 9-9　土壤因子组成部分网络图

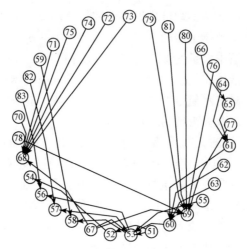

图 9-10　土壤因子网络节点关系图

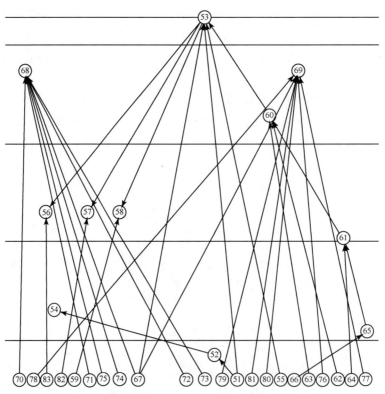

图 9-11　土壤因子网络节点依据 Rank 值排序的位置和关系图

注：图中横向实线间的间距表明 Rank 值上 2.5 的值差

表 9-3　土壤因子网络节点及属性表　　　　　　　　　单位:%

编号	节点名称	$\dfrac{k_i}{\sum\limits_{i=1}^{N} k_i}$	$\dfrac{k_i^{\leftarrow}}{\sum\limits_{i=1}^{N} k_i}$	$\dfrac{k_i^{\rightarrow}}{\sum\limits_{i=1}^{N} k_i}$	C_i	R_i
51	母岩	3.125 0	0.000 0	6.250 0	0.000 0	1.462 2
52	化学成分	3.125 0	3.125 0	3.125 0	1.315 8	2.083 7
53	土壤（颗粒）	10.937 5	12.500 0	9.375 0	39.473 7	10.712 6
54	酸碱度	1.562 5	3.125 0	0.000 0	0.000 0	3.233 4
55	地形	1.562 5	0.000 0	3.125 0	0.000 0	1.462 2
56	土壤中的水分	3.125 0	6.250 0	0.000 0	0.000 0	5.740 4
57	土壤中的空气	3.125 0	6.250 0	0.000 0	0.000 0	5.740 4
58	土壤温度	3.125 0	6.250 0	0.000 0	0.000 0	5.740 4
59	太阳辐射	1.562 5	0.000 0	3.125 0	0.000 0	1.462 2
60	微生物	6.250 0	9.375 0	3.125 0	31.578 9	8.201 9
61	真菌	4.687 5	6.250 0	3.125 0	19.736 8	5.004 5
62	细菌	1.562 5	0.000 0	3.125 0	0.000 0	1.462 2
63	放线菌	1.562 5	0.000 0	3.125 0	0.000 0	1.462 2
64	菌根真菌	1.562 5	0.000 0	3.125 0	0.000 0	1.462 2
65	固氮微生物	3.125 0	3.125 0	3.125 0	7.894 7	2.705 2
66	根瘤菌	1.562 5	0.000 0	3.125 0	0.000 0	1.462 2
67	无机物	4.687 5	0.000 0	9.375 0	0.000 0	1.462 2
68	无机元素	10.937 5	21.875 0	0.000 0	0.000 0	9.334 0
69	微量元素	10.937 5	21.875 0	0.000 0	0.000 0	9.334 0
70	N	1.562 5	0.000 0	3.125 0	0.000 0	1.462 2
71	P	1.562 5	0.000 0	3.125 0	0.000 0	1.462 2
72	K	1.562 5	0.000 0	3.125 0	0.000 0	1.462 2
73	Ca	1.562 5	0.000 0	3.125 0	0.000 0	1.462 2
74	Mg	1.562 5	0.000 0	3.125 0	0.000 0	1.462 2
75	S	1.562 5	0.000 0	3.125 0	0.000 0	1.462 2
76	Cl	1.562 5	0.000 0	3.125 0	0.000 0	1.462 2
77	Mn	1.562 5	0.000 0	3.125 0	0.000 0	1.462 2
78	B	1.562 5	0.000 0	3.125 0	0.000 0	1.462 2
79	Zn	1.562 5	0.000 0	3.125 0	0.000 0	1.462 2
80	Cu	1.562 5	0.000 0	3.125 0	0.000 0	1.462 2
81	M	1.562 5	0.000 0	3.125 0	0.000 0	1.462 2
82	土壤蓄水性	1.562 5	0.000 0	3.125 0	0.000 0	1.462 2
83	土壤通气性	1.562 5	0.000 0	3.125 0	0.000 0	1.462 2

9.1.4　生物因子网络

由于生物所特有的能动性，多种多样的生物在生态系统中扮演着重要的角色。根据它们在生态系统中发挥的作用和地位可分为生产者、消费者和分解者三大功能类群。

（1）生产者（producers），又称初级生产者（primary producers），指自养生物，主要指绿色植物，也包括一些化能合成细菌。这些生物能利用无机物合成有机物，并把环境中的太阳能以生物化学能的形式第一次固定到生物有机体中。初级生产者也是自然界生命系统中唯一能将太阳能转化为生物化学能的媒介。

（2）消费者（consumers），指以已固化在有机体内的养分为食物的异养生物，主要是动物。其中初级消费者（primary consumers）是指以生产者为食的消费者，主要是食草动物；高级消费者（secondary consumers）是指以初级消费者或同级消费者为食的食肉动物。

（3）分解者（composers），指利用动植物残体及其他有机物为食的小型异养生物，主要有真菌、细菌、放线菌等微生物。小型消费者使构成有机成分的元素和储备的能量通过分解作用又释放到无机环境中去。

复杂生态系统中各个组成部分间的关系是由食物链和食物网所确立的。

食物链（food chain），是指生态系统中储存在有机物中的化学能，通过一系列的吃与被吃的关系得到传递，并把生物与生物紧密地联系起来，食物链中每一个生物成员称为营养级（trophic level）。按照生物与生物之间的关系可将食物链分成以下四种类型。

（1）碎食食物链，指以碎食（植物的枯枝落叶等）为食物链的起点的食物链。碎食被别的生物所利用，然后再为多种动物所食构成。其构成方式：碎食物—碎食物消费者—小型肉食性动物—大型肉食性动物。在森林中，有90％的净生产是以食物碎食方式产生的。

（2）捕食食物链，指一种活的生物取食另一种活的生物所构成的食物链。捕食食物链都以生产者为食物链的起点。其构成方式：植物—植食性动物—肉食性动物。这种食物链普遍存在于水域和陆地环境之中。

（3）寄生性食物链，由宿主和寄生物构成。它以大型动物为食物链的起点，继之以小型动物、微型动物、细菌和病毒，后者与前者是寄生性关系。其构成方式：哺乳动物或鸟类—跳蚤—原物动物—细菌—病毒。

（4）腐生性食物链，以动、植物的遗体为食物链的起点，腐烂的动物、植物遗体被土壤或水体中的微生物分解利用，后者与前者是腐生性关系。

在生态系统中各类食物链具有以下几个方面的特点。

（1）在同一个食物链中常包含有食性和其他生活习性不相同的多种生物。

（2）在同一个生态系统中，可能有多条食物链，它们的长短不同，营养级数目不等。由于在一系列取食与被取食的过程中，每一次转化都将有大量化学能变为热能消散。因此，自然生态系统中营养级的数目是有限的。在人工生态系统中，食物链的长度可以人为调节。

（3）在不同的生态系统中，各类食物链的比例不同。

（4）在任一生态系统中，各类食物链总是协同起作用的。

由于复杂生态系统中的食物营养关系的复杂性，一种生物常常以多种食物为食，而同一种食物又常常为多种消费者取食，于是食物链往往相互交错，形成了食物网（food web）。食物网不仅维持着生态系统的相对平衡，并推动着生物的进化，成为自然界发展演变的动力。这种以营养为纽带，把生物与环境、生物与生物紧密联系起来的结构，称为生态系统的营养结构。

本节建立生物因子的无标度网络模型的思路为：依据功能群类属性的不同，按照食物链的种类确定物质和能流的方向，考虑到食物网的复杂性，从常见种属的层次建立网络模型（图9-12，图9-13）。

若将生物因子网络简化到最基本的组成，如图9-14所示。

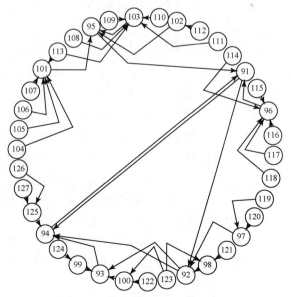

图9-12　生物因子网络节点关系图（种群层次）

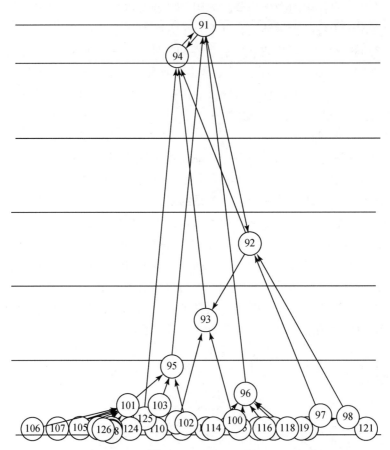

图9-13 生物因子网络节点依据 Rank 值排序的位置和关系图

注：图中横向实线间的间距表明 Rank 值上 5.0 的值差

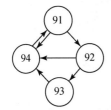

图9-14 生物因子基本组成
部分网络图
（Szekely，1980）]（表9-5）

从表9-4 的分析可以得出在复杂生态系统的生物因子中，起到决定性作用的是植物和分解者，这从图9-12 中，生产者和分解者节点间的介数最小，可以得到相同的印证。若将生产者、次级消费者、高级消费者和分解者拓展到种群 [种群是在一定空间范围内同时生活着的同种生物个体的集群，或者由个体组成，能够而且确实进行繁衍的群体的层次进行进一步的分析，得到图9-15。

表 9-4　生物因子基本网络节点及属性表　　　　　　　　单位:%

编号	节点名称	$\dfrac{k_i}{\sum\limits_{i=1}^{N} k_i}$	$\dfrac{k_i^{\leftarrow}}{\sum\limits_{i=1}^{N} k_i}$	$\dfrac{k_i^{\rightarrow}}{\sum\limits_{i=1}^{N} k_i}$	C_i	R_i
91	生产者	25.000 0	16.666 7	33.333 3	37.500 0	34.265 8
92	初级消费者	25.000 0	16.666 7	33.333 3	25.000 0	18.308 1
93	次级消费者	16.666 7	16.666 7	16.666 7	0.000 0	11.534 1
94	分解者	33.333 3	50.000 0	16.666 7	37.500 0	35.892 0

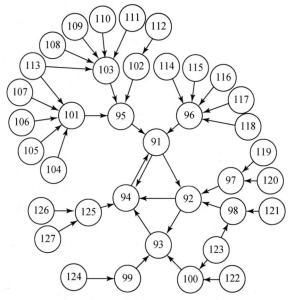

图 9-15　生物因子组成部分网络图（种群层次）

表 9-5　生物因子组成部分网络节点及属性表（种群层次）　　单位:%

编号	节点名称	$\dfrac{k_i}{\sum\limits_{i=1}^{N} k_i}$	$\dfrac{k_i^{\leftarrow}}{\sum\limits_{i=1}^{N} k_i}$	$\dfrac{k_i^{\rightarrow}}{\sum\limits_{i=1}^{N} k_i}$	C_i	R_i
91	生产者	6.097 6	7.317 1	4.878 0	23.778 5	27.626 4
92	初级消费者	6.097 6	7.317 1	4.878 0	13.355 0	13.861 0
93	次级消费者	4.878 0	7.317 1	2.439 0	4.234 5	7.717 8
94	分解者	6.097 6	9.756 1	2.439 0	8.469 1	25.528 0
95	陆生植物	4.878 0	7.317 1	2.439 0	16.938 1	4.368 2

续表

编号	节点名称	$\dfrac{k_i}{\sum\limits_{i=1}^{N} k_i}$	$\dfrac{k_i^{\leftarrow}}{\sum\limits_{i=1}^{N} k_i}$	$\dfrac{k_i^{\rightarrow}}{\sum\limits_{i=1}^{N} k_i}$	C_i	R_i
96	水生植物	7.317 1	12.195 1	2.439 0	6.514 7	2.128 4
97	水生初级消费者	3.658 5	4.878 0	2.439 0	2.605 9	1.094 6
98	陆生初级消费者	3.658 5	4.878 0	2.439 0	1.954 4	0.922 3
99	水生次级消费者	2.439 0	2.439 0	2.439 0	1.302 9	0.750 0
100	陆生次级消费者	3.658 5	4.878 0	2.439 0	1.954 4	0.922 3
101	湿生植物	7.317 1	12.195 1	2.439 0	7.329 0	1.956 1
102	旱生植物	2.439 0	2.439 0	2.439 0	1.628 7	0.750 0
103	中生植物	7.317 1	12.195 1	2.439 0	7.329 0	1.956 1
104	热带雨林	1.219 5	0.000 0	2.439 0	0.000 0	0.405 4
105	热带季雨林	1.219 5	0.000 0	2.439 0	0.000 0	0.405 4
106	亚热带常绿林	1.219 5	0.000 0	2.439 0	0.000 0	0.405 4
107	湿带落叶阔叶林	1.219 5	0.000 0	2.439 0	0.000 0	0.405 4
108	北方针叶林	1.219 5	0.000 0	2.439 0	0.000 0	0.405 4
109	疏林	1.219 5	0.000 0	2.439 0	0.000 0	0.405 4
110	热带稀树草原	1.219 5	0.000 0	2.439 0	0.000 0	0.405 4
111	苔原及高山植被	1.219 5	0.000 0	2.439 0	0.000 0	0.405 4
112	热带沙漠植被	1.219 5	0.000 0	2.439 0	0.000 0	0.405 4
113	耕地农作物	2.439 0	0.000 0	4.878 0	0.000 0	0.405 4
114	浮游植物	1.219 5	0.000 0	2.439 0	0.000 0	0.405 4
115	沉水植物	1.219 5	0.000 0	2.439 0	0.000 0	0.405 4
116	挺水植物	1.219 5	0.000 0	2.439 0	0.000 0	0.405 4
117	浮叶植物	1.219 5	0.000 0	2.439 0	0.000 0	0.405 4
118	湿生植物	1.219 5	0.000 0	2.439 0	0.000 0	0.405 4
119	浮游动物	1.219 5	0.000 0	2.439 0	0.000 0	0.405 4
120	底栖动物	1.219 5	0.000 0	2.439 0	0.000 0	0.405 4
121	食草动物	1.219 5	0.000 0	2.439 0	0.000 0	0.405 4
122	食肉动物	1.219 5	0.000 0	2.439 0	0.000 0	0.405 4
123	杂食动物	2.439 0	0.000 0	4.878 0	0.000 0	0.405 4
124	游泳生物	1.219 5	0.000 0	2.439 0	0.000 0	0.405 4
125	微生物	3.658 5	4.878 0	2.439 0	2.605 9	1.094 6
126	细菌	1.219 5	0.000 0	2.439 0	0.000 0	0.405 4
127	真菌	1.219 5	0.000 0	2.439 0	0.000 0	0.405 4

9.1.5 人为因子网络

人为因子是一类特殊的因子，因为人类对于事物的作用是有意识的和有目的的，所以具有无限的支配力。在"人—地"关系中，人类活动起主导作用。"天行有常"，自然规律不可替代，不可改变。人类利用自然不是改变自然规律，而是按自然规律办事。人为因子主要指人类对植物资源的用、改造及破坏过程中给事物带来有利的或有害的影响。

通常对人为因子的研究着重于人类活动对所处生态系统的影响，一旦将其纳入复杂生态系统内，与其他因子联系起来，进行系统性研究时，就会出现有关人为因子的研究与其他因子的研究的对象不同的问题。为了解决这个问题，需要利用复杂生态系统的反馈机理。在开放的生态系统中，系统必须依赖于外界环境中物质、能量和信息的输入，以维持生态系统的结构，实现生态系统的功能。任何对生态系统功能进行调节的方式和过程，就是生态系统的反馈机制（李博，2000）。在生态系统中，反馈机制的存在一方面是系统本身经各种自然要素长期相互作用所表现出来的特定现象，另一方面是在人为干预下系统所表现出的特异现象。在许多情况下，自然与人为因素共同作用，影响生态系统固有的状态或发展趋势，使生态系统表现出更为复杂的反馈过程。因此对人为因子的研究可以从人类活动对生态系统的影响转向生态系统受到人为干扰的情况下的反馈（图9-16～图9-18，表9-6）。

所以最为简单，也是最为直接有效的研究方法是针对人类活动对生态系统带来的各种影响，逐个研究生态系统的各组成因子在受到扰动情况下的反馈，其中最为重要的是水体、土壤、大气、动物和植被的反馈现象。

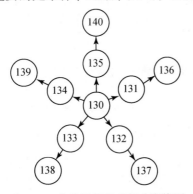

图 9-16 人为因子组成部分网络图

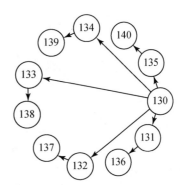

图 9-17 人为因子网络节点关系图

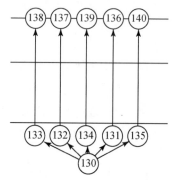

图 9-18　人为因子网络节点依据 Rank 值排序的位置和关系图

注：图中横向实线间的间距表明 Rank 值上 2.5 的值差

表 9-6　人为因子网络节点及属性表　　　　单位:%

编号	节点名称	$\dfrac{k_i}{\sum\limits_{i=1}^{N}k_i}$	$\dfrac{k_i^{\leftarrow}}{\sum\limits_{i=1}^{N}k_i}$	$\dfrac{k_i^{\rightarrow}}{\sum\limits_{i=1}^{N}k_i}$	C_i	R_i
130	人类活动	25.000 0	0.000 0	50.000 0	0.000 0	5.944 4
131	水体	10.000 0	10.000 0	10.000 0	20.000 0	6.955 0
132	土壤	10.000 0	10.000 0	10.000 0	20.000 0	6.955 0
133	大气	10.000 0	10.000 0	10.000 0	20.000 0	6.955 0
134	动物	10.000 0	10.000 0	10.000 0	20.000 0	6.955 0
135	植物	10.000 0	10.000 0	10.000 0	20.000 0	6.955 0
136	水体反馈	5.000 0	10.000 0	0.000 0	0.000 0	11.856 1
137	土壤反馈	5.000 0	10.000 0	0.000 0	0.000 0	11.856 1
138	大气反馈	5.000 0	10.000 0	0.000 0	0.000 0	11.856 1
139	动物反馈	5.000 0	10.000 0	0.000 0	0.000 0	11.856 1
140	植物反馈	5.000 0	10.000 0	0.000 0	0.000 0	11.856 1

9.2　复杂生态系统无标度网络模型

在已得到复杂生态系统的五大组成部分各自的网络结构图的前提下，以图 9-2 所标识的各组成部分间的关系为基本框架，将各组成部分的网络图（即图 9-2、图 9-6、图 9-9、图 9-13 和图 9-16）合并起来可以得到整个复杂生态系统的网络结构图。合并过程中原有五个子网络图中的相同节点的一一合并，如节点 17 = 节点 22（海拔）、节点 3 = 节点 42 = 节点 59（太阳辐射）等。

从图 9-19 可以明确地看出复杂生态系统网络的无标度拓扑特征，而将图 9-19

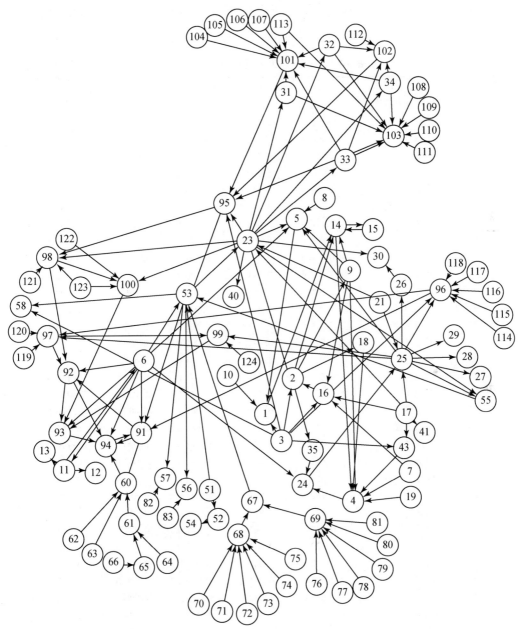

图 9-19　复杂生态系统网络结构图

转换成网络结点关系图，如图 9-20 所示，这种特征更加明显。图 9-20 中，少量的节点具有极大的度数，同时绝大多数节点却具有很小的度。网络中各节点的属性，见表 9-7。

表 9-7 复杂生态系统网络节点及属性表 单位:%

编号	节点名称	$\dfrac{k_i}{\sum\limits_{i=1}^{N} k_i}$	$\dfrac{k_i^{\leftarrow}}{\sum\limits_{i=1}^{N} k_i}$	$\dfrac{k_i^{\rightarrow}}{\sum\limits_{i=1}^{N} k_i}$	C_i	R_i
1	大气环流	1.282 1	1.923 1	0.641 0	2.730 8	1.029 0
2	热量	1.602 6	1.282 1	1.923 1	0.684 3	0.579 3
3	太阳辐射	2.243 6	0.000 0	4.487 2	0.000 0	
4	降水	2.243 6	3.846 2	0.641 0	5.900 6	2.044 8
5	下垫面状况	1.923 1	3.205 1	5.128 2	2.369 3	0.748 9
6	人类活动	2.884 6	0.641 0	0.641 0	0.477 7	0.263 4
7	纬度	0.641 0	0.000 0	1.282 1	0.000 0	0.199 1
8	地表河陆分布	0.320 5	0.641 0	0.641 0	0.000 0	0.199 1
9	地形差异	1.602 6	0.641 0	2.564 1	0.374 4	0.363 2
10	地球自转	0.320 5	0.000 0	0.641 0	0.000 0	0.199 1
11	大气成分	1.282 1	0.641 0	1.923 1	0.025 8	0.227 1
12	二氧化碳	0.320 5	0.641 0	0.000 0	0.000 0	0.263 4
13	氧气	0.320 5	0.641 0	0.000 0	0.000 0	0.263 4
14	风	1.923 1	2.564 1	0.641 0	3.479 7	2.323 6
15	气压	0.641 0	0.641 0	0.641 0	0.000 0	1.186 6
16	光照	1.602 6	2.564 1	0.641 0	0.000 0	0.418 9
17	海拔	1.602 6	0.000 0	3.205 1	0.000 0	0.199 1
18	季风气候	0.641 0	0.641 0	0.641 0	0.284 1	0.363 2
19	与海洋距离	0.320 5	0.000 0	0.641 0	0.000 0	0.199 1
21	山脉	0.641 0	0.000 0	1.282 1	0.000 0	0.199 1
23	陆地	4.807 7	1.923 1	7.692 3	13.608 8	0.979 1
24	水	1.282 1	1.923 1	0.641 0	9.515 8	2.193 3
25	水域	3.846 2	1.923 1	5.769 2	9.741 8	2.181 8
26	海洋	0.641 0	0.641 0	0.641 0	0.232 4	0.405 1
27	湖泊	0.320 5	0.641 0	0.000 0	0.000 0	0.405 1
28	河流	0.320 5	0.641 0	0.000 0	0.000 0	0.405 1
29	湿地	0.320 5	0.641 0	0.000 0	0.000 0	0.405 1
30	海岸	0.641 0	1.282 1	0.000 0	0.000 0	0.612 8
31	丘陵	0.961 5	0.641 0	1.282 1	0.309 9	0.268 4
32	平原	1.282 1	0.641 0	1.923 1	0.516 5	0.268 4
33	山地	1.282 1	0.641 0	1.923 1	0.516 5	0.268 4

续表

编号	节点名称	$\dfrac{k_i}{\sum\limits_{i=1}^{N}k_i}$	$\dfrac{k_i^{\leftarrow}}{\sum\limits_{i=1}^{N}k_i}$	$\dfrac{k_i^{\rightarrow}}{\sum\limits_{i=1}^{N}k_i}$	C_i	R_i
34	高原	1.282 1	0.641 0	0.641 0	0.516 5	0.268 4
35	沟谷	0.641 0	0.641 0	0.641 0	3.047 1	0.268 4
40	熔岩	0.320 5	0.641 0	0.000 0	0.000 0	0.268 4
41	坡度	0.320 5	0.641 0	0.000 0	0.000 0	0.232 9
43	坡向	0.961 5	1.282 1	0.641 0	0.303 4	0.257 1
51	母岩	0.641 0	0.000 0	1.282 1	0.000 0	0.199 1
52	化学成分	0.641 0	0.641 0	0.641 0	0.012 9	0.283 7
53	土壤（颗粒）	2.884 6	3.205 1	2.564 1	15.054 9	3.113 4
54	酸碱度	0.320 5	0.641 0	0.000 0	0.000 0	0.440 2
55	地形	0.961 5	1.282 1	0.641 0	4.047 8	0.474 5
56	土壤中的水分	0.641 0	1.282 1	0.000 0	0.000 0	1.029 0
57	土壤中的空气	0.641 0	1.282 1	0.000 0	0.000 0	1.029 0
58	土壤温度	0.641 0	1.282 1	0.000 0	0.000 0	0.884 8
60	微生物	1.602 6	1.923 1	1.282 1	2.866 4	1.116 6
61	真菌	0.961 5	1.282 1	0.641 0	1.471 9	0.681 3
62	细菌	0.320 5	0.000 0	0.641 0	0.000 0	0.199 1
63	放线菌	0.320 5	0.000 0	0.641 0	0.000 0	0.199 1
64	菌根真菌	0.320 5	0.000 0	0.641 0	0.000 0	0.199 1
65	固氮微生物	0.641 0	0.641 0	0.641 0	0.503 6	0.368 3
66	根瘤菌	0.320 5	0.000 0	0.641 0	0.000 0	0.199 1
67	无机物	0.961 5	1.282 1	0.641 0	6.688 2	2.263 4
68	无机元素	2.243 6	3.846 2	0.641 0	2.943 8	1.214 3
69	微量元素	2.243 6	3.846 2	0.641 0	2.943 8	1.214 3
70	N	0.320 5	0.000 0	0.641 0	0.000 0	0.199 1
71	P	0.320 5	0.000 0	0.641 0	0.000 0	0.199 1
72	K	0.320 5	0.000 0	0.641 0	0.000 0	0.199 1
73	Ca	0.320 5	0.000 0	0.641 0	0.000 0	0.199 1
74	Mg	0.320 5	0.000 0	0.641 0	0.000 0	0.199 1
75	S	0.320 5	0.000 0	0.641 0	0.000 0	0.199 1
76	Cl	0.320 5	0.000 0	0.641 0	0.000 0	0.199 1
77	Mn	0.320 5	0.000 0	0.641 0	0.000 0	0.199 1
78	B	0.320 5	0.000 0	0.641 0	0.000 0	0.199 1
79	Zn	0.320 5	0.000 0	0.641 0	0.000 0	0.199 1
80	Cu	0.320 5	0.000 0	0.641 0	0.000 0	0.199 1

编号	节点名称	$\dfrac{k_i}{\sum\limits_{i=1}^{N} k_i}$	$\dfrac{k_i^{\leftarrow}}{\sum\limits_{i=1}^{N} k_i}$	$\dfrac{k_i^{\rightarrow}}{\sum\limits_{i=1}^{N} k_i}$	C_i	R_i
81	M	0.320 5	0.000 0	0.641 0	0.000 0	0.199 1
82	土壤蓄水性	0.320 5	0.000 0	0.641 0	0.000 0	0.199 1
83	土壤通气性	0.320 5	0.000 0	0.641 0	0.000 0	0.199 1
91	生产者	1.923 1	2.564 1	1.282 1	0.981 3	14.995 7
92	初级消费者	1.923 1	2.564 1	1.282 1	0.624 1	7.913 0
93	次级消费者	1.602 6	2.564 1	0.641 0	0.331 4	5.638 0
94	分解者	1.923 1	3.205 1	0.641 0	0.000 0	0.199 1
95	陆生植物	2.243 6	3.205 1	0.641 0	1.712 9	3.014 2
96	水生植物	2.884 6	4.487 2	1.282 1	0.748 9	1.275 3
97	水生初级消费者	1.923 1	2.564 1	0.641 0	0.627 3	1.285 6
98	陆生初级消费者	1.923 1	2.564 1	0.641 0	0.958 7	1.803 3
99	水生次级消费者	1.282 1	1.923 1	0.641 0	0.408 9	1.120 7
100	陆生次级消费者	1.602 6	2.564 1	0.641 0	0.559 5	1.288 6
101	湿生植物	3.205 1	5.769 2	0.641 0	0.542 3	1.302 7
102	旱生植物	1.602 6	2.564 1	0.641 0	0.180 8	0.596 4
103	中生植物	3.205 1	5.769 2	0.641 0	0.542 3	1.302 7
104	热带雨林	0.320 5	0.000 0	0.641 0	0.000 0	0.199 1
105	热带季雨林	0.320 5	0.000 0	0.641 0	0.000 0	0.199 1
106	亚热带常绿林	0.320 5	0.000 0	0.641 0	0.000 0	0.199 1
107	湿带落叶阔叶林	0.320 5	0.000 0	0.641 0	0.000 0	0.199 1
108	北方针叶林	0.320 5	0.000 0	0.641 0	0.000 0	0.199 1
109	疏林	0.320 5	0.000 0	0.641 0	0.000 0	0.199 1
110	热带稀树草原	0.320 5	0.000 0	0.641 0	0.000 0	0.199 1
111	苔原及高山植被	0.320 5	0.000 0	0.641 0	0.000 0	0.199 1
112	热带沙漠植被	0.320 5	0.000 0	0.641 0	0.000 0	0.199 1
113	耕地农作物	0.641 0	0.000 0	1.282 1	0.000 0	0.199 1
114	浮游植物	0.320 5	0.000 0	0.641 0	0.000 0	0.199 1
115	沉水植物	0.320 5	0.000 0	0.641 0	0.000 0	0.199 1
116	挺水植物	0.320 5	0.000 0	0.641 0	0.000 0	0.199 1
117	浮叶植物	0.320 5	0.000 0	0.641 0	0.000 0	0.199 1
118	湿生植物	0.320 5	0.000 0	0.641 0	0.000 0	0.199 1
119	浮游动物	0.320 5	0.000 0	0.641 0	0.000 0	0.199 1
120	底栖动物	0.320 5	0.000 0	0.641 0	0.000 0	0.199 1

编号	节点名称	$\dfrac{k_i}{\sum\limits_{i=1}^{N} k_i}$	$\dfrac{k_i^{\leftarrow}}{\sum\limits_{i=1}^{N} k_i}$	$\dfrac{k_i^{\rightarrow}}{\sum\limits_{i=1}^{N} k_i}$	C_i	R_i
121	食草动物	0.320 5	0.000 0	0.641 0	0.000 0	0.199 1
122	食肉动物	0.320 5	0.000 0	0.641 0	0.000 0	0.199 1
123	杂食动物	0.641 0	0.000 0	1.282 1	0.000 0	0.199 1
124	游泳生物	0.320 5	0.000 0	0.641 0	0.000 0	0.199 1

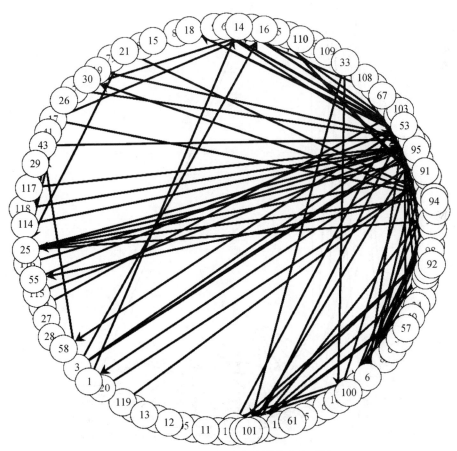

图 9-20　复杂生态系统网络节点关系图

同理，为了更加清晰地表示出各个节点在整个网络中的作用于重要性，将所有节点的 Rank 值及其相互间关系可以描绘为图 9-21。

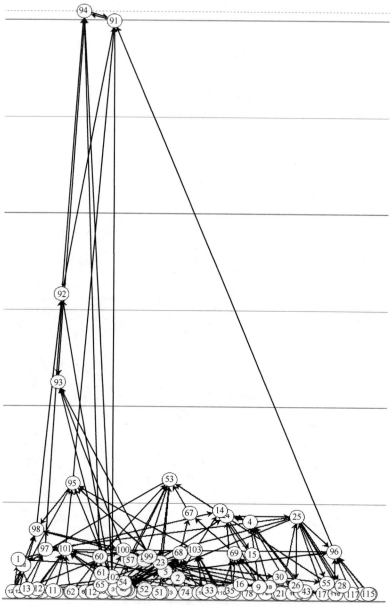

图 9-21　复杂生态系统网络节点依据 Rank 值排序的位置和关系图

注：图中横向实线间的间距表明 Rank 值上 2.5 的值差

9.3 复杂生态系统无标度网络模型的增长动态性与度分布

针对已有的无标度网络，赋予节点的增加，以下是一个特殊的演化模型，如图 9-22 所示。

在初始时刻，网络为无标度网络的基本形。然后在每个时间段，增加一个新节点，新顶点和与原有网络中度数最大的节点相连接的节点建立新的连接，如若在某一时间段，有 $n(n \geq 2)$ 个节点的度数相等时，随机选择其中的一个节点。本模型虽然只是一个粗糙的模型，却抓住了复杂生态系统网络所具有的反馈机制这个最主要的特征，以一种信号的扩大方式演绎了生态系统中资源的再分配及其扩散现象。

图 9-23 为 $m = \max(k_i | i \in (1, \cdots, n))$ 情况下，经过 $t = 20\,000$ 次演化后的情况。实线表示理论计算的结果，其斜率为 -2.5。图中的数值结果出现胖尾现象，即许多度数很大的节点出现的概率相同，模拟的斜率为 -2.9768。发生这一

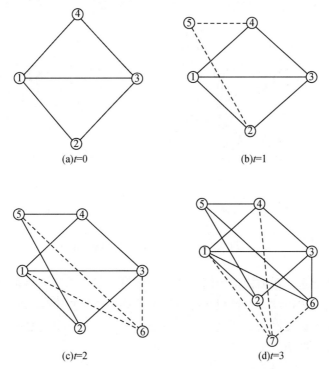

图 9-22 $m = \max(k_i | i \in (1, \cdots, n))$ 时网络增长示意图

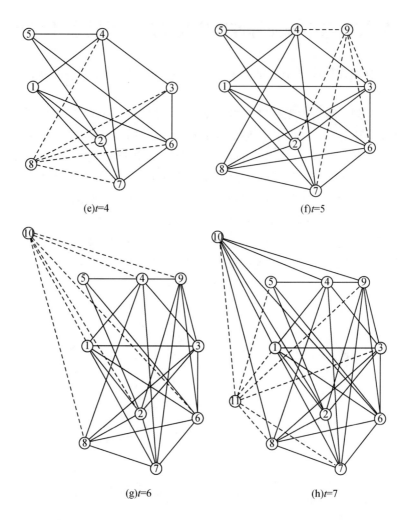

图 9-22　$m = \max(k_i \mid i \in (1, \cdots, n))$ 时网络增长示意图（续）

情况的主要原因是，数值模拟中网络节点的数目有限，而预测值则是 $t \to \infty$ 时的统计结果。网络规模越大，模拟结果与理论计算值也将越吻合。

可见一个无标度网络利用这种特殊的增长方式，经过演化之后得到的网络依然是一个无标度网络。

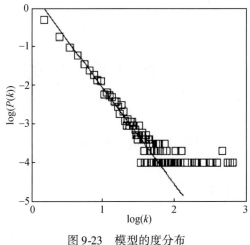

图 9-23　模型的度分布

9.4　本章小结

本章利用无标度网络理论建立了复杂生态系统的网络模型。

首先通过对复杂生态系统的庞杂性、非线性和动态性论述了建立复杂生态系统网络模型的层次性原则。

其次，根据复杂生态系统的特性和相应的研究原则，从其五个基本组成因子的层面上构建了相应的网络模型，并对其中所有节点进行了数值计算，以论证其无标度性。尤为重要的是针对不同的网络，确定了各自的关键节点。

再次，利用复杂生态系统五大基本因子间的相互关系，将已经建立的因子网络模型连成一体，同时也通过对所有节点的数值计算，再次论证了复杂生态系统网络的无标度性。

最后利用一个简单的模型对上一章提出的关于复杂视听系统网络无标度演化模式进行了验证。确保对一个已有的无标度网络，按照所设定的演化方式，所得到的依然会是一个无标度网络。

10　关于 L 江水利枢纽工程的实证分析

10.1　项目简介

10.1.1　枢纽工程概况

L 江水电站枢纽工程位于 L 江干流下游，是 L 江流域规划 13 个梯级电站中的第 11 级。该工程以发电为主，兼顾防洪、灌溉、城市供水、改善环境、航运和养鱼等综合利用的大型年调节水库。水库正常蓄水位为 872m 时，相应水库总面积（含回水面积）35.96km²，相应库容 11.3×10⁸m³，死水位 845m。装机总容量 200MW、保证出力 59.6MW，多年平均发电量 8.67×10⁸kW·h。该电站为大 I 型水利水电工程。

10.1.2　自然环境概况

L 江工程库区位于印度洋季风气候区内，具有明显的低纬度山地季风气候特点，同时冬春干热、夏秋温湿，全年无霜。库区 6~10 月降水约占年降水量的88%~90%，年平均气温 20.1℃；年降水量 1300~1500mm；全年日照在 2000~2200h。库区沿河谷分布着串珠状的宽谷盆地和宽窄不等的河漫滩及阶地。

10.1.3　社会经济概况

库区沿岸居民，少数民族占 42.5%，主要有景颇族、汉族及其他民族。由于交通不便，对外交往少，文化教育不甚发达，生产水平不高。库区经济以种植业为主，主要农作物是水稻，比例占 25.53%，经济作物甘蔗比例占 74.47%。水库区宜农土地不多，目前，两岸基本对称，25°以下山坡都被开垦利用种植甘蔗。

水库淹没区涉及 3 个县（市）、7 个乡（镇）、43 个行政村、419 个村民小组，总人口 124 488 人，其中农业人口 113 682 人。总耕地面积 263 894 亩①，主要种植作物有水稻、甘蔗、玉米、大豆、杂粮等，人均耕地面积 2.32 亩。

库区农民的收入主要有农作物种植、劳务输出、家庭畜牧业、房前屋后及自留山栽果树、经济林木及个体经济。总之，本地经济较落后，商业信息相对落后，经济亟待开发。

10.1.4 水库淹没情况

L 江库区正常蓄水位 872m 时，水库的主要淹没影响实物指标为：747 户、3229 人（不含淹地不淹房的影响人口实物指标），其中农业 3035 人、非农业 194 人；房屋 109 925.49m²，其中钢架房 3654.44m²、砖混房 6872.19m²、砖木房 53 588.31m²、土木房 30 209.64m²、竹草房 9166.66 m²、杂房 6434.26m²；耕地 15 485.6 亩，其中水田 7097.11 亩、甘蔗地（含旱地）8388.5 亩；园地 319.03 亩；林地 21 542.7 亩，其中用材林 11 429.5 亩、疏林地 1573.7 亩、灌木林 2191.2 亩、竹林 240.8 亩、未成林造林地 480 亩、苗圃 5.9 亩、无立木林地 7.7 亩、、宜林荒山 5613.9 亩；荒草地 2864.83 亩；原章遮四级公路 22.1km（含支线 7.1km），原西线四级公路 54km；并淹没裕安大桥 1 座 176m、小型桥 13 座 526.5m；等外路 82.34km，机耕道 371.2km；35kV 变电站 1 座，35kV 输电线路 19.8km；10kV 输电线路 32km；通信线路 32.8km；通信基站 3 处；混凝土水坝 7 处，混凝土渠道 6.63km，土渠道 34.87km，涵管 342 个。

10.2 环 境 现 状

10.2.1 气象气候

10.2.1.1 气候特点

库区处于 L 江河谷中下游，属南亚热带季雨林湿热气候，受低纬山地季风气候影响，光照充足、热量丰富、积温有效性大；雨量充沛，但时空分配不均；春温高、夏季长、冬季短暂，无霜期长；日夜温差大，有利于作物物质积累，年温差小，越冬条件好。

---

① 1 亩≈666.7m²。

该区山体走向呈东北高、西南低，形成天然向阳坡。夏季主要受印度洋暖湿气流影响，成为滇西多雨区，雨热同季；冬季南下的冷空气为横断山脉所阻而使山区降温缓慢，成为天然的"温室"。L 江河谷窄长，山谷环流明显。与坝区相比白天气温高，夜间气温低，日夜温差大；夜间冷空气下侵，温度比坝区低。冬季有轻霜，但历时短，日出即消，所以此区称为基本无霜期。该区气候另一特点是受山区森林和植被影响很大，森林对 L 江河谷光、热、水等调节作用很大。

气象灾害主要为干旱，此外，雷暴、大风、冰雹等也时有发生。

10.2.1.2　气候资源

1. 光资源

据估算，该区日照时数为 2000~2200h，日照时数及太阳总辐射量随海拔升高而减少。日照百分比以 7 月份为最低，2 月份最高。

2. 热量资源

L 江河谷年平均气温为 19.0~20.0℃，≥10℃活动积温为 6500~7000℃，1 月份平均气温≥12℃，极端最低气温为 0~2.0℃，无霜期达 340 天以上。冬季逆温明显，越冬条件好。L 江上下段河谷气温略有差异，L 江上段指潞西与梁河勐养段，其年平均气温为 19.7℃，6~9 月气温较高，平均在 24℃以上，1 月温度最低，平均为 12.0℃；L 江下段潞西与陇川的勐约段，其全年平均气温为 20.1℃，略高于 L 江上段，6~8 月气温较高，平均达 24℃以上，1 月最低，平均为 12.6℃。L 江上下段气温差异主要体现在 11 月至翌年 4 月份。

3. 水分资源

L 江河谷年雨量为 1300~1500mm，空间上随海拔升高而增加，平均每上升 100m 约增加 50mm 左右，年内干、湿季分明，6~10 月降水量占全年降水总量的 88%~90%，春、夏季明显。

4. 其他

据陇川气象站观测结果，4~11 月以西南风为主，12 月、1~3 月以南风为主，全年静风频率为 43%。全年大风日数为 4.5 天，主要集中于 2~5 月（占84.4%）。全年雾日数为 47.5 天，主要集中于 9 月至翌年 2 月。全年雷暴日为 83.1 天，主要集中于 3~10 月。

10.2.2 地质、地貌

10.2.2.1 地貌

本区地处 Y 省高原西部、横断山脉南延部分，区内地形复杂，水系发育、沟谷纵横，地形切割强烈。受构造控制影响，区内水系、山脉、盆地多呈北东—南西向分布，全区地势东部高而陡峻，西部低而平缓。区内河流发达，西部有大盈江、L 江、芒市河，东部为 N 江流域。地貌形态受构造控制明显，山体沿若干条东北—西南向背斜轴及倒转背斜轴呈长垣状及脊状平行排列，山顶高程多为 2100~2300m。主干河流多沿断层发育，切割深度 500~1000m，河谷多呈 "U" 型，谷坡在 30° 以下。

10.2.2.2 地质

地质构造上，库区处于某大断裂西北侧，该断裂约呈东北 50° 于水库外围通过，区内褶皱强烈。坝址水文地质条件较简单，含水层单一，两岸地下水位均高于正常蓄水位，岩体透水性较弱。

10.2.3 地面水环境质量、污染源

10.2.3.1 污染源现状

D 州是以农业生产为主的农业生产州，州内工业不发达，主要以与农业生产密切相关的制糖业（生产期为 100 天，在 12~4 月）为主。糖厂为流域内主要的污染源。M 河为龙 L 江一级支流，该流域为 D 州的主要工业发展区。各污染源具体排污情况，详见表 10-1。

表 10-1 污染源排放状况

污染源	废水排放量 / (10^4t/a)	CODcr		BOD$_5$		SS	
		浓度 / （mg/l）	排放量 / （t/a）	浓度 / （mg/l）	排放量 / （t/a）	浓度 / （mg/l）	排放量 / （t/a）
T 县 H 糖厂	84.30	420	354.06	179.18	151.05	—	206.54
T 县 L 糖厂	11.50	420	48.30	179.22	20.61	—	28.18
T 县纸业有限公司	118.89	1694.33	2014.39	284.67	338.44	—	976.36

污染源	废水排放量 / (10^4t/a)	CODcr		BOD$_5$		SS	
		浓度 / (mg/l)	排放量 / (t/a)	浓度 / (mg/l)	排放量 / (t/a)	浓度 / (mg/l)	排放量 / (t/a)
M 糖厂	264	720	1 900	350	924	852	2 249.28
L 糖厂	467.42	353	1 650	230	1 071	—	869.4
遮放糖厂	310	750	2 325	350	1 085	686	1 550
华侨糖厂	158	502	793	295	466	666	1 052
芒市纸厂	59	2 400	1 416	760	448	367	216.5
潞西县城	219	—	1 314	—	580	—	—
芒市糖厂	600	800	4 800	450	2 700	363	1 506

10.2.3.2 污染源现状评价

为了综合分析 R 江流域的工业污染情况，工业污染源评价采用等标污染负荷法对污染源进行评价，评价模式为

$$
\begin{cases}
P_i = \dfrac{C_i}{C_o} Q \times 10^{-6} \\[2mm]
P_n = \displaystyle\sum_{i=1}^{n} P_i (i = 1, 2, 3, \cdots, n) \\[2mm]
P_m = \displaystyle\sum_{n=1}^{m} P_n (n = 1, 2, 3, \cdots, m) \\[2mm]
K_i = \dfrac{P_i}{P_m} \times 100\% \\[2mm]
K_n = \dfrac{P_n}{P_m} \times 100\%
\end{cases}
\tag{10-1}
$$

其中，P_i、P_n、P_m 分别表示某污染物、污染源、区域的等标污染负荷。C_i 表示某污染物实测浓度；C_o 表示该污染物排放标准；Q 表示该污染物的废水排放量（本书采用《污水综合排放标准 GB8978—1996》中一级标准）；K_i 表示该污染物的等标负荷占该区域等标污染负荷比（％）；K_n 表示该污染源等标污染负荷占该区域等标污染负荷比（％）。评价结果见表 10-2。

表 10-2　污染源评价结果

污染源	COD	BOD	SS	评价值		备注
				Pn	Kn/%	
腾冲县 L 江腾厂	3.54	7.55	2.95	14.04	2.05	
腾冲县 L 江糖厂	0.48	1.03	0.40	1.91	0.28	
腾冲县纸业有限公司	20.14	16.92	13.95	41.01	5.99	
勐养糖厂	19.00	46.2	32.13	97.33	14.21	
L 江糖厂	16.50	53.55	12.42	82.47	12.04	
芒市糖厂	48.0	135.0	21.51	204.51	29.86	
遮放糖厂	23.25	54.25	22.14	99.64	14.55	
华侨糖厂	7.93	23.3	20.99	52.12	7.61	
芒市纸厂	14.16	22.4	3.09	39.64	5.79	
潞西县城	13.14	29.0	—	42.14	6.15	
P_i 总/%	166.14	389.2	129.58	684.92	—	
K_i 总/%	24.26	56.82	18.92		—	

注：P_i 表示流域污染物总等标污染负荷；K_i 表示占该区域等标污染负荷比

从表 10-2 可知，德宏州所排污水以糖厂生产污水为主，占 80.6%，生活污水占 6.15%，造纸厂占 11.78%，污染物主要为 BOD、COD、SS。

10.2.3.3　地面水水质现状

枯水期水质监测和常规水质监测及评价结果表明，L 江水质大部分参数均满足地表水Ⅲ类标准，仅总磷个别水样超标，适用于集中式生活饮用水水源地二级保护区、一般鱼类保护区及游泳区。

10.2.4　生态

10.2.4.1　陆生植物

根据 Y 省植被区划（徐燕飞，1999；费斌等，1998），工程评价区属于"热带季雨林、雨林区域"的"西部（偏干性）季雨林、雨林亚区域"，次级划分为"季风热带北缘季节雨林、半常绿季雨林地带"，最低一级区划为"滇南、滇西南山间盆地季节雨林、半常绿季雨林区"的"滇西南中山宽谷山榕、麻栎林亚区"。库区不是 Y 省最宝贵的湿润雨林分布区，未见龙脑香科植物分布。重要的植被类型为半常绿季雨林、常绿阔叶林，并处于残存状态，基本上未发现原始的植被类型。

1. 植物种类及区系组成

据实地调查和有关资料的统计分析，工程评价区录有维管束植物计 175 科、617 属、882 种。其中，蕨类植物共 21 科、40 属、43 种（及变种）；裸子植物共 4 科、6 属、6 种（及变种）；被子植物 150 科、571 属、833 种（及变种），其中双子叶植物 132 科、448 属、679 种（及变种）；单子叶植物 18 科、123 属、154 种（及变种）。

工程评价区种子植物区系组成的特点是以热带成分为主体，占据整个区系组成的 70% 以上，其中泛热带成分最多，占 26.2%；热带亚洲成分次之，占 17.1%；温带成分有所渗入，占 11%；热带亚洲至热带非洲成分较低，占 7.8%。该地区植物虽然热带性较强，但特有种较少，特有属几乎没有。

2. 植被类型

在调查资料分析整理的基础上，结合查阅有关文献，将评价区内的自然植被划分为七大类型，即半常绿季雨林、季风常绿阔叶林、落叶阔叶林、暖性针叶林、热性稀树灌草丛、牡竹林和草丛，人工植被（水田和旱田）。

1）半常绿季雨林

该类群的植被在评价区主要分布于坝址至约岛坝海拔 880m 以下的 L 江两岸、山菁内，是残存的沟谷走廊林。

2）季风常绿阔叶林

该类型植被多分布于坝区周围的山菁或 L 江两岸，随着环境条件的不同，在评价区内季风常绿阔叶林优势种有一定的差异。在约岛附近 L 江两岸，常见滇菠萝蜜、第伦桃叶木姜子、高草群落；勐约附近 L 江两岸有刺栲、小果石栎、红木荷；在库属两岸有栓皮栎、石栎、水锦树；在勐约丢荒地上常见次生栲类、红木荷、蕨类。

3）落叶阔叶林

评价区内落叶阔叶带有次生性质，在常绿阔叶林被破坏后，局部地区出现栓皮栎、木荷、旱冬瓜、盐肤木等落叶树种，群落高度达到 20m，总盖度 85%。

4）暖性针叶林

L 江流域的针叶林为非地带性针叶林，是其他阔叶林受干扰后演替出来的次生植被，主要在山菁顶处分布，优势种有思茅松、木荷、水锦树等，灌木层多为阔叶树种,如毛萼越橘、多花野牡丹、白占胆等。

5)热性稀树灌木草丛

由于 L 江河谷开发较早,森林破坏严重,稀树灌木草丛是评价区的主要植被类型,广布于 L 江河谷两岸较为平缓的地带。本类植被中,多以中草草丛为主体,草丛的高度为 0.8~1m,以丛生禾草为主,生长密集,覆盖度在 90% 左右。

6)牡竹林和草丛

L 江河谷现存牡竹林是季雨林破坏后形成的次生植被,多数不成林,常散生或丛生于毁林后的荒坡上。当地居民在房前屋后、田边地脚栽培有龙竹、金竹、水竹和流苏香竹,主要是自用。

草丛是 L 江河谷河滩上或丢荒地上存在的植被类型,可起到护滩护岸作用,常见的组成种类有白茅、粘人草、决明、双穗雀稗和一些豆科植物。

7)人工植被

(1)水田。水田主要分布于山间谷地和沿江两岸的平坦地带,这里水热条件充分,如果充分利用,可一年三熟。

(2)旱田。旱田主要分布于沿江两岸村寨附近的平缓坡面上。目前,L 江河谷被列为扶贫开发区,规划种植 12.9 万亩的甘蔗,已种植 6 万亩,平均单产 4t,将建成糖业基地。因此,评价区的旱田大部分属于甘蔗地,另外,还零星种植有瓜果蔬菜、五谷杂粮、香茅和砂仁等。

(3)人工森林植被。L 江流域人工种植的经济林有八角、咖啡、芒果、柠檬、菠萝和一些用材林,如杉木等,在河岸见到有人工种植的岸柳,但面积都不大,形不成规模。

3. 植被分布规律

L 江地处横断山系滇西中的宽谷盆地亚区,高、中、低山绵延,山谷相对高差较大,沿河谷分布着串珠状的宽谷盆地和阶地,地热北高南低。流域气候属北亚热带季风气候。这些自然特征影响着植被的自然分布。就其水平地带性而说,评价区处于北纬 25°以南,盆地海拔 960m 以下分布半常绿季雨林。其垂直地带性表现为:半常绿季雨林(800~900m 以下);季风常绿阔叶林(900~1100m 以上)。L 江河谷流域由于长期人类活动的影响,原生植被经受了砍伐、火烧的破坏,现在大面积均为以稀树灌木草丛为主的次生植被,半常绿季雨林仅有少量残存于河岸边,面积小,群落结构也表现出次生性质,即乔木中树干挺拔者已被砍伐,灌木丛覆盖度大。季风常绿阔叶林主要残存于 1000m 以上范围的坡地,次生特征明显。另外，落叶阔叶林和暖性针叶林完全是该地区的次生植被，群落结构简单，种类相对贫乏。

4. 珍稀濒危和资源植物

1）珍稀濒危植物

由于工程评价区长期受人类活动的影响，现在大面积均为以稀树灌草丛为主的次生植被，半常绿季雨林和季风常绿阔叶林处于残存状态，表现为次生特征，珍贵树种多被砍伐，因此，评价区内珍稀植物种类很少见。根据野外考察、参考其他文献记载及国家总局与中科院合编的《中国珍稀濒危保护植物名录》（徐燕飞，1999），评价区内的保护植物共录 11 种，见表 10-3。

表 10-3　评价区内保护植物概况

种　名	保护级别	分布海拔	资源状况
铁力木	国家二级	<800m	栽培、少见
董棕	国家二级	<1500m	少见
滇楠	国家三级	<1200m	少见
红椿	国家三级	<1800m	少见
瑞丽山龙眼	国家三级	<1800m	少见
山白兰	国家三级	<1200m	散见
金毛狗	林业部二级	<1200m	散见
潞西山龙眼	省三级	<1500m	散见
毛尖树	省三级	<1200m	散见
细毛润楠	省三级	<1400m	散见
沧江新樟	省三级	<1500m	散见

2）资源植物

根据对植物资源的调查可知，评价区内的主要资源植物可分为用材树种、淀粉植物、药用植物、园林及花卉植物、油料植物、纤维植物、香料植物、野生水果及蔬菜等八大类别，共 272 种。评价区野生资源植物种类繁多，但数量不多，分布分散，丰富的种类很少，未能形成优势资源，尚待开发和发展。

10.2.4.2　陆生及两栖脊椎动物现状

1. 区系组成及特点

经调查落实，L 江电站水库及库区主要陆生及两栖脊椎动物约有 192 种。其中两栖类 12 种，爬行类 10 种，鸟类 142 种，哺乳类 28 种，属国家保护动物 38 种，其中一级保护动物 7 种，二级保护动物 31 种。

2. 生态分布及数量概况

根据有关部门提供的资料及实地考查结果，结合动物栖息特点和实际分布情况，可将 L 江电站水库和库周的生境分为水域、居民点耕作区、山地森林及荒山草地四种类型。

1）水域

包括评价范围内的 L 江河及其支流河道、河滩和周围的溪流、水田、沼泽湿地等具水的环境。这里的植被甚少，单一而分散，除季节性的经济作物甘蔗之外，只有少数而分散的蒿草、甜根子草、棕叶芦和水边的榕树等。该生境共分布着 69 种陆栖脊椎动物。该生境类型所分布的动物以两栖类的比例最高，爬行类次之，哺乳类所占的比例最小。

2）居民点、耕作区

包括村庄、农户住宅区及房前屋后的果树、草地、灌丛、轮闲地和旱田作物、经济作物，其间也有一部分河渠和小水塘等具水的环境，主要的植物有甘蔗、水稻、柠檬等。目前在这一生境中分布、活动的陆生及两栖脊椎动物计 155 种，其中两栖类 12 种，爬行动物 9 种，鸟类 119 种，哺乳类 15 种。该生境所分布的动物仍以两栖类的相对比例最大，爬行类次之，哺乳类所占的比例小。

3）山地森林

包括评价范围内的常绿阔叶林、次生林、竹林、灌丛及菁沟。环境相对单纯，但植物种类丰富，主要的植物有西南木荷、菜豆树、西南桦、锥栗、榕树、牡竹、龙竹等。该生境内分布及活动的两栖及陆生脊椎动物计 130 种，其中两栖类 3 种，爬行类 10 种，鸟类 95 种，哺乳类 22 种，分别占所属类别的 25%、100%、67% 和 79%。说明该生境分布的动物以爬行类所占的比例最高，哺乳类次之，两栖类所占的比例最小。

4）荒山草坡

该生境既不适于生长乔木树，又不便开垦使用，植物相对比较单纯，主要是飞机草、柴茎泽兰、粘人草、野古草或其他禾本科的杂草。主要的动物计 23 种，其中没有发现两栖动物，只有鸟类 17 种，哺乳类 6 种。

四种生境中动物分布数量情况，见表 10-4。

表 10-4　不同生境内动物种类情况表

生　　　境	种类	珍稀保护动物种数
水域	69	11
居民点、耕作区	155	23
山地森林	130	30
荒山草坡	23	7

3. 国家重点保护动物

根据现场调查及资料收集，评价区内录有国家级重点保护动物 38 种，其中属国家一级重点保护动物 7 种，它们是爬行纲的巨晰、蟒蛇，鸟纲中的绿孔雀，哺乳纲中的懒猴、熊猴、金钱豹、鬣羚；属国家二级保护的动物有 31 种。在 38 种国家级重点保护动物中，鸟纲动物有 23 种，占 60.5%。

10.2.4.3　水生生物

1. 浮游植物、浮游动物、底栖动物

本项目评价区域内水域中共有浮游植物隶属 4 门 33 属 91 种，其中硅藻门的种类最多，为 20 属 68 种，占所采集种类数的 75%，其他门浮游植物种类较少。绿藻门为 7 属 13 种，占所采集种类数的 14%，蓝藻门和裸藻门分别为 5 属 8 种及 1 属 2 种，分别占所采集种类数的 9% 和 2%。评价江段浮游植物的数量为 108.9 万~287.1 万个/L，平均数量为 196.6 万个/L；生物量为 1.89~7.51mg/L，平均生物量 4.27mg/L。

在评价江段共采集浮游动物 17 种，其中原生动物 4 种，轮虫 11 种，枝角类和桡足类各 1 种。该江段浮游动物数量均值为 56.57 万个/L；浮游动物生物量均值为 0.036mg/L。

评价江段共采集底栖动物 10 种，其中软体动物 5 种，占种类数 50%，水生昆虫 5 种，占种类数 50%。从采集品种类组成上看，水生昆虫居多，软体动物次之。软体动物的优势种主要为河蚬（corbicuta flumina）和耳萝卜螺（radix auricularia）。底栖动物的密度和生物量分别为 19 个/m² 和 0.146g/m²。

2. 鱼类

该评价区域内鱼类种类繁多，L 江分布有鱼类 5 目 10 科 25 属 36 种。其中以鲤科的属种占优势，共 10 属 16 种，占 L 江总属数的 40%，占总种数的 44.4%。其他小型种类多，而且未发现远距离洄游的种类。该江段鱼类特有属种少。在 L 江 36 种鱼类中，特有种只有 3 种，占总种数的 8.3%，且为小型鱼类，都分布于 L 江的上游溪流中。

可见该评价区域内鱼类种类多，但数量少，个体普遍偏小。游泳动物种类趋于减少，且种群密度稀疏。同时外来种类有所增加，主要是从水库或池塘的养殖水体中逃出，因环境适宜很容易在河中定居和繁衍。

10.2.5 土壤

10.2.5.1 成土母质与土壤分布

L 江河谷土壤较为复杂，其成土母质主要由砂岩和粗粒结晶岩组成，在当地气候、植被及其他生物综合作用下，最终形成了以赤红壤、红壤和黄壤为主的三大类型，海拔 780～1400m 高度带主要为赤红壤、冲积性草甸土、水稻土，植被类型为季风阔叶林或混交林；1400～1800m 高度带主要为红壤；1800～2200m 高度带主要为黄壤。全区以赤红壤分布面积为最大，其次为红壤。

10.2.5.2 土壤养分

土壤养分主要指有机质、氮、磷、钾等，其含量多少关系到土壤肥力等级，库区两侧虽分属潞西、陇川两县（市）地域，但自然状况基本相同，土壤差异不大。有机质含量为中等至上等；氮素为中等至丰富；各种土壤普遍缺磷，速效磷低于省内许多地区；钾素含量较高，大部分土壤呈酸性。

10.2.6 生态现状评价

（1）评价区共录有种子植物 839 种，分属 154 科、577 属，其中国家重点保护植物 6 种，省级保护植物 5 种。主要植被类型为半常绿季雨林 784.7hm²、常绿阔叶林 2281.5hm²、落叶阔叶林 1659.3hm²、暖性针叶林 7.8hm²、热性稀树灌草丛 2985.1hm²、草丛 1031.6hm²，其他为水田、旱田等人工植被，共有

2795hm²。由于受到各种因素的干扰，植被具有一定的次生性质，珍稀植物相对较少。

（2）评价区内主要分布的陆栖及两栖脊椎动物共192种，其中国家重点保护动物有38种，一级保护动物7种，二级保护动物31种。动物种类最多的生境是森林。大多数陆栖脊椎动物活动较大，并能适应多种环境生活。

（3）评价区内的天然林主要沿江、沿箐分布，呈线状走廊，而且已受到择伐等干扰破坏，大面积的缓坡已被开垦为甘蔗种植基地，L江面临着严重的水土流失问题，江水在遮冒下游形成大面积的沙洲，且水流常年疏导不畅，频繁改道，造成下游沿江农地不能固定，这是流域生态环境恶化的证明。

10.2.7 社会环境

10.2.7.1 社会经济

该水利枢纽的建设涉及潞西市遮放镇、西山乡、五岔路乡、江东乡；陇川县的勐约乡、王子树乡；梁河县勐养乡共3个县（市）、7个乡（镇）、21个自然村。这7个乡（镇）2004年年末共有农业人口29 436人，其中劳动力15 998人；耕地78 739亩，农业人均耕地2.67亩；总收入4410.4万元。

10.2.7.2 L江河谷开发

L江河谷为潞西、陇川两县（市）连接的贫困地区，这里居住着景颇族、德昂族、傣族等少数民族，L江河谷开发是德宏州调整产业结构、寻求新的经济增长点的重大举措，也是Y省开展异地扶贫的重点工程。L江河谷开发的总体规划分为三个层次，以绿色产业开发为启动产业，实现深层次开发目标。

第一层次为工农业联合开发，建立蔗糖支柱产业。

第二层次为水利水电利用开发，河谷内拟建L江水电站枢纽工程。

第三层次为生态旅游开发。整个开发区实行开发与保护并重的方针，在组织蔗区开发的同时，保护生态环境，充分利用森林资源和水利资源，发展旅游业。

10.2.7.3 人群健康现状

L江水电站枢纽建设区内的主要传染病为疟疾，其次为痢疾，再次为病毒性肝炎。伤寒、付伤寒、百日咳、乙脑、流脑等发病率很低。该区疟疾主要由中华按蚊叮咬引起。库区属南亚热带季雨林季风气候，夏季高温多雨，利于按蚊滋生。评价区无克山病、克汀病、地氟病等地方病，地甲病亦极少见。

10.3 构建评估区环境现状网络模型

根据10.2节的内容，可以建立评估区环境现状网络模型，如图10-1所示。

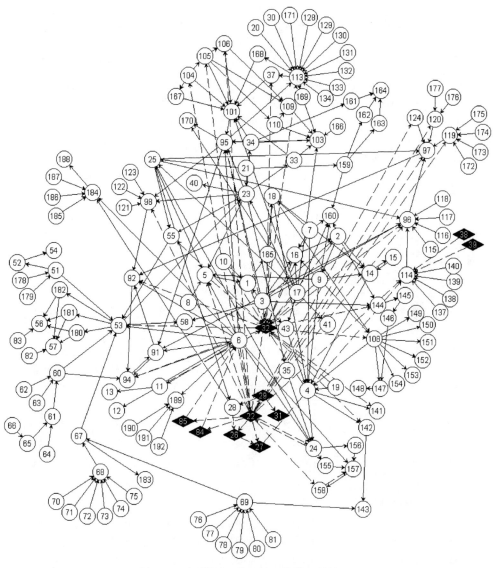

图 10-1 评估区环境现状网络模型结构图

其对应的各节点的属性，见表10-5。

表10-5 评估区生态系统现状网络节点及属性表　　　单位:%

编号	节点名称	$\dfrac{k_i}{\sum\limits_{i=1}^{N} k_i}$	$\dfrac{k_i^{\leftarrow}}{\sum\limits_{i=1}^{N} k_i}$	$\dfrac{k_i^{\rightarrow}}{\sum\limits_{i=1}^{N} k_i}$	C_i	R_i
1	大气环流	0.865 8	1.298 7	0.432 9	5.074 6	0.724 9
2	热量	1.298 7	0.865 8	1.731 6	0.628 1	0.405 6
3	太阳辐射	1.731 6	0.000 0	3.463 2	0.000 0	0.163 3
4	降水	2.164 5	3.030 3	1.298 7	5.142 6	1.077 5
5	下垫面状况	1.298 7	2.164 5	0.432 9	4.647 6	0.477 0
6	人类活动	2.597 4	0.432 9	4.761 9	0.371 3	0.214 3
7	纬度	0.865 8	0.000 0	1.731 6	0.000 0	0.163 3
8	地表河陆分布	0.216 5	0.000 0	0.432 9	0.000 0	0.163 3
9	地形差异	1.515 2	0.432 9	2.597 4	0.553 9	0.249 5
10	地球自转	0.216 5	0.000 0	0.432 9	0.000 0	0.163 3
11	大气成分	0.865 8	0.432 9	1.298 7	0.012 4	0.179 9
12	二氧化碳	0.216 5	0.432 9	0.000 0	0.000 0	0.214 3
13	氧气	0.216 5	0.432 9	0.000 0	0.000 0	0.214 3
14	风	1.515 2	1.731 6	1.298 7	0.996 3	0.879 2
15	气压	0.432 9	0.432 9	0.432 9	0.000 0	0.412 4
16	光照	1.082 3	1.731 6	0.432 9	0.164 0	0.264 6
17	海拔	2.164 5	0.000 0	4.329 0	0.000 0	0.163 3
18	北亚热带季风气候	1.082 3	0.865 8	1.298 7	5.241 7	0.860 6
19	与海洋距离	0.216 5	0.000 0	0.432 9	0.000 0	0.163 3
20	用材树种	0.216 5	0.865 8	0.432 9	0.000 0	0.163 3
21	山脉	0.649 4	0.000 0	1.298 7	0.000 0	0.163 3
23	陆地	2.381 0	1.298 7	3.463 2	10.604 5	0.497 0
24	水	1.298 7	1.298 7	1.298 7	6.711 4	0.668 8
25	水域	1.731 6	1.298 7	2.164 5	5.709 4	0.413 0
28	河流	0.649 4	0.432 9	0.865 8	0.804 5	0.233 5
30	淀粉植物	0.216 5	0.000 0	0.432 9	0.000 0	0.163 3
33	山地	0.865 8	0.432 9	1.298 7	0.669 4	0.216 1
34	高原	0.865 8	0.432 9	1.298 7	0.941 7	0.216 1
35	沟谷	0.432 9	0.432 9	0.432 9	1.983 4	0.216 1
37	人工森林植被	0.432 9	0.432 9	0.432 9	0.194 9	0.779 6

续表

编号	节点名称	$\dfrac{k_i}{\sum\limits_{i=1}^{N} k_i}$	$\dfrac{k_i^{\leftarrow}}{\sum\limits_{i=1}^{N} k_i}$	$\dfrac{k_i^{\rightarrow}}{\sum\limits_{i=1}^{N} k_i}$	C_i	R_i
40	熔岩	0.216 5	0.432 9	0.000 0	0.000 0	0.216 1
41	坡度	0.216 5	0.432 9	0.000 0	0.000 0	0.177 2
43	坡向	0.649 4	0.000 0	0.432 9	0.213 5	0.194 5
51	母岩	0.865 8	0.865 8	0.865 8	0.755 0	0.440 9
52	化学成分	0.432 9	0.432 9	0.432 9	0.018 6	0.350 7
53	土壤（颗粒）	2.164 5	2.164 5	2.164 5	12.143 9	1.609 1
54	酸碱度	0.216 5	0.432 9	0.000 0	0.000 0	0.461 4
55	地形	0.649 4	0.865 8	0.432 9	2.939 5	0.286 3
56	土壤中的水分	0.865 8	1.731 6	0.000 0	0.000 0	0.859 1
57	土壤中的空气	0.865 8	1.731 6	0.000 0	0.000 0	0.859 1
58	土壤温度	0.432 9	0.865 8	0.000 0	0.000 0	0.454 2
60	微生物	1.082 3	1.298 7	0.865 8	2.190 7	0.916 0
61	真菌	0.649 4	0.865 8	0.432 9	1.113 9	0.558 9
62	细菌	0.216 5	0.000 0	0.432 9	0.000 0	0.163 3
63	放线菌	0.216 5	0.000 0	0.432 9	0.000 0	0.163 3
64	菌根真菌	0.216 5	0.000 0	0.432 9	0.000 0	0.163 3
65	固氮微生物	0.432 9	0.432 9	0.432 9	0.377 5	0.302 1
66	根瘤菌	0.216 5	0.000 0	0.432 9	0.000 0	0.163 3
67	无机物	0.865 8	0.865 8	0.865 8	5.155 0	1.433 4
68	无机元素	1.515 2	2.597 4	0.432 9	2.265 0	0.996 2
69	微量元素	1.731 6	2.597 4	0.865 8	2.265 0	0.996 2
70	N	0.216 5	0.000 0	0.432 9	0.000 0	0.163 3
71	P	0.216 5	0.000 0	0.432 9	0.000 0	0.163 3
72	K	0.216 5	0.000 0	0.432 9	0.000 0	0.163 3
73	Ca	0.216 5	0.000 0	0.432 9	0.000 0	0.163 3
74	Mg	0.216 5	0.000 0	0.432 9	0.000 0	0.163 3
75	S	0.216 5	0.000 0	0.432 9	0.000 0	0.163 3
76	Cl	0.216 5	0.000 0	0.432 9	0.000 0	0.163 3
77	Mn	0.216 5	0.000 0	0.432 9	0.000 0	0.163 3
78	B	0.216 5	0.000 0	0.432 9	0.000 0	0.163 3
79	Zn	0.216 5	0.000 0	0.432 9	0.000 0	0.163 3
80	Cu	0.216 5	0.000 0	0.432 9	0.000 0	0.163 3

续表

编号	节点名称	$\dfrac{k_i}{\sum\limits_{i=1}^{N} k_i}$	$\dfrac{k_i^{\leftarrow}}{\sum\limits_{i=1}^{N} k_i}$	$\dfrac{k_i^{\rightarrow}}{\sum\limits_{i=1}^{N} k_i}$	C_i	R_i
81	M	0.216 5	0.000 0	0.432 9	0.000 0	0.163 3
82	土壤蓄水性	0.216 5	0.000 0	0.432 9	0.000 0	0.163 3
83	土壤通气性	0.216 5	0.000 0	0.432 9	0.000 0	0.163 3
91	生产者	1.298 7	1.731 6	0.865 8	0.524 0	12.386 8
92	消费者	1.082 3	1.731 6	0.432 9	0.302 2	8.238 1
94	分解者	1.082 3	1.731 6	0.432 9	0.179 5	12.835 9
95	陆生植物	1.948 1	2.164 5	1.731 6	3.017 9	3.267 1
96	水生植物	1.948 1	3.030 3	0.865 8	0.421 8	1.416 9
97	水生消费者	1.298 7	2.164 5	0.432 9	0.384 7	1.960 0
98	陆生消费者	1.298 7	2.164 5	0.432 9	0.341 4	1.326 8
101	湿生植物	2.164 5	3.896 1	0.432 9	0.724 6	2.016 2
103	中生植物	1.731 6	3.030 3	0.432 9	0.477 0	1.533 3
104	半常绿季雨林	0.649 4	0.000 0	1.298 7	0.000 0	0.163 3
105	季风常绿阔叶林	1.082 3	0.432 9	1.731 6	0.024 8	0.209 6
106	落叶阔叶林	0.649 4	0.432 9	0.865 8	0.000 0	0.207 8
108	气候特点	2.164 5	0.865 8	3.463 2	2.518 7	0.442 5
109	热性稀树灌木丛	0.865 8	1.298 7	0.432 9	0.012 4	0.384 5
110	暖性针叶林	0.649 4	0.432 9	0.865 8	0.006 2	0.207 8
113	人工植被	3.030 3	4.761 9	1.298 7	1.996 8	2.245 7
114	浮游植物	1.082 3	1.731 6	0.432 9	0.123 8	0.718 5
115	沉水植物	0.216 5	0.000 0	0.432 9	0.000 0	0.163 3
116	挺水植物	0.216 5	0.000 0	0.432 9	0.000 0	0.163 3
117	浮叶植物	0.216 5	0.000 0	0.432 9	0.000 0	0.163 3
118	湿生植物	0.216 5	0.000 0	0.432 9	0.000 0	0.163 3
119	浮游动物	1.082 3	1.731 6	0.432 9	0.099 0	0.718 5
120	底栖动物	0.649 4	0.865 8	0.432 9	0.049 5	0.440 9
121	两栖类动物	0.216 5	0.000 0	0.432 9	0.000 0	0.163 3
122	爬行类动物	0.216 5	0.000 0	0.432 9	0.000 0	0.163 3
123	鸟类	0.216 5	0.000 0	0.432 9	0.000 0	0.163 3
124	游泳生物	0.216 5	0.000 0	0.432 9	0.000 0	0.163 3
128	园林植物	0.216 5	0.000 0	0.432 9	0.000 0	0.163 3
129	花卉植物	0.216 5	0.000 0	0.432 9	0.000 0	0.163 3

续表

编号	节点名称	$\dfrac{k_i}{\sum\limits_{i=1}^{N} k_i}$	$\dfrac{k_i^{\leftarrow}}{\sum\limits_{i=1}^{N} k_i}$	$\dfrac{k_i^{\rightarrow}}{\sum\limits_{i=1}^{N} k_i}$	C_i	R_i
130	油料植物	0.216 5	0.000 0	0.432 9	0.000 0	0.163 3
131	纤维植物	0.216 5	0.000 0	0.432 9	0.000 0	0.163 3
132	香料植物	0.216 5	0.000 0	0.432 9	0.000 0	0.163 3
133	水果	0.216 5	0.000 0	0.432 9	0.000 0	0.163 3
134	蔬菜	0.216 5	0.000 0	0.432 9	0.000 0	0.163 3
135	河谷	0.865 8	1.298 7	0.432 9	0.253 7	0.337 7
136	河谷环流	0.432 9	0.865 8	0.000 0	0.000 0	0.699 4
137	硅藻门	0.216 5	0.000 0	0.432 9	0.000 0	0.163 3
138	绿藻门	0.216 5	0.000 0	0.432 9	0.000 0	0.163 3
139	蓝藻门	0.216 5	0.000 0	0.432 9	0.000 0	0.163 3
140	裸藻门	0.216 5	0.000 0	0.432 9	0.000 0	0.163 3
141	干季	0.216 5	0.432 9	0.000 0	0.000 0	0.468 6
142	湿季	0.432 9	0.432 9	0.432 9	0.278 5	0.468 6
143	雨热同季	0.432 9	0.865 8	0.000 0	0.000 0	0.985 0
144	积温	0.649 4	0.865 8	0.432 9	0.080 5	0.266 8
145	霜	0.432 9	0.432 9	0.432 9	0.061 9	0.390 1
146	无霜期	0.432 9	0.432 9	0.432 9	0.030 9	0.494 9
147	无霜期长	0.649 4	0.865 8	0.432 9	0.340 4	0.631 0
148	作物物质积累	0.216 5	0.432 9	0.000 0	0.000 0	0.699 6
149	春温高	0.216 5	0.432 9	0.000 0	0.000 0	0.210 3
150	夏季长	0.216 5	0.432 9	0.000 0	0.000 0	0.210 3
151	冬季短	0.216 5	0.432 9	0.000 0	0.000 0	0.210 3
152	日温差大	0.216 5	0.432 9	0.000 0	0.000 0	0.210 3
153	年温差小	0.216 5	0.432 9	0.000 0	0.000 0	0.210 3
154	越冬条件好	0.216 5	0.432 9	0.000 0	0.000 0	0.210 3
155	地下水	0.432 9	0.432 9	0.432 9	0.309 4	0.352 8
156	地面水	0.432 9	0.432 9	0.432 9	0.309 4	0.352 8
157	水质	0.865 8	1.298 7	0.432 9	0.334 2	0.779 6
158	污染	0.216 5	0.432 9	0.000 0	0.000 0	0.826 0
159	横断山脉	0.865 8	0.432 9	1.298 7	0.024 8	0.209 6
160	温室效应	1.082 3	2.164 5	0.000 0	0.000 0	0.392 8
161	云贵高原	0.432 9	0.432 9	0.432 9	0.321 8	0.224 5

续表

编号	节点名称	$\dfrac{k_i}{\sum\limits_{i=1}^{N} k_i}$	$\dfrac{k_i^{\leftarrow}}{\sum\limits_{i=1}^{N} k_i}$	$\dfrac{k_i^{\rightarrow}}{\sum\limits_{i=1}^{N} k_i}$	C_i	R_i
162	山高	0.432 9	0.432 9	0.432 9	0.006 2	0.222 7
163	山谷高差大	0.432 9	0.432 9	0.432 9	0.006 2	0.222 7
164	沿河盆地	0.649 4	1.298 7	0.000 0	0.000 0	0.732 7
165	印度洋暖湿气流	0.432 9	0.432 9	0.432 9	5.117 9	0.779 5
166	草丛	0.216 5	0.000 0	0.432 9	0.000 0	0.163 3
167	牡竹林	0.432 9	0.432 9	0.432 9	0.000 0	0.209 6
168	水田	0.432 9	0.432 9	0.432 9	0.194 9	0.779 6
169	旱田	0.432 9	0.432 9	0.432 9	0.245 5	0.779 6
170	垂直分布	0.432 9	0.865 8	0.000 0	0.000 0	0.871 4
171	药用植物	0.216 5	0.000 0	0.432 9	0.000 0	0.163 3
172	原虫动物	0.216 5	0.000 0	0.432 9	0.000 0	0.163 3
173	轮虫	0.216 5	0.000 0	0.432 9	0.000 0	0.163 3
174	枝角类	0.216 5	0.000 0	0.432 9	0.000 0	0.163 3
175	桡足类	0.216 5	0.000 0	0.432 9	0.000 0	0.163 3
176	软体动物	0.216 5	0.000 0	0.432 9	0.000 0	0.163 3
177	水生昆虫	0.216 5	0.000 0	0.432 9	0.000 0	0.163 3
178	砂岩	0.216 5	0.000 0	0.432 9	0.000 0	0.163 3
179	粗粒结晶岩	0.216 5	0.000 0	0.432 9	0.000 0	0.163 3
180	赤红壤	0.649 4	0.432 9	0.865 8	0.214 5	0.436 9
181	红壤	0.649 4	0.432 9	0.865 8	0.214 5	0.436 9
182	黄壤	0.649 4	0.432 9	0.865 8	0.214 5	0.436 9
183	碱性	0.216 5	0.432 9	0.000 0	0.000 0	0.772 5
184	水土流失	1.298 7	2.164 5	0.432 9	0.346 6	0.695 5
185	沙洲	0.216 5	0.000 0	0.432 9	0.000 0	0.163 3
186	疏导不畅	0.216 5	0.000 0	0.432 9	0.000 0	0.163 3
187	河道改道	0.216 5	0.000 0	0.432 9	0.000 0	0.163 3
188	农用地不固定	0.216 5	0.432 9	0.000 0	0.000 0	0.754 5
189	传染病	0.865 8	1.731 6	0.000 0	0.000 0	0.596 3
190	疟疾	0.216 5	0.000 0	0.432 9	0.000 0	0.163 3
191	痢疾	0.216 5	0.000 0	0.432 9	0.000 0	0.163 3
192	肝炎	0.216 5	0.000 0	0.432 9	0.000 0	0.163 3

图 10-2 表示的是评估区生态系统现状的网络模型的节点间的关系，其中可以很明显地体现出网络的无标度性。若从节点的重要性出发可以利用图 10-3 表示各个节点的重要性与节点间的关系。图中可以明确地看到在现有生态系统中，生产者和分解者占据了绝对的主导地位，消费者处在服从地位。系统中陆生植物，特别是人工植被对系统的稳定性有很强的干扰作用，尤其是其中的湿生植物。水生消费者比水生生产者的作用更大。其次是土壤种类和养分也发挥了重要的作用。极为明显的是评价区内的天然林主要沿江、沿箐分布，呈线状走廊，而且已受到择伐等干扰破坏，大面积的缓坡已被开垦为耕作用地，L 江面临着严重的水土流失问题，下游已形成大面积的沙洲，且水流常年疏导不畅，频繁改道，造成下游沿江农地不能固定，这是流域生态环境恶化的证明。

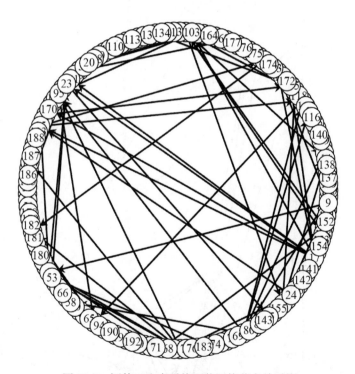

图 10-2　评估区生态系统现状网络节点关系图

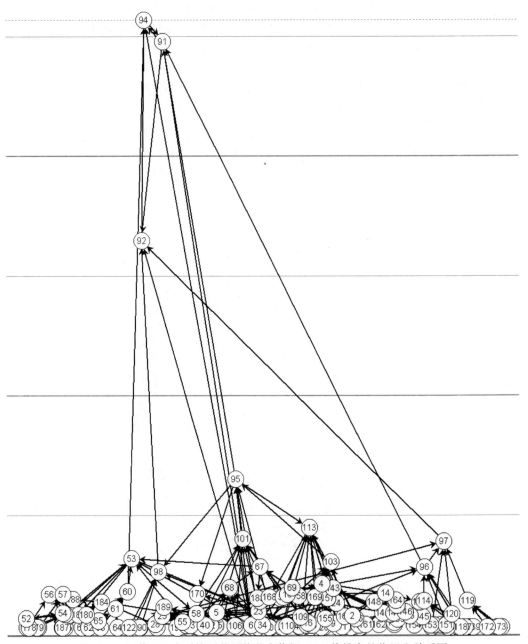

图 10-3　评估区生态系统现状网络节点依据 Rank 值排序的位置和关系图

注：图中横向实线间的间距表明 Rank 值上 2.5 的值差

10.4   利用无标度网络理论对评估区生态环境的预测

理论上，对 10.3 节中构建的评估区生态系统的无标度网络模型施以某种干扰，而后通过该系统是否及如何重归稳态，可对其做出某种预测。生态学上的六大理论，即物种多样性理论、物种抵抗性理论、物种恢复性理论、物种持久性理论、物种变异性理论、物种轨迹稳定性理论、物种兼容性和集合稳定性理论，也都是基于这种思路。研究中常见的方法是针对生态系统某一特定特征及给定一个干扰后，测度使该系统产生一定的偏离程度所需要的间隔时间，也可以相应地测度使该系统达到某一给定量的偏离程度所需要的外加干扰的强度，或是度量使该系统返回原有状态所需的时间等（刘平舟和刘志汉，1988；张炳根，1990；马知根，1996）。在规避定性分析的不精确性的同时，生态系统研究又跌入了定量分析所谓"精确"的泥潭，因为在生态系统的研究方面，除了需要知道产生了多少，更多的情况下，放在首位的往往是会产生什么。复杂网络理论在这方面却能发挥其作用。此处将规划中的水利枢纽工程作为新的节点加入已有的生态系统无标度网络，必然会产生加点和减点两种直接结果，而后通过确定的演化算法，推算出系统将产生的新的连接或是原有的连接，最终会得到一个新的无标度网络。如此可以通过比较新旧两个网络模型的差异，对生态系统的演化作出预测和评估。

评估区地处云贵高原上的横断山脉之中，地理和地质条件约束了该区域出现大的湖泊的可能性，而拟建的 Y 省 L 江水利枢纽工程从某种意义上而言就是一个大的人工湖泊，其相关参数，见表 10-6。

表 10-6   Y 省 L 江水电站枢纽工程特性表

序号	名称	数量及形式	备注
一	水文		
1	流域面积		
	全流域面积/km^2	11 828	我国境内
	坝址以上流域面积/km^2	5 758	我国境内
2	多年平均年径流量/$100m^3$	62.8	坝址
3	代表性流量		
	多年平均流量/（m^3/s）	199	坝址
	实测最大流量（1972 年）/（m^3/s）	2 300	坝址

续表

序号	名　称	数量及形式	备　注
	实测最小流量（1979 年）/（m^3/s）	10.2	坝址
	调查历史最大流量/（m^3/s）	4 450	坝址
	设计洪水标准及流量（P=0.2%）/（m^3/s）	4 060	坝址
	校核洪水标准及流量（P=0.05%）/（m^3/s）	4 730	坝址
5	洪量		
	实测最大七天洪量/100m^3	8.54	坝址
	设计洪水七天洪量（P=0.2%）/（100m^3）	12.5	坝址
	校核洪水七天洪量（P=0.05%）/（100m^3）	14.1	坝址
6	泥沙		
	多年平均悬移质输沙量/100t	434.9	坝址
	多年平均含沙量/（kg/m^3）	0.693	坝址
	多年平均推移质年输沙量/100t	87.4	坝址
二	水库		
1	水库水位		
	校核洪水位/m	874.54	
	设计洪水位/m	872.72	
	正常蓄水位/m	872	
	汛限水位/m	868.9	
	死水位/m	845	
2	正常蓄水位时水库面积/km^2	33.3	
3	回水长度/km	54.63	
4	水库容积		
	总库容/100m^3	12.17	
	正常蓄水位以下库容/100m^3	11.31	
	防洪库容/100m^3	1.0	
	调节库容/100m^3	6.79	
	共用库容/100m^3	1.58	

续表

序号	名　　称	数量及形式	备　　注
	死库容/100m³	4.52	
5	库容系数/%	10.8	
三	下泄流量及相应下游水位		
1	设计洪水位时最大泄量/（m³/s）	3256	
	相应下游水位/m	799.58	
2	校核洪水位时最大泄量/（m³/s）	3983	
	相应下游水位/m	800.83	
四	淹没损失		
1	耕地面积/亩	10 255.21	水田
		9 290.36	旱田
	林地面积/亩	21 542.7	
2	水库迁移人口/人	4042	

可见工程完工后，当地生态系统中最大的变化就是水库这个节点的增加，以及由于其蓄水高程而带来的大面积的淹没，而被淹没部分可以理解为原有系统中某些节点的消失。整个模拟过程可以分成五部分进行。

（1）在原有生态系统网络模型中增加水库这个节点。

（2）新增节点与原有节点之间存在必须通过某种媒介方能实现的间接关系时，该媒介会以"涌现"的形式，作为新的节点出现在新的系统模型中。

（3）新增节点与原有网络节点间的联系服从式（8-13）。

（4）被淹没部分处理为节点的减少。

（5）已有节点的缺失必然导致原存在的连接缺位。相关节点的度会有变化，可能会导致连接的重新建立，任何新建连接必须服从式（8-13）。

如此图 10-1 所模拟的评估区原有生态系统，在受到"水库建设"这个定向干扰后，根据以上五个步骤会演变成一个新的系统，如图 10-4 所示，图 10-4 中各节点的属性，见表 10-7。

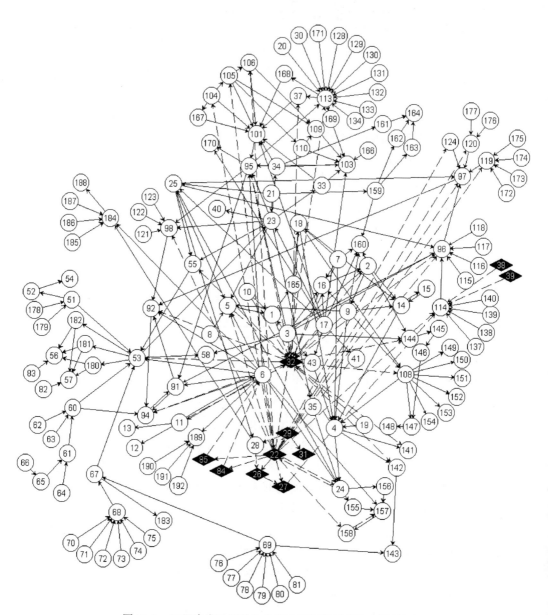

图 10-4　工程建成后评估区生态系统网络模拟模型结构图

注：图中原有节点用圆圈表示；原有连接用方向实线表示；

新建节点用菱形表示；新增连接用方向虚线表示

表 10-7　工程建成后评估区生态系统网络模拟模型节点及属性表　单位:%

编号	节点名称	$\dfrac{k_i}{\sum\limits_{i=1}^{N} k_i}$	$\dfrac{k_i^{\leftarrow}}{\sum\limits_{i=1}^{N} k_i}$	$\dfrac{k_i^{\rightarrow}}{\sum\limits_{i=1}^{N} k_i}$	C_i	R_i
1	大气环流	0.889 7	1.067 6	0.711 7	0.962 2	0.398 0
2	热量	1.245 6	0.711 7	1.779 4	0.199 2	0.246 1
3	太阳辐射	1.601 4	0.000 0	3.202 8	0.000 0	0.141 8
4	降水	1.957 3	2.491 1	1.423 5	3.724 2	0.796 6
5	下垫面状况	1.423 5	2.135 2	0.711 7	4.822 6	0.429 3
6	人类活动	2.669 0	1.067 6	4.270 5	2.111 4	0.441 3
7	纬度	0.889 7	0.000 0	1.779 4	0.000 0	0.141 8
8	地表河陆分布	0.177 9	0.000 0	0.355 9	0.000 0	0.141 8
9	地形差异	1.423 5	0.355 9	2.491 1	0.205 8	0.183 7
10	地球自转	0.355 9	0.000 0	0.711 7	0.000 0	0.141 8
11	大气成分	0.889 7	0.355 9	1.423 5	0.672 5	0.173 1
12	二氧化碳	0.177 9	0.355 9	0.000 0	0.000 0	0.178 6
13	氧气	0.177 9	0.355 9	0.000 0	0.000 0	0.178 6
14	风	1.067 6	1.423 5	0.711 7	0.793 6	0.654 4
15	气压	0.355 9	0.355 9	0.355 9	0.000 0	0.420 0
16	光照	1.067 6	1.423 5	0.711 7	0.038 0	0.213 7
17	海拔	1.779 4	0.000 0	3.558 7	0.000 0	0.141 8
18	北亚热带季风气候	1.067 6	0.711 7	1.423 5	0.959 7	0.430 3
19	与海洋距离	0.355 9	0.000 0	0.711 7	0.000 0	0.141 8
20	用材树种	0.177 9	0.000 0	0.355 9	0.000 0	0.141 8
21	山脉	0.533 8	0.000 0	1.067 6	0.000 0	0.141 8
22	水库	3.736 7	0.711 7	6.761 6	6.319 0	0.283 0
23	陆地	1.957 3	1.067 6	2.847 0	11.125 3	0.460 8
24	水	1.423 5	1.423 5	1.423 5	7.948 1	0.517 2
25	水域	1.423 5	1.067 6	1.779 4	1.309 3	0.304 0
26	水温	0.533 8	0.711 7	0.355 9	0.092 5	0.264 7
27	稳定分层形	0.533 8	0.711 7	0.355 9	0.097 4	0.379 5
28	河流	0.711 7	0.711 7	0.711 7	0.591 5	0.259 2
29	下泄水	0.533 8	0.355 9	0.711 7	0.292 9	0.153 9
30	淀粉植物	0.177 9	0.000 0	0.355 9	0.000 0	0.141 8
31	下泄水水温	0.177 9	0.355 9	0.000 0	0.000 0	0.207 5
32	局地气候	4.270 5	4.626 3	3.914 6	7.322 7	1.116 0

续表

编号	节点名称	$\dfrac{k_i}{\sum\limits_{i=1}^{N} k_i}$	$\dfrac{k_i^{\leftarrow}}{\sum\limits_{i=1}^{N} k_i}$	$\dfrac{k_i^{\rightarrow}}{\sum\limits_{i=1}^{N} k_i}$	C_i	R_i
33	山地	0.533 8	0.355 9	0.711 7	0.171 0	0.190 8
34	高原	0.711 7	0.355 9	1.067 6	0.715 9	0.190 8
35	沟谷	0.355 9	0.355 9	0.355 9	4.592 3	0.190 8
37	人工森林植被	0.533 8	0.711 7	0.355 9	0.247 9	0.801 5
38	隐藻	0.177 9	0.000 0	0.355 9	0.000 0	0.141 8
39	甲藻	0.177 9	0.000 0	0.355 9	0.000 0	0.141 8
40	熔岩	0.177 9	0.355 9	0.000 0	0.000 0	0.190 8
41	坡度	0.177 9	0.355 9	0.000 0	0.000 0	0.153 9
43	坡向	0.533 8	0.711 7	0.355 9	0.222 5	0.167 3
51	母岩	0.711 7	0.711 7	0.711 7	0.834 5	0.383 0
52	化学成分	0.355 9	0.355 9	0.355 9	0.014 7	0.304 6
53	土壤（颗粒）	1.957 3	2.135 2	1.779 4	12.244 6	1.568 8
54	酸碱度	0.177 9	0.355 9	0.000 0	0.000 0	0.400 8
55	地形	0.711 7	1.067 6	0.355 9	0.336 3	0.328 7
56	土壤中的水分	0.711 7	1.423 5	0.000 0	0.000 0	0.783 3
57	土壤中的空气	0.711 7	1.423 5	0.000 0	0.000 0	0.783 3
58	土壤温度	0.355 9	0.711 7	0.000 0	0.000 0	0.421 9
60	微生物	0.177 9	1.067 6	0.711 7	2.444 7	0.795 6
61	真菌	0.533 8	0.711 7	0.355 9	1.237 1	0.485 5
62	细菌	0.177 9	0.000 0	0.355 9	0.000 0	0.141 8
63	放线菌	0.177 9	0.000 0	0.355 9	0.000 0	0.141 8
64	菌根真菌	0.177 9	0.000 0	0.355 9	0.000 0	0.141 8
65	固氮微生物	0.355 9	0.355 9	0.355 9	0.417 3	0.262 4
66	根瘤菌	0.177 9	0.000 0	0.355 9	0.000 0	0.141 8
67	无机物	0.711 7	0.711 7	0.711 7	5.738 5	1.245 0
68	无机元素	1.245 6	2.135 2	0.355 9	2.503 6	0.865 2
69	微量元素	1.423 5	2.135 2	0.711 7	2.503 6	0.865 2
70	N	0.177 9	0.000 0	0.355 9	0.000 0	0.141 8
71	P	0.177 9	0.000 0	0.355 9	0.000 0	0.141 8
72	K	0.177 9	0.000 0	0.355 9	0.000 0	0.141 8
73	Ca	0.177 9	0.000 0	0.355 9	0.000 0	0.141 8
74	Mg	0.177 9	0.000 0	0.355 9	0.000 0	0.141 8

续表

编号	节点名称	$\dfrac{k_i}{\sum\limits_{i=1}^{N} k_i}$	$\dfrac{k_i^{\leftarrow}}{\sum\limits_{i=1}^{N} k_i}$	$\dfrac{k_i^{\rightarrow}}{\sum\limits_{i=1}^{N} k_i}$	C_i	R_i
75	S	0.177 9	0.000 0	0.355 9	0.000 0	0.141 8
76	Cl	0.177 9	0.000 0	0.355 9	0.000 0	0.141 8
77	Mn	0.177 9	0.000 0	0.355 9	0.000 0	0.141 8
78	B	0.177 9	0.000 0	0.355 9	0.000 0	0.141 8
79	Zn	0.177 9	0.000 0	0.355 9	0.000 0	0.141 8
80	Cu	0.177 9	0.000 0	0.355 9	0.000 0	0.141 8
81	M	0.177 9	0.000 0	0.355 9	0.000 0	0.141 8
82	土壤蓄水性	0.177 9	0.000 0	0.355 9	0.000 0	0.141 8
83	土壤通气性	0.177 9	0.000 0	0.355 9	0.000 0	0.141 8
84	社会经济	0.355 9	0.355 9	0.355 9	0.670 7	0.153 9
85	移民	0.355 9	0.355 9	0.355 9	0.670 7	0.153 9
91	生产者	1.067 6	1.423 5	0.711 7	0.389 2	12.883 5
92	消费者	1.067 6	1.779 4	0.355 9	0.180 0	8.465 4
94	分解者	1.067 6	1.779 4	0.355 9	0.170 9	13.268 5
95	陆生植物	1.779 4	2.135 2	1.423 5	2.272 8	3.122 6
96	水生植物	1.957 3	3.202 8	0.711 7	0.474 0	1.808 5
97	水生消费者	1.245 6	2.135 2	0.355 9	0.193 6	1.983 7
98	陆生消费者	1.245 6	2.135 2	0.355 9	0.256 4	1.228 7
101	湿生植物	1.779 4	3.202 8	0.711 7	0.583 5	1.905 5
103	中生植物	1.423 5	2.491 1	0.355 9	0.373 8	1.389 6
104	半常绿季雨林	0.711 7	0.355 9	1.067 6	0.289 2	0.153 9
105	季风常绿阔叶林	1.067 6	0.711 7	1.423 5	0.465 8	0.198 3
106	落叶阔叶林	0.711 7	0.711 7	0.711 7	0.161 5	0.196 6
108	气候特点	1.957 3	1.067 6	2.847 0	3.159 7	0.341 8
109	热性稀树灌木丛	0.711 7	1.067 6	0.355 9	0.029 2	0.345 7
110	暖性针叶林	0.533 8	0.355 9	0.355 9	0.014 7	0.184 0
113	人工植被	2.669 0	4.270 5	1.067 6	1.483 3	2.023 7
114	浮游植物	1.601 4	2.847 0	0.355 9	0.245 4	1.200 5
115	沉水植物	0.177 9	0.000 0	0.355 9	0.000 0	0.141 8
116	挺水植物	0.177 9	0.000 0	0.355 9	0.000 0	0.141 8
117	浮叶植物	0.177 9	0.000 0	0.355 9	0.000 0	0.141 8
118	湿生植物	0.177 9	0.000 0	0.355 9	0.000 0	0.141 8

编号	节点名称	$\dfrac{k_i}{\sum\limits_{i=1}^{N}k_i}$	$\dfrac{k_i^{\leftarrow}}{\sum\limits_{i=1}^{N}k_i}$	$\dfrac{k_i^{\rightarrow}}{\sum\limits_{i=1}^{N}k_i}$	C_i	R_i
119	浮游动物	1.067 6	1.779 4	0.355 9	0.078 5	0.636 8
120	底栖动物	0.711 7	1.067 6	0.355 9	0.039 3	0.395 6
121	两栖类动物	0.177 9	0.000 0	0.355 9	0.000 0	0.141 8
122	爬行类动物	0.177 9	0.000 0	0.355 9	0.000 0	0.141 8
123	鸟类	0.177 9	0.000 0	0.355 9	0.000 0	0.141 8
124	游泳生物	0.355 9	0.355 9	0.355 9	0.000 0	0.153 9
128	园林植物	0.177 9	0.000 0	0.355 9	0.000 0	0.141 8
129	花卉植物	0.177 9	0.000 0	0.355 9	0.000 0	0.141 8
130	油料植物	0.177 9	0.000 0	0.355 9	0.000 0	0.141 8
131	纤维植物	0.177 9	0.000 0	0.355 9	0.000 0	0.141 8
132	香料植物	0.177 9	0.000 0	0.355 9	0.000 0	0.141 8
133	水果	0.177 9	0.000 0	0.355 9	0.000 0	0.141 8
134	蔬菜	0.177 9	0.000 0	0.355 9	0.000 0	0.141 8
137	硅藻门	0.177 9	0.000 0	0.355 9	0.000 0	0.141 8
138	绿藻门	0.177 9	0.000 0	0.355 9	0.000 0	0.141 8
139	蓝藻门	0.177 9	0.000 0	0.355 9	0.000 0	0.141 8
140	裸藻门	0.177 9	0.000 0	0.355 9	0.000 0	0.141 8
141	干季	0.355 9	0.711 7	0.000 0	0.000 0	0.397 4
142	湿季	0.533 8	0.711 7	0.355 9	0.240 5	0.397 4
143	雨热同季	0.355 9	0.711 7	0.000 0	0.000 0	0.847 3
144	积温	0.711 7	1.067 6	0.355 9	0.549 8	0.283 3
145	霜	0.355 9	0.355 9	0.355 9	0.289 6	0.382 7
146	无霜期	0.355 9	0.355 9	0.355 9	0.019 6	0.467 1
147	无霜期长	0.533 8	0.711 7	0.355 9	0.289 6	0.575 2
148	作物物质积累	0.177 9	0.355 9	0.000 0	0.000 0	0.630 8
149	春温高	0.177 9	0.355 9	0.000 0	0.000 0	0.178 2
150	夏季长	0.177 9	0.355 9	0.000 0	0.000 0	0.178 2
151	冬季短	0.177 9	0.355 9	0.000 0	0.000 0	0.178 2
152	日温差大	0.177 9	0.355 9	0.000 0	0.000 0	0.178 2
153	年温差小	0.177 9	0.355 9	0.000 0	0.000 0	0.178 2
154	越冬条件好	0.177 9	0.355 9	0.000 0	0.000 0	0.178 2
155	地下水	0.355 9	0.355 9	0.355 9	0.125 2	0.251 8

续表

编号	节点名称	$\dfrac{k_i}{\sum\limits_{i=1}^{N} k_i}$	$\dfrac{k_i^{\leftarrow}}{\sum\limits_{i=1}^{N} k_i}$	$\dfrac{k_i^{\rightarrow}}{\sum\limits_{i=1}^{N} k_i}$	C_i	R_i
156	地面水	0.355 9	0.355 9	0.355 9	0.125 2	0.251 8
157	水质	0.889 7	1.423 5	0.355 9	0.019 6	2.639 3
158	污染	0.533 8	0.711 7	0.355 9	0.004 9	2.397 9
159	横断山脉	0.711 7	0.355 9	1.067 6	0.019 6	0.182 0
160	温室效应	0.889 7	1.779 4	0.000 0	0.000 0	0.293 7
161	云贵高原	0.355 9	0.355 9	0.355 9	0.274 9	0.195 9
162	山高	0.355 9	0.355 9	0.355 9	0.004 9	0.193 4
163	山谷高差大	0.355 9	0.355 9	0.355 9	0.004 9	0.193 4
164	沿河盆地	0.533 8	1.067 6	0.000 0	0.000 0	0.637 2
165	印度洋暖湿气流	0.355 9	0.355 9	0.355 9	0.790 3	0.311 0
166	草丛	0.177 9	0.000 0	0.355 9	0.000 0	0.141 8
167	牡竹林	0.355 9	0.355 9	0.355 9	0.000 0	0.185 6
168	水田	0.355 9	0.355 9	0.355 9	0.149 7	0.715 2
169	旱田	0.355 9	0.355 9	0.355 9	0.227 5	0.715 2
170	垂直分布	0.355 9	0.711 7	0.000 0	0.000 0	0.817 4
171	药用植物	0.177 9	0.000 0	0.355 9	0.000 0	0.141 8
172	原生动物	0.177 9	0.000 0	0.355 9	0.000 0	0.141 8
173	轮虫	0.177 9	0.000 0	0.355 9	0.000 0	0.141 8
174	枝角类	0.177 9	0.000 0	0.355 9	0.000 0	0.141 8
175	桡足类	0.177 9	0.000 0	0.355 9	0.000 0	0.141 8
176	软体动物	0.177 9	0.000 0	0.355 9	0.000 0	0.141 8
177	水生昆虫	0.177 9	0.000 0	0.355 9	0.000 0	0.141 8
178	砂岩	0.177 9	0.000 0	0.355 9	0.000 0	0.141 8
179	粗粒结晶岩	0.177 9	0.000 0	0.355 9	0.000 0	0.141 8
180	赤红壤	0.533 8	0.355 9	0.711 7	0.183 3	0.408 5
181	红壤	0.533 8	0.355 9	0.711 7	0.183 3	0.408 5
182	黄壤	0.533 8	0.355 9	0.711 7	0.183 3	0.408 5
183	碱性	0.177 9	0.355 9	0.000 0	0.000 0	0.671 0
184	水土流失	1.067 6	1.779 4	0.355 9	0.299 4	0.645 0
185	沙洲	0.177 9	0.000 0	0.355 9	0.000 0	0.141 8
186	疏导不畅	0.177 9	0.000 0	0.355 9	0.000 0	0.141 8
187	河道改道	0.177 9	0.000 0	0.355 9	0.000 0	0.141 8

编号	节点名称	$\dfrac{k_i}{\sum\limits_{i=1}^{N}k_i}$	$\dfrac{k_i^{\leftarrow}}{\sum\limits_{i=1}^{N}k_i}$	$\dfrac{k_i^{\rightarrow}}{\sum\limits_{i=1}^{N}k_i}$	C_i	R_i
188	农用地不固定	0.177 9	0.355 9	0.000 0	0.000 0	0.690 1
189	传染病	0.711 7	1.423 5	0.000 0	0.000 0	0.534 8
190	疟疾	0.177 9	0.000 0	0.355 9	0.000 0	0.141 8
191	痢疾	0.177 9	0.000 0	0.355 9	0.000 0	0.141 8
192	肝炎	0.1779	0.000 0	0.355 9	0.000 0	0.141 8

同样，工程建成后评估区生态系统网络模拟模型的节点间关系可以用图 10-5 表示出来。

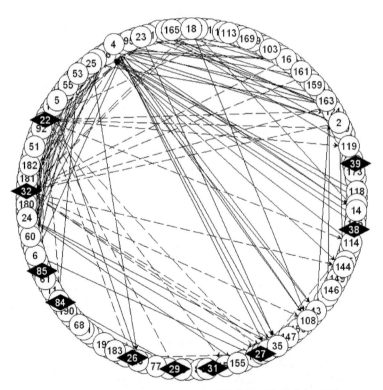

图 10-5　工程建成后评估区生态系统模拟网络节点关系图

注：图中原有节点用圆圈表示；原有连接用方向实线表示；新建节点用菱形表示；新增连接用方向虚线表示

　　图 10-6 表示的是水利枢纽工程建成后，评估区生态系统模拟模型中各节点依据其 Rank 值排序后的位置及相互间关系图。可以很清晰地从图 10-6 中看到水库的建设（节点 22）对原有生态系统的主要影响是通过其对原有局地气候（节点 32）的改变，进而影响到各种生物及其生境所带来的。

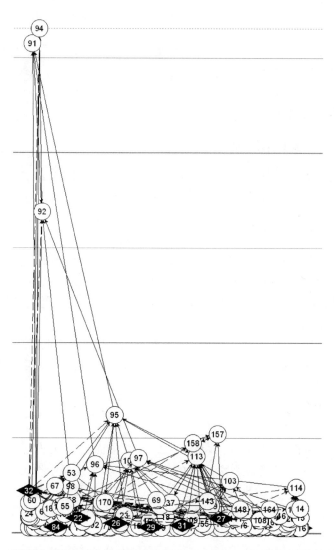

图 10-6　工程建成后评估区生态系统模拟网络节点依据 Rank 值排序的位置和关系图

注：图中横向实线间的间距表明 Rank 值上 2.5 的值差；系统原有节点用圆圈表示；
原有连接用方向实线表示；新建节点用菱形表示；新增连接用方向虚线表示

10.5　建设项目对评估区生态环境影响的预测

10.5.1　水温预测

图 10-4 中，节点 26 的增加表示的是水温作为涌现的特质。修建水库后，L 江相关流域原来的流水会转变为相对静止状态，从而会使水温明显上升，给整个生态系统带来巨大的转变。水温这个原本静止的常量，由于人为的扰动，成了新的系统中最为活跃的参量。

10.5.1.1　水温结构判别

水库水温结构一般分为分层型、过渡型和混合型，采用 α、β 值法判别其结构，确定 L 江水库的水温结构为稳定分层型（节点 27）。

10.5.1.2　垂向水温结构预测结果

根据计算结果，水库建成后库区水温呈明显的分层型结构，年平均表层水温 21.5℃，年较差为 12.3℃；年平均库底水温 14.8℃，由于水库属深层型（H> 60m），底层水温年较差较小。由于库区水温的特殊结构，可能会对库区的水生动植物产生一定的影响。

下泄水温（节点 31）年平均值为 19.3℃，比天然河道低 0.7℃。在灌溉期月平均水温下降 3.4℃。这对在坝下近距离取水的灌区会产生一定的影响。

10.5.2　局地气候

L 江水库的建设（节点 22），将导致库区下垫面状况（节点 5）发生改变，原凹凸不平的 L 江河谷变成平滑均一的库面，库表海拔高于原河谷，这将使局地水资源（节点 24）有所改变，局地气候（节点 32）发生一定变化，但由于水库处于狭谷中，规模不大，水面宽度较小（平均约 650m），故对局地气候影响程度较轻。

水库对周围陆地气温变化起到缓冲作用，使其气温升降速度减慢、幅度降低，因而气温年较差（节点 153）、日较差（节点 152）都将有所减小，气温变化过程更加平缓，平均最高气温将有所降低，平均最低气温则有所增高，年平均气温也将略有升高,热资源更加丰富,积温(节点 144)亦将有所增加。

　　L 江水库建成后当水库表现为"冷源"时,水面温度低于陆地温度,水体上方大气层稳定,不利于云雨天气的形成,反之,当其为"热源"时,则易成云致雨。总体上看,库区年降水量(节点 4)将略有减少,但因该区以南风、西南风为主,来自库面水汽受地形抬升影响易发生降水,故库区上部山体,尤其是河谷左岸山体降水将有所增加。水库对 L 江河谷整体降水基本无影响,库区降水减少量则由其上部山体降水增多而补偿。水库对空气相对湿度的影响规律与降水基本相同。库区蒸发量将有所增加,而库区上部迎风坡蒸发量略有减少。

　　库区大风、雷暴日数因水库上方稳定气层的抑制作用而减少;因库区冬季低温升高而使雾日数略有减少,霜冻的侵害将变得更小。

　　L 江水库的兴建,将使该区农业小气候有所改善,光热资源及夜雨增加、无霜期延长等对农业生产(节点 113)有利。

10.5.3　地面水水质

　　此处受影响的是模拟网络中的节点 156 和节点 157。

10.5.3.1　入库污染物浓度

　　根据表 10-2,可知库区附近污染源主要是糖厂。工程上游主要污染源为勐养糖厂及新建的芒东糖厂,生产规模均为 1000t/d,主要污染物为 COD、BOD_5,故预测因子选定 COD、BOD_5。就入库污染物浓度而言,枯水期 BOD_5 超标 3.65 倍,COD 超标 3.19 倍。平水期 BOD_5 超标 1.38 倍,COD 超标 1.38 倍;丰水期不超标。只有工业废水排放削减量为 2.74m^3/s 时,才能保证入库河道水域功能要求。

10.5.3.2　出库污染物浓度

　　L 江水库为狭长深谷型水库,库区内无其他污染源汇入。入库污染物浓度经库区充分混合降解后,出库污染物浓度 COD 达到 10.26mg/L,BOD_5 达到 1.89mg/L,COD 浓度降解充分,其出库水质满足了Ⅲ类水体标准。

10.5.3.3　下游污染物浓度

　　L 江水电站枢纽下游工业污染源有 L 江糖厂污水汇入和下游 12km 处芒市河汇入。由于芒市河污染浓度较大,虽经 L 江流量稀释,L 江下游污染物浓度仍然超标,严重影响了出境水质,因此,对芒市河的污染源加以治理,是控制出境断面水质的必要措施。

10.5.3.4 人类生活对水质的影响

水库建成后，周边将形成新的聚落环境，生活人数远小于现状，因此，其生活污水对水库影响更微小，而水库运行后，坝下最小放流量是河流最枯月份平均流量的 2.015 倍，可改善坝下径流环境。从坝下环境容量分析可知，坝下最小放流量的环境容量比河流 95% 保证率的环境容量大，表明水库建成后，对大坝下游水质将产生有利影响。

根据狄龙等建立的夏季水体中总氮、总磷与叶绿素 a 的浓度关系，经计算可得，总氮、叶绿素两项指标介于贫营养和贫—中营养之间，总磷介于中—富营养和富营养之间，这说明水库有富营养化的趋势。

10.5.4 工程对陆生生态影响预测

1）淹没影响（节点的消失）

（1）对植被的影响预测。淹没区内的现有植被将随着水库蓄水而消失，这是不可避免的永久性损失，由于各种植被类型有淹没区外均有分布，不会造成任何一种植被类型的消失。

评价区内共有七种自然植被类型，受淹没面积最大的是热性稀树草丛（节点 109），其次主要是旱田（节点 169）、常绿阔叶林（节点 105）。该评价区的重要植被类型是热带季雨林（节点 104）、常绿阔叶林由于主要沿 L 江河谷（节点 35 和节点 164）分布，对保持水土、调节气候、维持生物多样性起着重要的作用。淹没会造成这两种植被分布面积的缩小及物种个体数量的减少，但不会造成该类植被在评价区消失，也不会改变该地区的环境生态特征，由于其已遭到破坏，属于残存性质，珍稀物种较少，对生物多样性的影响也极小。

（2）对植物区系组成的影响。根据前面植被现状调查及影响评价，受淹没的植被类型中，半常绿季雨林、常绿阔叶林属于残存的沟谷走廊林，珍贵的成分多被破坏，其余的植被类型中，植物种类组成成分简单，区系成分贫乏，如农作物、麻楝、八宝树、千张纸、高榕、西南木荷、余甘子、飞机草、紫荷泽兰、棕叶芦等，这些种类广布于 L 江流域及其下游的自然保护区，淹没造成的微量群体损失可以承受，今后也能在水库岸边自行恢复。同时，在水库形成后，由于水库的调节作用，对区系成分将产生长远的影响，总的变化趋势是耐旱的植物种类可能减少，喜湿的植物种类将增加，水库的形成对库周绝大多数植物种类的生长是有利的。

（3）对珍稀濒危植物及资源植物的影响。根据考察及查阅相关文献，评价区共记录七种国家保护植物，四种省级保护植物，工程对它们的影响情况分析如下。

铁力木，为栽培于顷寺的傣族庭院绿化树，仅见于坝下弄坎村旁，种有两株中龄树，已开花结实，并受到当地民众的保护，不会受到本项工程的影响。

董棕，通常生长在石灰岩山丘地段，海拔可达 1500m。此次调查在淹没区内未见分布。

滇楠、毛尖树、细毛润楠和沧江新樟，散生于季风常绿阔叶林或半常绿季雨林中，因它们的材质良好，库区内，尤其是水库下段的这些树种均已被砍伐殆尽，分布于水库上段和海拔较高的残存林段中的少数植株则可不受工程的影响。

红椿的情况与滇楠相似，且其分布范围比滇楠更高更广，受工程的影响甚微。

瑞丽山龙眼和潞西山龙眼，散生于季风常绿阔叶林中，植株尚多且开花结实良好，有自我更新能力，且大多距水库淹没线较远。

山白兰，散见于季风常绿阔叶林和半常绿阔叶林中，在淹没线以下仅见个别植株，而大多数植株则远离水库。

金毛狗，本项工程对其影响不大。

2）对库区植被演替趋势的间接影响

在工程所在地现有的气候条件下，原生植被若被破坏，植被类型容易向干热河谷植被类型演替，即从森林植被演替为稀树灌草丛。而稀树灌草丛由于人类的进一步干扰破坏，树越来越少，草本层越来越干，多为据黄茅等优势干旱草种所占据。这样的环境很难恢复森林植被。在水库形成后，库周局部气候将发生变化，有利于该地区森林植被的恢复或重建。

3）施工对植物的影响

枢纽工程施工区位于芒良村附近，施工现场占地范围内的现存植被将被毁灭。临时生活区、弃渣场、沙石料场、附属企业等占地的植被为旱田、稀树灌草丛，植被状况较差。沙砾料场在河床，主体工程占地的植被有部分半常绿季雨林，但已遭到破坏干扰，没有发现国家保护植物及其他珍贵树种，影响不明显。由于枢纽工程施工造成的植被损失，有一部分在施工结束后，经过对施工现场的及时清理，植树造林，而得到恢复。较难控制的不利影响是施工期人员活动对植物资源的破坏，包括伐取一部分建筑用材、薪柴，采收日常生活用的野菜、野果、花卉、药材，人群活动践踏等方面。如果能加强施工期的环境管理，不利影响可以降低到最大限度。

4）移民对植物的影响

水库淹没影响的村寨主要有腰刀坝、勐约坝和买桑坝，并淹没一定量的农作物用地。这些受淹没的村寨及农田，需要得到补偿。L江河谷属于异地移民扶贫开发区，有大量的可开发土地。只要搞好移民开发规划，统一布局，合理安排，杜绝随意开荒，就有可能将移民安置对植被的影响减小到最低限度。L江河谷现有较好的植被主要分布于陡峭的山箐、水源林等处，不适合开垦，其他的则是以旱田、稀树灌草丛为主的植被类型。因此，移民安置对重要植被、珍稀濒危植物和资源植物的影响不显著。这里值得提出的是，移民房屋建设所需木料应尽可能取之于水库淹没区，以减少对自然植被的砍伐。

10.5.5　工程对陆生及两栖动物的影响分析

该工程对库区野生动物（节点97和节点98）的影响可分为直接影响和间接影响，其主要的影响因子是淹没、施工、移民、库区生产、生活方式的变化，新旅游点的开发及土地利用形式的改变等。

水库蓄水后，库区原有的河道（节点28）生态系统变成水库（节点22）生态系统，随着水文气候、植被及人类活动等生境条件的改变，库区野生动物的种类、数量和分布将发生相应的变化，这些变化与各种动物受到因工程开发而带来的直接的或间接的影响有着密切的关系。

L江水电站枢纽工程的建坝蓄水将直接引起库区自然生境的变化，会对库区陆生及两栖脊椎动物产生一定的影响，在诸多影响因子中，淹没影响是最主要的，其不仅缩小了陆生脊椎动物的栖息活动场所，迫使原栖息在这一带的动物迁往其他地区，还局部改变了生态环境，如水域、沼泽地扩大、湿度增加，进而导致动物组成的相应变化，也使少数的洞穴、巢区遭到破坏或淹没，少数动物的繁殖受到影响，另外由于人类活动和施工噪声惊吓使动物到远离人类频繁活动的地区。但该地区所录得动物基本上都是广泛分布的种类，有相当种群数量，加上大多数动物都有较强的活动性，而且，评价区内国家重点保护动物的栖息地一般都离库区较远或偶然到库区活动，因此不会导致物种灭绝。

水电站枢纽工程对鸟类的影响主要有两个方面：一是水库蓄水改变了L江径流，湿地生境发生了变化，从而影响候鸟的栖息；另一是施工活动对候鸟栖息、繁殖的影响。瑞丽江流域干湿季分明，丰、枯季水量变化较大。在大坝建成后，这种径流状况将会改变，水位、水量变得比较平稳，湿地范围比较固定，同时营养物质更为丰富，从而有利于水草及水生生物的生长，能为候鸟提供更为丰富的饵料，有利于下游候鸟自然保护区候鸟的栖息、繁衍。不利的方面主要是在大坝建成初期，候鸟对这种变化了的生态环境有个逐渐适应的过程，应加强这一阶段的保护。

10.5.6　工程对土壤的影响

L 江水电站枢纽工程位于 L 江河谷狭谷段，两岸阶地不发育，工程对土壤环境（节点53）的影响主要表现在以下几个方面。

10.5.6.1　水库淹没

水库共淹没耕地 19 571.4 亩，其中水田 10 255.2 亩，甘蔗地（含旱地）9316.2 亩，淹没林地 21 712.8 亩、园地 286.5 亩，减少了库区附近原有农、林土地面积。

10.5.6.2　水库浸没

该工程浸没问题不突出，浸没主要对象是库尾上游勐养坝，当坝前水位处于正常蓄水位 872m 以下时，若库尾回水不超过 873m，则勐养坝没有浸没问题。

10.5.6.3　施工占地

石料场位于坝下盘龙山，其开采过程将破坏表层土壤，土层的剥离、堆放将改变原土层结构。砂砾石料场位于坝下江心州，其采运过程也将破坏表层土壤结构，但因原土层很薄、结构简单，故影响较小。坝基开挖、施工临时建筑等都将破坏部分土层，对土壤环境产生一定影响。施工结束后，部分料场得到回填，被影响的土壤将有所恢复。

总体上工程对土壤环境影响不大。

10.5.7　工程对陆生生态影响评价

（1）工程施工区包括临时生活区、石料场、沙石料场、弃渣场等占地属于次生植被类型和人工植被，不会影响到植物物种的生存、植被类型的减少和珍稀物种的破坏。在工程完成后，及时进行植被恢复，可以避免或减少影响。

（2）水库形成后，将淹没较大面积的各种植被，这是不可避免的永久性损失。除沿江、沿箐分布的半常绿季雨林、常绿阔叶林偶见珍稀植物外，其他植被类型很难见到珍稀植物分布。由于工程对局部环境的改善作用，使温差减少，湿度增加，将有利于恢复森林植被。

（3）由于项目施工、占地、人员活动及噪声会减少野生动物栖息地，干扰其觅食，特别是水库的形成，如水域、沼泽的扩大，湿度增加，会导致动物组成的相应变化。但评价区的动物都是广泛分布的种类，无特有种，不会对动物的生存繁衍造成明显的不良影响。

（4）虽然项目本身不会造成明显的水土流失，但是 L 江河谷是异地扶贫开发区，大量荒山荒坡被开垦为农用地，林地面积减少，水土流失增加，这必然对水库的寿命产生影响，两个项目的协调对于流域社会、环境、经济的持续发展是至关重要的。

（5）移民对生态环境的影响。移民对生态环境的影响主要体现在家园建设及开垦种植上，其影响程度集中安置区将大于分散安置区，人数多的大于人数少的，开荒多的大于开荒少的。

该工程移民安置方式有集中近迁安置和后靠安置两种，其中约岛为近迁，营盘为后靠。移民迁入区周围生态环境将受到短期不利影响，农田增多，天然植被减少，水土流失加剧，农田动植物数量有所增加。

10.5.8　水生生物影响预测

10.5.8.1　施工期对水生生物影响的预测

施工期间，由于筑坝需要采石、取土、采砂、运输及施用爆破等工程，采自江底和大气的颗粒物将使江水悬浮物大大增加，江水的透明度将明显减少。这将会影响该江段内浮游植物的生长发育，浮游动物（节点 119）将因浮游植物（节点 114）的变化而使其数量及生物量有所减少。同时，泥沙的作用对甲壳类、轮虫及原生动物会造成机械损失。在受泥沙冲击影响江段的底栖动物将因饵料减少及生境改变使其种类及数量有所减少。但是，由于河水是不断流动的，在扩散、掺混、稀释沉降作用下，泥沙、粉尘的作用经过一段距离便得到恢复，同时，即使在水生生物受影响的江段也不会造成水生态系统的破坏。

10.5.8.2　电厂运行期对水生生物的影响预测

1. 浮游植物影响的预测

河流变为水库后，由于水流缓（节点 29）、水温（节点 26）稳定及营养物质丰富等因素皆有利于浮游植物的生长发育，特别是蓝藻和绿藻（节点 138 和节点 139），不仅种类增多，数量及生物量也明显增加。同时，原河流中数量少甚至未检出的藻类，如裸藻、隐藻、甲藻（节点 137 和节点 140）都将出现，并经过一段时间变化成为较稳定类群，原河流中种类及数量都占明显优势的硅藻，其数量及生物量也将增加，但由于其他门藻类的出现和增加，其数量及生物量所占的比例将有所下降，这种变化将使库区浮游藻类更加丰富。

2. 浮游动物影响的预测

库区蓄水后，由于适于浮游动物（节点 119）的饵料——细菌（节点 62）和浮游植物（节点 114）的大量生长繁殖，使浮游动物的种类、数量及生物量都有所增加。首先，在原生动物（节点 172）中，适于有机质丰富水体生活的肋纹表壳虫（Arcella cosfata）的数量将增多，同时将有铃壳虫属（Tintinnopsis）种类出现。轮虫（节点 173）中，适合于湖泊中生长的种类，如转轮虫（Rotaria rotatoria）、盘状鞍甲轮虫（Lepadlella patella）、裂足轮虫（Mytilinasp.）、大肚须足轮虫（Euchlanis dilatata）及凸背巨头轮虫（Cephalodellagibba）等种类的数量及生物量增多。此外，水库又为龟甲轮虫（Keratella sp.）、臂尾轮虫（Brachionus sp.）、针簇多肢轮虫（Asplanchba sp.）等广布性轮虫提供了有利生境，使其种类和数量增多。甲壳类（节点 174 和节点 175）中，除尖额蚤（Alona sp.）和剑水蚤（Mesocyclops sp.）的数量增加外，将有象鼻蚤（Clops sp.）和秀体蚤（Diaphanosma sp.）出现，并逐渐占据优势。

3. 底栖动物影响的预测

建库后，水面扩大，水流缓慢，水位加深，大量有机物进入库内并沉至库底，以及浮游生物的增加，为底栖动物（节点 120）提供较理想的生活条件。预计，适于静水、淤泥、沙底的按蚊幼虫、寡毛类、软体动物（节点 176）将迅速繁殖，这些软体动物主要是在库区近岸处浅水区。而原河流中适于在流水环境生活的种类如蜉蝣类中拟小裳蜉、扁蜉等将在库区内减少或消失。

4. 工程对鱼类影响的预测

电站大坝建成之后，径流受到拦蓄控制，由流水变成静水或缓流水，河道变成了水库，在库区随着营养盐和浮游生物增加的同时，对鱼类（节点 124）也产生不同程度的影响。

1）引起库区土著鱼类的适应性迁移

由于环境改变，土著鱼类为寻找适宜的栖居环境而进行迁移，野鲮亚科和鱼兆科的种类，将迁出库区分散到上游的山间河溪去生活；鱼巴亚科的种类多栖息在主河道的敞水区，大部分的鱼兆科种类上溯到支流，裂腹鱼和条鳅类仍然分布在远离库区的上游，由于水温的严格制约，鱼类的迁移距离都是有限的，更不可能出现上、下游种类互换的情况。

2）外来的种群趋于庞大

外来种一部分是来自沿江养殖水体逃逸的种类，另一部分将是人工引种养殖的种类，它们对环境有极强的适应能力，适合在库区内生长或繁衍，在库区内外来种数量和种类的增加，土著种的减少，是未来发展的总趋势。

3）大坝引起生境片段化效应

大坝引起生境片段化效应，这是每个大坝工程所面临的共同问题，虽然在 L 江迄今未发现有大型鱼类的长距离洄游，但是大坝拦腰阻隔了坝上、坝下鱼类的基因交流，特别是库区及其以上河段，鱼类栖息地的丧失和生境的片段化，使种群变小，近亲繁殖加剧，遗传多样性丧失，可能导致种群的衰退，加速物种自然灭绝的进程。

10.5.9　社会经济

该工程涉及潞西、陇川、梁河 3 个县（市）的 7 个乡镇 21 个村，对这些乡村社会经济（节点 84）产生一定影响，主要体现在水库淹没（节点消失）、工程建设（节点 22）及移民（节点 85）等几个方面。

10.5.9.1　水库淹没对社会经济的影响

（1）水库的兴建，使 L 江河谷两岸淹没线以内原有林地、耕地变为水体，导致林地、耕地、园地面积减少，水域面积增加，虽然将开发荒山荒坡作为耕地园地损失补偿，但空间分布上已发生改变，且以减少自然植被面积为代价。

（2）水库淹没造成粮食、林木、经济作物等直接损失，同时遭受损失的还有房屋 109 925.49m²、公路 116.1km、14 座桥梁及输电线路等。

（3）水库淹没对于居住条件的影响。水库淹没产生了移民，移民安置原则是使之生活水平不低于搬迁之前，居住条件是生活水平标志之一，亦应不低于原有水平，该工程移民原住房多为砖木结构（53 588.31m²），其次为土木结构（30 209.64m²），搬迁后经统一规划、建设，其居住环境绝大部分将得到改善。

10.5.9.2 工程建设对社会经济的影响

（1）加强了地方电网建设，缓解枯水期电量不足矛盾，通过调峰维持电力平衡，发电效益良好。L 江水电站建成后，多年平均发电量 $10.25 \times 10^8 kW \cdot h$，保证出力 67MW。

（2）提高了下游农田防洪标准，防洪效益显著。L 江水电站枢纽建成后，通过削峰、错峰与下游堤防结合，可使干流下游农田的防洪标准进一步提高，使畹町、姐告、瑞丽等开发区的防洪标准达到 50 年一遇，水库多年平均防洪效益显著。

（3）促进水产养殖业、旅游业的发展，改善水库下游供水状况。由于水库枯水期放流，将极大改善水库下游用水状况，如灌溉、城市用水等，也将促进水产养殖业的开发及沿江旅游业的发展。瑞丽与畹町两市已于 1992 年起联合考虑沿瑞丽江开展竹伐漂江游项目，并列入州"九五"计划中，L 江水电站枢纽的建设必将促进旅游项目的发展。该工程使下游遮放坝、瑞丽坝农田灌溉用水有了保证。

（4）促进了第三产业的发展。受淹没影响的人群为发展第三产业提供了充足的劳动力资源。农村移民住宅及枢纽工程、施工临时建筑的建设等都将促进地方建筑、建材业的发展，一部分人员将投入该行业中。几千人的施工队伍及长达四年多的施工，必将刺激当地商业、服务业的发展。移民资金的投入为移民区第三产业发展提供了良好条件。

10.5.9.3 移民对社会经济的影响

（1）增加了移民迁入区人口密度和土地负荷。空间上生产经济建设向库周移民后靠区集中，移民集中近迁点区域经济将迅速发展，土地资源很快得到开发利用。

（2）农村产业结构得到调整，由原来较单一的种植业发展成多种经营。移民生活水平得到提高。

（3）发展甘蔗种植基地，促进糖业发展。该工程移民生产安置开垦大量甘蔗地。据调查，开垦甘蔗地每亩纯收入可达 300 元以上。

（4）水利设施得到发展和完善，提高作物单产。工程将新建一定数量的水库和渠道，改善水利条件，解决灌溉问题，提高作物单产，可取得显著的经济效益。

（5）基础设施得到进一步加强。该工程在移民安置区建设大量的供水设施、高压线路、低压线路、变压器、乡路、通信线路等设施，使人们生活有了保障。

10.6　综合评价与结论

10.6.1　矩阵评价

根据上述分项分析，结合国际大坝委员会推荐的矩阵分析法（Van Pyne，1966；Van Dyne et al.，1963；萧炎泉，2004），该代建项目对所处生态系统的影响结果，见表 10-8。由表 10-8 可知，工程的防洪、发电、灌溉等功能都将对社会经济产生有利影响，工程的建设也将不可避免地对生态、水质产生一定的负作用，因此应采取必要措施加以控制。

10.6.2　环境影响评价结论

10.6.2.1　L 江水电站枢纽工程对环境的主要有利影响

（1）防洪效益显著，保护坝下人民生产建设正常发展，免受洪水侵害，沿岸土壤植被免遭洪灾，进而保护生态环境。

（2）L 江水电站发电、调峰为该区电网增加了电力，同时解决了枯水期电量不足的矛盾。

（3）灌溉功能为为下游遮放坝区、瑞丽坝区解决了水量不足的矛盾，同时也满足了零散灌片的用水需要；城市供水满足了畹町市用水的需要，也为瑞丽市提供了部分工业用水。

（4）振兴地方经济，社会经济效益显著。该工程的防洪、发电、灌溉、供水等功能都将促进潞西市、陇川县、畹町市及瑞丽市经济的发展，水库移民也将促进其迁入区经济建设，工程施工期将带动第三产业的发展，尤其建材业、服务业等，增加了剩余劳动力就业机会。最小放流量使下游用水有了保证。

（5）整体上水库建设将有利于区域生态质量的改变，库体的形成扩大了水域面积，为水鸟涉禽提供了良好的栖息场所，为恢复森林植被创造了有利条件。

（6）局部气候环境得到改善，有利于农业生产。

（7）库体利于水中污染物沉降、降解，对水质起到一定保护作用。

（8）移民及库区两岸居民生活水平将得到进一步提高。

（9）水库利于水产养殖业的发展，移民安置过程中将促进新企业的形成及经济作物的生产，故该工程利于调整区域生产结构，使其向多元化、合理化发展。

（10）大坝、水库、人工控制放流等利于旅游业发展。山清水秀、库面碧波荡漾必将吸引游客来此观光，品尝鱼美稻香，领略少数民族风土人情。水库放流也使瑞丽江漂游有了保证。

（11）有利于水生生物的发展。建库后，水环境发生变化。水深加大，水温变幅减小，利于水生生物生长繁殖，蓝藻、绿藻增多；适于有机质丰富环境中生存的浮游动物增多；适于静水、泥沙底的底栖动物如寡毛类、软体动物等增多。

（12）交通得到改善。施工过程中，河流两岸各建三条粗渣路，总长18.7km，为四级路面；场内永久公路新扩建4.0km，为三级路面；场内临时公路32.3 km。在坝下1.5km处建施工桥一座。民迁入区交通状况也将得到改善。

10.6.2.2　L 江水电站枢纽工程对环境的主要不利影响

1）水库淹没

该工程水库将淹没耕地19 571.4亩、林地21 712.8亩、园地286.5亩，直接或间接造成经济损失，此外，还将淹没房屋109 925.49m²、公路116.1km、桥梁14座、输电线路84.8km和通信线路32.8km等。

2）工程施工

施工过程中，将破坏一定量的土壤和植被，造成局部大气、噪声、水质、生态等污染；采石取料、混凝土拌和、车辆运输等将对大气产生污染，主要污染物为粉尘。放炮采石、骨料加工、混凝土拌和、坝区施工等将产生噪声污染。受噪声及人员活动影响，有些动物将向后迁退。筛分废水、生活污水及医院废水等对L江水质产生污染，主要污染物为SS，其次为COD、BOD_5。

3）移民

该工程2008年导致4042人迁房移民，使其迁往它方，重建家园，他们在恢复生产、生活过程中，必将对生态环境产生不利影响，如开荒、建宅取料、生产、生活排污等，同时，移民也使其迁入区人口密度加大，人均土地占有量减少。

4）水生生物

一些喜流水生生物的种类及数量减少。土著鱼类将发生适应性迁移，外来种群趋于庞大。

10.6.2.3　结论

经过资料收集、建立评估区生态系统无标度网络模拟模型、通过环境质量状况调查、工程分析、工程对环境的影响分析与评价，其结论是 L 江水电站枢纽工程对周围环境质量状况的影响既有有利一面，也有不利一面。综合而论，"利"远大于"弊"，有利影响是多的、长远的；不利影响是少的、暂时的；许多不利影响是可避免的。工程对当地防洪、电力、灌溉等经济建设有着重要意义，整体上水库建设将有利于区域生态质量的改变，库体的形成扩大了水域面积，为水鸟涉禽提供了良好的栖息场所，为恢复森林植被创造了有利条件。从环境角度出发，该工程兴建可行。

10.7 本 章 小 结

在已确立复杂生态系统的无标度网络模型，特别是确定了网络演化算法之后，进行实际运用的唯一障碍就是确定网络的层次结构。依据研究对象的不同，可以相应地将生物圈、景观、群落、种群、个体、器官、组织或细胞确定为研究层面。不同的研究层面决定了所构建的无标度网络的复杂程度。一般而言，所构建的网络的层面越细微，网络的节点就越多，连接越复杂，所得到的演化结果也越具有可信性。本章针对 Y 省 L 江水利枢纽工程，利用已收集到的数据和相关生态学知识，建立了种群层面上的无标度网络，并将待建工程作为定向干扰，研究了复杂生态系统的初步演化，并得出了相关结果。

11　本篇总结与展望

11.1　研　究　总　结

　　生态系统是可持续发展理论的研究基础和对象，也是多年来学术界关注的焦点，因此确定生态系统的范畴及相应的研究理论和方法是十分重要和必须的。本篇将人为因素纳入经典生态系统概念，得到了复杂生态系统的概念和研究范畴，并将其确定为本篇的研究对象。以生态学、系统科学和管理科学等为理论基础，以 Y 省 L 江水利枢纽工程为背景，结合具体实际情况，运用耗散结构理论、自组织理论、系统动力学理论和无标度网络理论等研究复杂生态系统中人、自然（生态、资源、环境）与经济、社会的相互关系和运行机制，探索其演化过程，对复杂生态系统的无标度性进行了研究。本篇的主要创新成果主要有以下几个方面。

　　（1）生态系统是当前生态学研究的重中之重。针对学术界在生态系统问题上观点众多的状况，将人为因素纳入研究范畴，提出了复杂生态系统的概念。同时明确了由于基本概念的变化导致了传统的研究对象和方法的不科学性，确立了复杂生态系统理论的研究对象和研究方法。

　　（2）耗散结构理论和自组织理论是系统科学领域重要的基础理论。本篇从两个不同的层面，揭示了复杂生态系统的耗散结构和自组织特征，在此基础上分析了复杂生态系统的演化特征和演化过程。据此，本篇论证了传统的还原法理论在复杂生态系统研究方面的局限性，提出了针对研究对象的系统性，系统科学的手段是不二的选择。

　　（3）本篇从复杂网络理论的角度首次提出并证明了复杂生态系统的无标度性，并以系统科学领域最新成果——无标度网络理论为基础，对建立复杂生态系统的无标度网络模型和运用模型的演化进行预测的可能性进行了详尽的论证。其基本理论思路是对复杂生态系统中的各个组织单元所对立的网络节点的属性及其所属连接进行计算，以判定该节点是网络中的集散节点还是普通节点。而后利用复杂网络浏览的相关概念证明任何对集散节点足够大的扰动必然使系统崩溃，而对普通节点的扰动却会消散在其鲁棒性之中。

（4）无标度网络理论的研究重点在于节点间建立连接的概率分布。本篇利用复杂生态系统独特的反馈机制，设计了计算连接概率的新的算法，并利用了系统动力学理论证明了该算法演化过程的无标度性。利用这种算法可以很好地模拟复杂生态系统中各种物质和信息流的传递方向和扩散性，对真实地模拟复杂生态系统具有重要意义。

（5）本篇针对复杂生态系统的一般性，就其各组成因子构建了相应的无标度网络模型，并通过相互间的关系，确定了集散节点使之组成一个完整的集约性网络。这个复杂生态系统的无标度网络模型是建立在群落的层面上的，具有普适性的模型。该层次模型将不同层次的生态系统概念作为网络的节点，将复杂生态系统内的各种物质和信息流作为相关节点间的连接，切实地模拟了现实中的生态系统的演化状态，并对演化过程中的前提和步骤做了明确界定。

（6）本篇利用翔实的数据，对复杂生态系统的无标度网络模型进行了实证分析。针对 Y 省 L 江水利枢纽工程的生态现状建立了相应的模型，将待建项目作为外加定向扰动引入模型的演化过程，利用相关的生态学理论对模型的演化结果进行了比照和分析，得到了与理论意义和实际意义相关的结论，证明了复杂生态系统的无标度网络模型的可行性和可操作性。

11.2 研究展望

复杂网络理论，特别是无标度网络理论，在复杂生态系统的研究方面具有重要的理论意义。虽说本篇在这方面的理论探索取得了一定的成果，但相对于无标度网络理论和复杂生态系统理论的丰富内涵，这些成果只是很小的一部分，还需要进一步的充实和发展。我们认为，对复杂生态系统的无标度性研究尚需在以下诸方面做进一步的探索。

（1）复杂生态系统除了具有无标度性之外，是否在局部或全局范围内具有小世界的特性。根据现有的生态学理论，最长的食物链也只有六级，则食物网很可能是一个小世界网络，证明这一点将对生态系统学的研究引入一个全新的视角。

（2）如何在 N 维空间中构架复杂生态系统的无标度网络模型。这样可以利用各节点的 N 维坐标定义相关节点的属性，不仅可以通过度的存在标示节点间的相关性，而且可以利用节点间的范数的概念表示其间的紧密程度，从而更好地模拟现实中的生态系统的运行特征。

（3）利用无标度网络理论对生态系统中的混沌现象进行解释和模拟，探索预测、控制和利用混沌的可能性。

（4）如何判定复杂生态系统的无标度网络模型演化过程中的稳态。

（5）运用博弈论中的得益函数概念考虑节点间连接的关系，从而做出更进一步的定量评估。

（6）传统网络理论和复杂网络理论，即随机网络理论和无标度网络理论相结合，探讨复杂生态系统的无标度网络在连续的随机扰动下的演变。

（7）复杂网络理论，无标度网络理论和复杂生态系统均是当前的热门课题，其研究领域众多。

本篇对复杂生态系统的无标度性研究取得了一些成果，但限于个人的学术修养水平，难免有许多未尽之处，因此有待在深入研究的基础上发展完善。

参 考 文 献

W D 比林斯 . 1982. 植物、人和生态系统 . 北京：科学出版社 .

蔡庆华，吴刚，刘建康 . 1997. 流域生态学：水生态系统多样性研究和保护的一个新途径 . 科技导报，（5）：24-26.

蔡晓明 . 2000. 生态系统生态学 . 北京：科学出版社 .

陈兰荪等 . 1988. 生物数学引论 . 北京：科学出版社 .

陈灵芝 . 1993. 中国的生物多样性——现状与保护对策 . 北京：科学出版社 .

陈文祥 . 2005. 水库建设对生态资产的影响及其评价 . 水利发展研究，（10）：9-14

陈晓，丁光 . 2004. 浅议水电建设过度发展与环境保护 . 水资源保护，（6）：59-61

陈伊恂 . 2005. 怒江水电开发是怒江实现可持续发展的必由之路 . 云南水力发电，（6）：1-3，6

陈禹 . 2001. 复杂适应系统（CAS）理论及其应用——由来、内容与启示 . 系统辩证学学报，（4）：

崔启武，Lawson G. 1982. 一个新的种群增长数学模型——对经典的 logistic 方程和指数方程的扩充 . 生态学报，（4）：

戴群英，等 . 2005. 水库富营养化问题及相应对策 . 水土保持研究，（6）：61-63.

戴汝为，沙飞 . 1995. 复杂性研究综述：概念与方法论 . 自然杂志，17（2）：73-78.

戴跃华，史超，刘先姗 . 2006. 温度荷载对大坝运行期位移及应力的影响 . 中国农村水利水电，（1）：62-65.

邓红兵，王庆礼，蔡庆华 . 1998. 流域生态学——新学科、新思想、新途径 . 应用生态学报，（4）：443-449.

董杰，等 . 2005. 三峡库区耕地利用变化及其对策研究——以重庆市忠县为例 . 长江流域资源与环境，（3）：65-68，76

董全. 1996. 西方生态学近况. 生态学报, 16（3）：314-324.

董哲仁. 2005. 国外河流健康评估技术. 水利水电技术, 36（11）：15-19.

方美琪, 赵萱, 苏晓萌. 2005. 一种经济模型的计算机模拟与分析. 系统工程学报,（2）：
143-147.

房春生. 2002. 水利工程生态价值评价指标体系研究. 环境科学动态,（1）：5-10.

费斌, 蒋庄德, 王海容. 1998. 基于遗传算法求解分形无标度区的方法. 西安交通大学学报.

傅秀堂, 等. 2005. 水工程移民与环境. 人民长江,（12）：7-10, 55.

高德军, 徐卫亚, 郭其达. 2006. 长江三峡大石板滑坡计算参数反分析. 河海大学学报（自然
科学版）,（1）：74-78.

高拯民. 1990. 生态科学概论//马世骏. 现代生态学透视. 北京：科学出版社

葛永林, 徐正春. 2002. 论霍兰的 CAS 理论——复杂系统研究新视野. 系统辩证学学报, 2002
（3）：

郭发明. 2004. 都江堰的保护和发展是辩证的统一. 四川水利,（1）：20-22

郭慧光, 高虹. 2005. 怒江水电开发与生态保护. 人民长江,（11）：60-61

郭乔羽, 李春晖, 崔保山, 等. 2003. 拉西瓦水电上程对区域生态影响分析. 自然资源学报,
18（1）：50-57.

韩志勇, 等. 2006. 三峡库区坡地地貌过程的速率. 地理研究,（1）：71-78

洪尚群, 陈吉宁, 吴晓青. 2005. 怒江水电开发的生态保护战略. 人民长江,（11）：67-69

侯玲. 2005. 环境系统决策与政府行为选择. 中国科技信息,（15）：84.

黄岁梁. 1998. 泥沙运动引起的环境问题及环境泥沙学. 科学进展,（4）：313-318.

金哲, 姚永抗, 陈燮君. 1986. 世界新学科总览. 重庆：重庆出版社.

金哲, 姚永抗, 陈燮君. 1990. 世界新学科总览续编. 重庆：重庆出版社.

李博. 2000. 生态学. 北京：高等教育出版社.

李锦秀, 廖文根, 黄真理. 2002. 三峡工程对库区水流水质影响预测. 水利水电技术,（10）：

李克让, 曹明奎, 於俐, 等. 2005. 中国自然生态系统对气候变化的脆弱性评估. 地理研究,
24（5）：653-663.

李炜. 2001. 演化中的标度行为和雪崩动力学. 武汉：华中师范大学.

李文华. 1998. 人与生物圈计划的思想形成与发展. 中国生物圈保护区,（3）：4.

李耶波. 1988. 应用生态学理论概述. 生态学进展,（5）：9-14.

李医民, 胡寿松, 郝峰. 2004. 复杂生态系统的模糊数学模型. 模糊系统与数学, 18（2）：
89-99.

李振基, 陈小麟, 郑海雷, 等. 2000. 生态学. 北京：科学出版社.

李正霞. 2000. 水利工程与生态环境. 陕西水力发电,（3）：31-32.

梁知新. 1995. 人与生物圈计划（MAB）简介. 水利水电科技进展,（3）：31-34.

林鹏. 1986. 植物群落学. 上海：上海科学技术出版社.

刘珂, 陈海棠. 2003. 景观生态学在水库环评中的应用. 环境污染与防治, 25（4）：228-230.

刘平舟，刘志汉．1988．生态系统持续生存的 Ляпунов 直接方法．生物数学学报，3（2）：122-131.

陆军，郝大举．2005．环境风险评价简介．污染防治技术，18（6）：31-36.

陆佑楣．2005．中国水电开发与可持续发展．中国三峡建设，（1）：4-6，71

马克平．1993．试论生物多样性的概念．生物多样性，（1）：20-22.

马世骏，王如松．1993．复合生态系统与持续发展．北京：科学出版社．239-250.

马世骏等．1990．现代生态学透视．北京：科学出版社．

马知恩．1996．种群生态学的数学建模与研究．合肥：安徽教育出版社．

毛战坡，彭文启，周怀东．2004．大坝的河流生态效应及对策研究．中国水利，（15）：43-46.

蒙吉军，申文明，吴秀芹．2005．基于 RS/GIS 的三峡库区景观生态综合评价．北京大学学报（自然科学版），（2）：9-12，7

邵爱军，彭建平．2005．三峡工程对长江河口地区土壤水盐动态的影响．中国农村水利水电，（9）：9-12.

沈韫芬，蔡庆华．2003．淡水生态系统中的复杂性问题．中国科学院研究生院学报，20（2）：131-138.

苏智先，等．1993．生态学概论．北京：高等教育出版社．

孙儒泳．1982．生态学与人类．哈尔滨：黑龙江科学技术出版社．

孙儒泳．1983．种群科学管理与数学模型——种群的盛衰兴亡．上海：上海科学技术出版社．

孙儒泳．1986．近代的生态学．北京：科学出版社．

孙儒泳．1992．动物生态学原理．北京：北京师范大学出版社．

孙儒泳．2001．动物生态学原理．3 版．北京：北京师范大学出版社．

孙儒泳等．1993．普通生态学．北京：高等教育出版社．

汪克田．2005．寻找被淹没的文化——重庆市云阳县移民社区规划．规划师，（7）：51-54.

王荣良．1982．依赖时间的 Logistic 方程正的周期解及其稳定性．中国海洋大学学报（自然科学版），（2）：1-8.

王如松，欧阳志云．1996．生态整合——人类可持续发展的科学方法．科学通报，（41）：47-67.

王寿云，于景元，戴汝为，等．1996．开放的复杂巨系统．杭州：浙江科学技术出版社．

王文清，陈万清．2000．系统科学与生命起源//许国志．系统科学与工程研究．上海：上海科技教育出版社：552-563.

王兴奎，等．2005．都江堰防洪方略探讨．水力发电学报，（4）：31-35.

王志国．2001．区域开发生态影响评价方法及应用．上海环境科学，20（7）：343-358.

王众托，1991．系统工程引论．北京：电子工业出版社．

魏鹏，等．2002．高州水库水质与浮游生物动态分析．应用与环境生物学报，（2）：165-170.

吴刚，蔡庆华，1998．流域生态学研究内容的整体表述．生态学报，18（6）：575-581.

吴平勇．2004a．都江堰发展与保护的若干问题．中国水利，（18）：59-61.

吴平勇.2004b.都江堰发展与保护中的若干问题探讨.四川水利,(1):25-29.

萧炎泉,朱达仁,赵振成,等.2004.生态环境管理系统建立之研究.第二届营建产业永续发展研讨会论文集.

谢旻,陈蕾.2005.怒江水电开发耽误不得.中国投资,(12):40-42.

徐燕飞.1999.无标度的层次分析法在教育评估中的应用.广西工学院学报.

许涤新.1988.生态经济学.杭州:浙江人民出版社.

杨东贞,等.2005.密云水库区域大气-土-水污染过程复合相关源.中国科学地质科学,(S1):195-205.

杨涛.2005.水库移民管理决策探讨.南水北调与水利科技,(5):62-64.

杨文军.1997.水库淹没处理设计中耕地补偿计算方法初探.东北水利水电,(5):24-45.

杨一光.1990.云南省综合自然区划.北京:高等教育出版社.

伊利亚·普里高津.1998.确定性的终结:时间、混沌与新自然法则.湛敏,译.上海:上海科技教育出版社.

虞泽苏,秦自生,郭延蜀等.1998.二滩电站工程对陆生植物和植被的影响与对策.四川师范学院学报(自然科学版),(1):60-64.

约翰·布里格斯,F.戴维.皮特.1998.湍鉴——混沌理论与整体性科学引论.刘华杰,潘涛,译.北京:商务印书馆.

云南植被编写组.1987.云南植被.北京:科学出版社.

张炳根.1990.生态学数学模型.青岛:青岛海洋大学出版社.

张和平,刘云国.2002.环境生态学.北京:中国林业出版社.

张文国,陈守煜.1999.水库工程多项目混合系统环境影响评价及方案优选.大连理工大学学报,(3):451-454.

张知彬,王祖望,李典谟.1998.生态复杂性研究——综述与展望.生态学报,18(4):433-441.

邹秀萍,等.2005.怒江流域土地利用/覆被变化及其景观生态效应分析.水土保持学报,2005(5):

A, L. S. , 1999. Fragile Dominion. Massachusetts: Perseus Books.

Allee T F H, Starr T B. 1982. Hierarchy: Perspectives for Ecology Complexity. Chicago: University of Chicago Press.

Bak P, Tang C, WiesenfeldK. 1988. Self-organized criticality. Physical Review A, 38(1): 364-374.

Baker D, Young J, Arocena J M. 2000. An integrated approach to reservoir management: the williston reservioir case study. Environmental Management, (5): 565-578.

Bednarek A T. 2001. Undamming rivers: a review of the ecological impacts of dam removal. Environmental Management, (6): 803-814.

Berlow E L, Navarrete S A, Briggs C J, et al. 1999. Quantifying variation in the strengths of species interactions. Ecology, (80): 2206-2224.

Buffington L C, Herbel C H. 1965. Vegetation changes on a semidesert grassland range from 1858 to 1963. Ecological Monograph, (35): 193-164.

Ciering E. 1983. The competition in ecological system. Fuzzy Sets and Systems, (9): 103-127.

Cohen. J E. 1990. Community Food Webs: Data and Theory. New York: Springer-Verlag.

Elton C S. 1927. Animal Ecology. London: Sidgwick and Jackson.

Fearnside P M. 2001. Environmental impacts of Brazil's tucurui dam: unlearned lessons for hydroelectric development in amazonia. Environmental Management, (3): 377-396.

Fisher S G. 1994. Pattern, process and scale in freshwater systems: some unifying thoughts//Giller PS//Aquatic Ecology: Scale, Pattern and Process. Oxford: Blackwell Science Ltd: 575-592.

Golley F B. 1993. A History of the Ecosystem Concept in Ecology : More than the Sum of the Parts. New Haven: Yale University Press.

H, O. R. G. R. W. D. E. , Chaotic models as representations of ecological systems. American Naturalist, (120): 259-263.

Harary F. 1959. Status and contrastatus. Sociometry, (22): 23-43.

Harary F. 1961. Who eats whom? General Systems, (6): 41-44.

Hna N. Tian LX, Yao HX. 2005. Almost periodic solution for a class of lotka-volterra type n-species ecological systems with time delay. Journal of Systems Science and Complexity, (4): 131-135.

Hunt H W, Trlica M S, Redente E F, et al. 1991. Simulation model for the effect of climate change on temperate grassland ecosystems. Ecology Modelling, (53): 205-246.

Huxham M, Beaney S, Raffaelli D. 1996. Do parasites reduce the chances of triangulation in a real food web? Oikos, (76): 284-300.

Jordán F. Takács-Sánta A, Molnár I. 1999. A reliability theoretical quest for keystones. Oikos, (86): 453-462.

Jorgensen S E. 1992. Integration of Ecosystem Theories: a Pattern. Dordrecht: Kluwer Academic Publisher.

Klijin F. 1994. Ecosystem Classification for Environment Management. Dordrecht Kluwer Academic Publishers.

Kumar H D. 1992. Modern Concepts of Ecology. 7th ed. India: Vikas Publishing House Pvt Ltd.

Ligon F K, Dietrich W E, Trush W J, 1995. Downstream ecological effects of dams. Bioscience, (3): 183-192.

Lindeman R L. 1942. The trophic-dynamic aspect of ecology. Ecology, (23): 399-418.

Margalef D R. 1958. Information theory in ecology. Gen. System, (3): 36-71.

Martinez N D. 1991. Artifacts or attributes? Effects of resolution on the Little Rock Lake food web. Ecolg: cal Monographs, (61): 367-392.

May RM. 1976. Theoretical Ecology: Principles and Applications. Philadephia: W B Saunders.

May RM. 1986. When Two and Two do not Make Four: Non-linear Phenomena in Ecology. in Royal Society ofLondon.

May RM. 1988. How many species are there on earth. Science, 24 (4872): 1441-1449.

May RM. 1990. How many species? Phil. Trans. Roy. Soc. 330: 292-304.

Mearns LO, Katz RW, Schneider S H. 1984. Extreme high temperature event: changes in their probablities and changes in mean temperature. Journal of Climate and Applied Meteorology, (23): 1601-1613.

Memmott J, Martinez N D, Cohen J E. 2000. Predators, parasitoids and pathogens: species richness, trophic generality and body sizes in a natural food web. Journal of Animal Ecology, (69): 1-15.

Meng X Z, Zhang TQ, Lin H X. 2005. Asymptotic property for a lotka-volterrra competitive system with delays and dispersion. Annals of Differential Equations, (3):

Mooney E D H A Midgley a F. 1993. Biodiversity and Ecosystem Function. Berlin, Springer-Verlag.

Naughton, M. S. J. E. A., 1979. General Ecology. New York: Holt, Rinhart and Winston.

Naughton, M. S. J. E. A., 1989. Ecosystem-level, patterns of prinary productivity and herbivory in terrestrial habitats. Nature, (341): 142-144.

Odum E P 1981. 生态学基础. 5 版. 陆健健, 王伟, 王天慧, 等, 译. 北京: 人民教育出版社.

Odum E P. 1969. The strategy of ecosystem development. Science, (164): 262-270.

Odum E P. 1990. Ecology and Our Endangered Life Support System. Sunderland: Sinauer Associates Inc.

Odum H T. 1971. Environment, Power and Society. New York: Wiley Interscience.

Odum H T. 1993. 系统生态学. 北京: 科学出版社.

Olson J S. 1963. Analog computer models for movement of nuclides through ecosystems// Radioecology. Ohio: Van Nostrand Reinhold: 121-125.

Pahl-Wostl C. 1995. The Dynamic Nature of Ecosystems: Chaos and Order Entwined. Chichester: John Wiley & Sons.

Pauly D, Christensen V, Dalsgnard J, et al. 1998. Fishing down marine food webs. Science, (279): 860-863.

Pielou PEC. 1969. An Introduction to Mathematical Ecology. New York: Wiley-Interscience.

Pielou PEC. 1974. Population and Community Ecology: Principles and Methods. New York: Gordon and Beach.

Pielou PEC. 1977. Mathematical Ecology. New York: Wiley-Interscience.

Pimm S L. 1982. Food Webs. London: Chapman and Hall.

Poff N L R, Allen D, Bain MB, et al. 1997. The natural flow regime. Biosciences, (11): 769-784.

Pomeroy, L. R. E. A., 1988. Concepts of Ecosystem Ecology. New York: Springer-Verlag.

Ricklefs R E. 1979. Ecology. 2nd edn. New York: Chiron Press.

Rosa L P. Schaeffer R. 1995. Global warming potentials: the case of emissions from dams. Energy Policy, (23): 149-158.

Schuster H G. 2002. Complex Adaptive Systems. Saarbruskey: Scator Verlag.

Simpson R D, Christensen N L. 1997. Ecosystem Function & Human Activities. New York: Chapman & Hall.

Solé RV, Montoya. JM. 2001. Complexity and fragility in ecological networks. Proceedings the Royal Society B, (268): 2039-2045.

Stanford J A, Ward J V, Liss W J, et al. 1996. A general protocal for restoration of regulated rivers. Regualted Rivers: Research and Management, (12): 391-413.

Szekely M. 1980. From DNA to protein-the transfer of genetic information. Hampshire: Macmillan Press Ltd.

T, P. S. T. P. V. F. P. L. , ed. 1992. The new paradigm in ecology: implications for conservation above the speices//Conservation Biology: The Theory and Practice of Nature Conservation, Preservation and Management. New York: Chapman and Hall.

Tansley A G. 1935. The use and abuse of vegetational concepts and terms. Ecology, (16): 284-307.

Thom R. 1975. Structural Stability and Morphogenesis. Massachusetts: Benjamin Inc.

Van Dyne G M. 1966. Use of a vacuum-clipper for harvesting herbage. Ecology, 47 (4): 624.

Van Dyne G M, Vogal N G, Fisser H A. 1963. Influence of small plot size and shape on range herbage production estimates. Ecology, 44 (4): 746.

Vannote R L, Minshall G W, Cummins K W, et al. 1980. The river continuum concept. Canada Journal of Fisheries and Aquatic Sciences, (37): 130-137.

Walker B H. 1991. Ecological consequences of atmospheeric and climate change. Climate Change, (18): 301-316.

Ward J V, Stanford J A. 1995. Ecological connectivity in alluvial river ecosystems and its disruption by flow regulation. Regulated Rivers: Research and Management, (11): 105-119.

Westman W E. 1985. Ecology, Impact Assessment and Environmental Planing. New York: John Wiley & Sons.

Wiegert R G. 1976. Ecological Energetics. Dowden, Hutchinson & Ross: Stroudsburg, Pennsylvania.

Williams R J. 2001. Two degrees of separation in complex food webs. SFI Working Papers.

Wilson E O, Peter FM, 1988. Biodiversity. Washington: National Academy Press.

Yodzis P. 2001. Must top predators be culled for the sake of fisheries? Trendsin Ecology & Evolution, (16): 78-84.

下　篇
基于无标度网络的科技园区
创新网络运行机理研究

12 引　论

12.1　研究背景及意义

12.1.1　研究背景

科技园区至今已有近 60 年的发展历史，其兴起与发展是 20 世纪科技产业化的最重要的创举。科技园区自产生之日起便对世界各国（地区）推广高新技术及其产业发展，以及提升区域自主创新能力方面起着不可替代的作用。作为智力密集区发展的高级形态，科技园区是一个以智力资源为依托，以高新技术产业为主体，通过集聚效应形成的专业化程度较高的新型社区，具有高度集中的知识、技术、人才资源，具有集研发、生产、经营、教育一体化等特点。实践证明，科技园区的发展推动了整个世界科技革命和技术的创新进步，是自第二次世界大战以来众多国家和地区推动高新技术产业化及其创新发展的重要形式，尤其是发达国家实施本国高科技发展的重点战略和重要途径。美国硅谷科技园区的成功发展，引发了世界各地的效仿，同时引起了学术界对以企业网络组织为特征的地方高科技产业区的广泛研究。由于科技园区将具有共性和互补性的科技型企业与组织联系在一起，并置于一个特定的产业领域中，这对一个区域的创新和发展起到了至关重要的作用。概而论之，科技园区已成为引领区域创新的独特的区域经济发展模式，无论在发达国家还是在发展中国家，都在对所属区域的经济发展和科技创新发挥着巨大的作用。

科技园区最早发源于美国，早在 1947 年，时任美国斯坦福大学副校长 Frederick Ferman 曾提议在校园内开创一个小公司，并交由学生来管理，目的是为学生们提供开发新产品、实现新设计的平台。1951 年，Frederick Ferman 的提议最终变成了现实，以斯坦福大学为依托的斯坦福研究园（Stanford Research Park）正式成立了。斯坦福研究园的诞生标志着科技园区的正式出现，由于其大量生产硅片（电子工业所需要的最基本的材料），因而得名"硅谷"（Silicon valley）。"硅谷"很快成为世界知名的高新技术研究开发和制造中心，其成功发

171

展为推动美国科技创新发展作出了重要的贡献，而且成为世界各地纷纷效仿的典范。在不同的国家或地区，科技园区的发展过程和开发规模不同，因此有"科学园""科学城""技术城""技术园区""高新技术区""高新技术产业带"等不同称号，但其发展模式都具有相似性。在知识经济时代，科技园区不再是一个自我封闭的孤立系统，而是具有很强的开放性，科技园区的创新活动必然涉及区域创新网络与活动，由于每一项科技在创新过程中通常受到所在区域制度、文化等社会性因素的影响，因此，科技园区创新模式对企业创新具有重要的影响。科技园区创新模式的发展随着创新理论的发展而演变，自第二次世界大战以来，熊彼特的创新理论受到主流经济学家们的推崇，并成为新古典综合派的研究范畴，技术创新成为一门独立的学科，其发展模式经历着不断的演进。半个多世纪以来，创新模式的演进大体经历了从线性模式到网络模式的转变，见表 12-1 所示。

表 12-1　创新模式的发展历程

创新阶段	创新历程	创新模式
第一代	1950～1960 年	技术推动
第二代	1960～1970 年	需求推动
第三代	1970～1980 年	联合推动
第四代	1980～1990 年	整合推动
第五代	1990 年至今	系统整合网络模式

资料来源：Dodgson and Rothwell, 2000

众多学者认为创新并非是从发明开始到扩散的线性模式，而是发生在不同的创新源价值中的所有环节，创新更多的是通过协同作用产生的。创新从本质上讲是一个诸社会经济主体交互作用的学习过程（Lundvall, 1992）。因此创新主体基于怎样的合作模式对创新绩效具有重要的影响。随着创新活动日益频繁，企业在进行创新过程中，不仅涉及企业内部创新，更多的是与外部组织发生联系，以获取创新所需的知识、信息和其他资源，而且随着专业化分工的加剧，创新主体间的联系和相互依赖显得越来越重要，其结果是导致了创新网络的产生，也就是说，创新活动中不同主体协同作用的结果导致了创新模式由线性模式演化为网络模式。由于创新网络的产生有利于创新主体及战略合作伙伴在技术创新上进行协作，创新网络内部存在大量的网络联系渠道，有利于不同创新主体进行知识和信息的交流与传播，大大提高了创新主体的交叉思维能力，极大地提升了创新主体的知识和信息拥有量，尤其是创新主体通过网络建立起来的非正式联系对非编码信息的传递起到了不可替代的作用，实现了整个区域智力资源的整合，进而形成协同创新的能力，促进了更多的创新活动的产生。由于创新模式的不同，在创新活动的不同环节中，参与创新的部门及创新投入、创新范围和政策导向存在一定的差异，见表 12-2。

表 12-2　线性创新模式与非线性（网络化）创新模式的特征比较

比较项目	线性创新模式	非线性（网络化）创新模式
创新部门	先进企业和研发部门	所有企业、研发部门、研发类高校、科研院所及公共机构
创新投入	研发	研发、市场信息、非正式的实践知识、技术竞争等
创新范围	创新活动主要集中在核心区域	创新活动扩散在整个地理空间（网络）
政策导向	在非核心区域鼓励研发活动	构建区域创新系统（将更多的企业结为创新网络节点）

资料来源：Asheim，1998

创新网络最初应用在国家创新层次上，随着全球化进程的加快，区域创新系统（regional innovation system，RIS）开始建立，该类系统中应用网络系统、动态演化的观点，将创新活动与区域制度、文化、组织等因素结合起来，把区域创新活动和区域经济增长有机地联系在一起。鉴于科技园区的重要作用是为区域创新提供不竭的动力，其创新模式的发展必然影响创新绩效的关键因素，因此对科技园区创新网络的研究成为国内外学者研究的重点。例如，欧洲创新环境研究小组（GREMI）通过对欧洲高新产业区的研究，提出了创新网络、创新环境、学习组织等概念，并对创新系统进行了系统分析，对企业集群创新的条件和创新机理做了深入研究。

科技园区作为区域内科技资源最为集中的区域，其创新氛围直接影响企业创新能力的提高，发展良好的科技园区通常拥有完善的创新网络，借助科技园区创新网络，企业可以有效地加以创新，当新思想、新思路产生后，便可以通过科技园区的创新网络进行传播扩散，被有需求的企业获取并加以复制、创新和变异，进而引起技术革新。在创新网络中，大量的企业、人才、知识、资本和信息资源充斥着整个网络，这些资源促使了新技术、新产品的衍生。纵观世界上发展成功的科技园区都是引领世界创新的典范，如美国的硅谷、中国台湾的新竹、印度的班加罗尔等科技园区，这些园区发展成功的关键都在于园区内形成了一个完善的创新网络，通过创新网络，园区内企业可以建立长期、稳定的创新合作关系。Shiha 和 Chang（2009）通过研究比较了中国大陆和中国台湾的工业创新网络结构，发现中国大陆的创新多是通过公共部门的刺激，而中国台湾产业间的创新流量比中国大陆的效率高，这是因为中国台湾拥有完善的工业创新网络。

自 2008 年以来，金融危机席卷全球，世界各国几乎所有的经济体都受到了不同程度的影响，各地区充分认识到科技创新在促进区域发展的重要作用，正是那些创新能力强、科技含量高的企业才能有效地应对金融危机带来的冲击。自金融危机爆发以来，我国各地区不可避免地受到不同程度的冲击，然而以科技创新、自主研发为核心的高新技术产业却逆势增长，成为带领区域经济持续增长的关键性产业。作为我国高新技术产业发展的重要基地，国家高新区成为我国及各个地区应对金融危机的一个亮点。2008 年，全国 54 个国家级高新区实现营业总收入 6.5 万亿元，工业增加值达到 1.27 万亿元，比 2007 年增长 18.6%，占全国工业增加值的 8.8%；出口创汇 1957 亿美元，占全国总出口创汇额的 14%（数据来自《2009 年中国高新技术产业统计年鉴》）。历史经验表明，每一次大规模的经济危机都会催生重大科技创新和技术革命，重大科技创新及成果的转化往往推动世界经济走向复苏与繁荣。科技创新创造新的经济增长点、新的经济发展模式成为我国应对全球金融危机的最有效手段，也是实现经济平稳较快发展的重要支撑，科技创新为我国克服当前困难和促进长远发展将作出切实有效的贡献。作为我国高新技术产业发展的重要基地，国家级科技园区逆势发展成为金融危机下经济发展缓慢增长中的一大亮点。因此，为了加快我国高新技术产业发展，提高我国自主创新能力，各地区以前所未有的合作态度面对国际、国内形势，纷纷出台有利于促进经济与技术合作的产业发展政策，鼓励区域内外科技合作与互惠，加强企业与高校、科研院所、政府等部门的合作与交流，大力吸引外资发展科技园区，积极培育高新技术孵化器，这些政策的推出为促进区域合作、推动经济发展和技术进步起到了至关重要的作用，同时也为科技园区创新网络的发展提供了条件和基础。

12.1.2 研究意义

正是由于成功的科技园区体现出来的强大竞争力，众多国家和地区纷纷把发展科技园区作为提升区域自主创新能力的重要发展战略。选择具有一定条件的智力密集区，建立一种全新的高级形态——科技园区成为促进区域创新的有效举措（魏心镇和王辑慈，1993）。事实证明，科技园区发展水平高的地区，其自主创新能力则强，如美国的硅谷、中国台湾的新竹等地的科技园区为所在区域创新及可持续发展作出了重要的贡献。但不同地区、不同时期的科技园区发展水平和竞争力差别巨大，有的园区能够不断地进行技术创新和结构升级，创新效率较高，而有的园区创新效率低，技术更新缓慢，甚至逐步走向衰落。究其原因，主要是因为科技园区发展的背后，存在影响园区发展水平和竞争力差异的因素。其中，科技园区是否拥有完善的创新网络是影响高新科技产业发展好坏的核心问题，因为掌握科技园区创新网络发展的动力机制及其演化原理，可以帮助把握高新技术产业的发展规律和演变轨迹，而且完善的创新网络能够帮助科技园区及其企业得以持续、健康发展。因此，研究科技园区创新网络的结构、动力机制及其演化过程是一个既具有理论价值又具有实践意义的重要课题。

在经济全球化大背景下，随着科学技术的高速发展，技术生命周期在不断缩短，技术创新步伐在不断加快，而创新难度却不断加大，创新成本不断增加，这使得众多企业无论在技术上，还是在人才及研发资金投入上都难以靠一己之力完成技术创新，于是创新主体开始由个体单打独斗向群体合作发展。随着企业间创新合作规模、合作范围的不断扩大，产业集群在地域上的局限性越来越明显，企业认识到单凭自己拥有的资源难以在短时间内取得创新，要想谋求技术领先、占领市场，寻求创新合作是最佳选择。一方面，通过与区域内其他企业构建网络组织，利用网络内共享资源，可以实现企业动态联盟的局部优化；另一方面，通过网络突破地域性局限，共享全球性的信息资源和技术互补，可以降低创新风险、突破各种技术壁垒，增强国际竞争力。此外，借助创新网络，网络内的企业与科研院所、地区政府、专业中介机构等组织和个人之间建立正式或非正式的合作交流关系，形成有利于创新主体交流学习的创新环境，从而为园区内企业获得重要的协同作用和技术产品的交叉繁殖提高了便利条件。对于科技园区内的企业来讲，网络可以把企业通过网络形式连接到所在区域的创新系统中，加快创新活动在空间上的扩散。创新网络可以提高各种正式或非正式的交流学习渠道，有效促进各种创新知识及信息的流通，信息渠道的畅通加快了新知识新思想的传播，使创新活动突破了仅在大企业内部或科研院所实验室进行的传统模式。科技园区内企业通过网络创新进行有效的合作，大大降低了企业间的交易费用和创新成本，增强了企业整体的核心竞争力。科技园区创新网络能够充分调动多个不同创新主体共同参与创新，且能激发众多主体的创新动力，进而促进新思想、新技术、新产品的诞生，同时促使新的企业诞生，最终促进整个科技园区的可持续发展。完善的创新网络能够大幅度增强企业的研发能力，不断吸引各类研发中心转移到园区中，科技园区将发展成为以"创新链"为主的增值方式，发展动力来自园区形成的创新文化及吸引的风险资本等。随着创新网络的成熟，大量的原创性创新将涌现，园区经济能够保持高速增长，高附加值的产出将大量出现。

近年来，我国在科技产业化及科技园区的创新方面取得的成就已引起国际上的普遍关注。截至 2009 年年底，我国国家级高新技术开发区有 54 个；国家大学科技园区有 69 个，依托国内 31 个省份 109 所大学而建。这些科技园区的创新能力直接影响着我国自主创新能力的提升，随着我国改革开放的进一步推进，科技园区已成为推进我国自主创新的重要战略方式。在全球激烈竞争的形势下，投资研发创新项目的投资回报率极具风险性，尤其是高科技产品和技术的研发与创新，而发挥科技园区在产业集聚效应，以及发挥科技园区在创新环境上的优势正是高新技术得以发展的重要动力因素，这种动力因素不仅体现在对整个科技园区的创新环境和创新氛围的优化，重要的是对科技园区创新网络体系的优化上。加快建设创新型科技园区是顺应新技术革命浪潮的必然趋势，因为科技园区能否健康发展，是关乎我国"科教兴国"和"可持续发展"战略成功实施的根本，尤其体现在增强我国的自主创新能力上，其中主要体现在两个方面：一是有利于丰富和完善科技园区创新网络的理论和方法；二是有利于提高科技园区创新管理决策的科学化水平。

目前，我国众多科技园区尚未形成完善的创新网络，实质上只是一些科技型企业的集聚行为，多数园区采取的是外延式的增长模式，区内企业创新能力不足，增长优势不明显，市场竞争力不强。科技园区创新能力不强问题源于对科技园区创新模式研究的不足，现有的园区创新模式忽视了科技园区的微观机制，缺乏对企业自身性质和相互作用的机理研究，忽视了企业创新的内涵，忽视了科技园区内生知识的产生、扩散和利用机制，忽视了园区创新主体间复杂的联系（段存广和李建昌，2010）。虽然众多科技园区都有较完备的硬件条件和大量的创新主体，但其创新网络的发育很不完善，没有形成密集的网络联系渠道，园区内企业相对独立，企业间少有业务上的联系，更谈不上合作，仅是地理范围内的集中在一起而已。有的园区在规划初期就已将本地企业与外资企业割裂开来，学习外国先进的创新理念等愿望只是一个美好的愿望。这样的科技园区的创新能力仅仅停留在"1+1=2"的水平，因为在没有完善的创新体系，没有良好的创新制度约束的环境里，一个企业的创新往往引起同行业的模仿创新，最终导致恶性竞争，这必然会打击那些有主动创新意识企业。如果一个科技园区内通过专业化的分工机制和区内社会资本，建立起完善的创新合作网络，那么企业间可以相互协作，共同创新，进而共同发展，形成良性循环，必然会不断提升区域创新能力。

实践证明，科技园区创新网络能够有效促进企业之间、企业与高校或科研院所之间，以及企业与其他服务机构间建立密切的联系，通过网络交流和学习，构建有效的"创新合力"，以"合力"进行创新活动。科技园区创新网络具有加速创新知识和信息流动，有效整合互补性资源，进而促进协同创新的功能与作用。创新主体通过网络的集体学习，能够加速新思想、新技术、新知识等创新资源的流动，新思想、新技术和新知识在网络中交互循环、反复碰撞，不断地被网络主体进行分析、加工和处理，并产生新的决策，再次通过网络加以扩散和传播，进而产生知识溢出效应，即产生了知识和信息增值，这便是集体创新的过程。科技园区创新网络不仅为园区内企业创新节约成本，提高创新效率，而且能有效增强科技园区的集聚力和辐射力，进而带动整个区域自主创新能力的提高。因此，研究科技园区创新网络的演化机理、网络结构与特征，以及创新主体间竞争与合作关的关系，丰富了区域创新网络研究方法和内容，并为科技园区创新网络的培育与优化奠定理论基础。对科技园区创新网络演化机理研究，同时了解某个企业在创新网络中的作用和地位，对加速行业内新技术、新知识和信息的传播、扩散和增值，指导科技型企业如何利用创新网络提高自己的创新能力，减少创新环节，节约创新成本，进而提升整个科技园区创新水平，对区域自主创新能力的提高具有重要的理论和现实价值。

12.2　国内外研究综述

12.2.1　国外研究现状

创新网络的研究最初源于对网络的研究，网络概念最早出现于 20 世纪 60 年代。Hakansson（1987）认为网络通常由网络行为主体、网络活动和网络资源三个要素组成，其中网络行为主体可以是个人、企业或企业集群，同时也包括政府、中介组织和教育培训组织等；网络活动是指行为主体间进行知识和信息的传递，企业内外资源的传递，以及网络中知识、信息和技术和生产要素等资源的流动；网络资源包括有形资源和无形资源。在网络中行为主体是网络中的"节点"，网络活动便是节点间的"连接"，网络资源则是指信息流、知识流、物流、资金流等。对网络研究的深化引出了对创新网络的研究，最早将创新和网络联系在一起研究的是美国的社会网络学家 Burt，他指出社会网络中存在的信息传播和社会影响的传递两个过程对技术创新扩散产生了显著影响（Burt，1983）。Freeman（1991）在创新网络深入研究的基础上对创新网络进行了分类，如企业和研发公司、技术交流协议、合作研发协议、许可证协议、分包、生产分工、由技术因素推动的直接投资和供应商网络、政府资助的联合研究项目等。基于对前人的研究，Rosalba 等（2000）指出利用创新网络可以分析企业间如何通过合作协议、分包协议、管理契约、研发合作方式和产品共享等方式，更好地经营、提高管理水平、提升科研能力和优化市场定位。

从创新网络形成的原因来看，创新网络形成的原因有多种。DeBresson 和 Ammesse（1991）指出创新网络产生的原因有很多，但主要有三类因素：一是技术和市场的不确定性，二是技术的复杂性，三是技术合作成功后所产生的附加收益。借助创新网络，企业以较高的效率获取所需的技术和市场信息，并在创新系统中占据重要位置，在面对不确定的市场和技术环境中，企业参与创新过程中最重要的战略行为就是区域内网络的连接。区域内网络的连接是区域内各个创新主体加快发展的必要条件，企业之所以形成网络组织的原因是为了获取更多的互补资源（Camagni，1991）。从创新网络的结构和内部作用关系角度看，创新网络的结构及关系错综复杂。1998 年，联合国贸易与发展组织指出企业间正式与非正式的合作网络可以有效应对全球化竞争带来的冲击，因为企业的竞争不仅在于价格的竞争，更多取决于企业的创新能力，而企业间的合作网络能够有效提高企业技术能力和创新能力。经济合作与发展组织（Organization for Economic Cooperation and Development，OECD）在研究国家创新系统时曾指出，创新活动是一种系统的活动，很少孤立发生。从事创新活动的网络化主体之间的联系和相互依赖是研究产业集群的重点。Rowley 等（2000）通过区分网络中强弱联系占主导地位的不同，认为不同类型的网络结构对企业绩效的影响与产业类型密切相关。对于半导体产业，对企业绩效具有促进作用的通常是具有弱联系的网络；对于钢铁产业，强联系的网络结构是适当的选择，因为强联系的网络具有高度的关联性，适合于通过运用知识进行逐步的渐进式的创新，而不适合进行快速的根本性的创新。Ahujia（2000）对企业绩效与企业通过网络内外进行沟通的能力之间的关系做了实证研究，结果表明在动态复杂的工业环境中，创新与企业互联网的使用程度，以及企业成员是否参与决策之间具有正相关关系。

从创新网络对企业发展作用分析，福斯（2003）认为区域能力来源于企业在"企业网络"的相互作用；DeBresson 和 Amesse（1991）指出技术型企业如果离开了创新网络将难以生存，因为创新网络可以有效降低企业在创新过程中遇到的技术与市场方面的种种不确定风险，能够有效克服创新能力有限的弊端，企业如果参与共同创新可以赢得正和博弈带来的收益增长。此外，创新网络的空间配置能够影响企业创新功效的发挥，通常情况下，一个本地化的创新网络往往比跨国技术联盟更具有竞争优势，因为地理临近可以强化创新网络的支持因素，如企业间的文化认同和相互信任等（福斯，2003）。Rothwell 指出未来创新研究的主导方向便是网络式创新（陈柳钦，2007）。Hagedoorn 和 Duysters（2002）认为创新网络的形成有利于企业获取促进自身发展所需要的创新知识，有利于提升企业创新能力。Bell（2005）通过研究网络与创新的关系，指出创新网络内的企业比网络外的企业拥有更大的创新优势。Hendry 和 Brown（2006）指出创新网络有利于创新活动的开展和新产品的开发，国际间的创新网络作用更加强大。

　　国外学者多通过结合区域网络的案例进行分析，如 Saxenian（1994）通过比较研究发现了硅谷的创新效率明显比波士顿 128 公路区高，这是因为硅谷的企业间具有良好的沟通和交流，企业外向型、合作型特征明显，不同企业的员工可以无障碍地进行技术交流和学习，而且企业与周围的高校和科研院所保持密切的合作。反观 128 公路区则完全相反，企业相互独立，缺乏合作和交流，从而导致了企业创新效率低。Saxenian（1998）研究还发现，硅谷的成功得益于区域创新网络的发展，该创新网络涵盖了区域内的产业合作网络、社会关系网络及人际关系网络。Radosevic（2002）经过研究认为提高产业集群竞争力的关键所在是培育企业网络和网络组织者。Giuliani（2003）通过研究多个意大利区域创新网络后，指出影响区域创新网络发展重要因素是产业集群吸收能力及知识流动性。Wolfe 和 Gertler（2004）通过对加拿大 26 个区域集群进行研究，发现有五个关键因素影响着区域创新网络的发展，即五个 L（Learning，Labor，Leadership，Legislation and Location）。欧洲创新环境研究小组通过研究欧洲和北美一些新产业区发现，欧美的科技竞争优势得益于良好的区域创新环境，并突出强调了企业间形成的创新网络的作用。Albino 等（2006）通过研究工业区的复杂适应系统：在基于 Agent 模型的基础上，分析了产业集群和创新网络演化的过程。Giselle 等（2009）通过对澳大利亚高新技术产业创新网络的研究时指出，新产品开发和创新所涉及的有关管理受到创新网络结构的影响较大。Möller 和 Svahn（2009）对创新网络管理过程进行了研究，并发现网络成长受科技环境影响很大，同时它又能反作用于环境，进而改善区域创新环境。现代科学技术如纳米技术、生物技术、信息和通信技术的发展推动了创新网络的研究，这些技术在不同行业的广泛使用导致了组织界限的模糊，并产生了深而广的网络结构（Roijakkers and Hagedoorn，2006）。例如，生物技术和纳米技术的快速发展，使得科技组织投入了大量的智力资本和物质资源，最终导致了网络的广泛发展（Robinson et al.，2007）。因此，越来越多的国家认识到创新网络在提升自主创新能力、提高国家竞争力和创造财富方面的重要性。在美国、英国和澳大利亚，政府的创新政策由鼓励研发投入到鼓励建立多部门合作的创新网络构建（Corley et al.，2006）。新的和互补的产业集群已经出现在世界不同的地区，正式和非正式的创业企业之间的合作网络已经建立。这种多层面的相互关系，包括网络弱相关关系，共同构成了基于全球网络的超大创新网络（Engel JS and del-Palacio I, 2009）。Sungjoo 等（2010）通过研究韩国的中小企业创新发现，开放式创新网络的形成有助于中小企业创新潜力的发挥。由此可见，一个高新技术产业集聚的科技园区成功的关键在于是否形成了一个较为完善的创新网络，以及科技园区内的人才、资本等生产要素及技术、知识和信息资源能否通过创新网络得以顺畅地扩散、流动，并取得创新和增值，这同样是衡量一个地区自主创新能力高低的重要标志。

12.2.2 国内研究现状

国内学者向来重视对创新及区域创新系统的研究，早在 1999 年，李京文（1999）便指出创新是知识经济的灵魂，且包括观念创新、技术创新、制度创新、管理创新等，并提出要加快建立并完善国家创新系统。冯之浚 1999 年主编的《国家创新系统的理论与政策》一书认为区域创新系统是指由某一地区内的企业、高校和科研院所、中介服务机构和地方政府构成的创新系统。蔡宁和杨闩柱（2004）从创新的可持续性角度研究发现，在经济全球化背景下，基于积聚效应的静态优势向基于网络的动态竞争优势演化是企业创新的发展趋势。正是基于对区域创新系统的研究，国内学者开始了创新网络的研究，相比较国外而言，虽然起步较晚，但研究成果丰富。盖文启（2002）认为创新网络是指创新主体在创新活动中，借助资源的流动形成的正式或非正式的关系总和。盖文启和王缉慈（1999）认为区域创新网络是指地方创新主体之间在长期正式或非正式合作与交流关系的基础上形成的相对稳定的一个系统，其中创新主体包括企业、高校、科研院所、政府及中介组织等。王缉慈（2001）通过研究我国的区域创新网络发现，在专业化分工基础上，区域内企业间可以建立密切的合作关系，创造一个可被众多企业接受的行为模式，进而促进企业间的知识流动和扩散，从而使建立合作关系的企业获得外部规模经济，对于整个区域产业而言，由于受益于创新网络整体功能的作用，从而不断保持着竞争优势。盖文启（2002）从创新优势与竞争优势两个角度继续对创新网络整体的作用进行研究，他认为创新网络是应对系统性技术创新的一种基本制度安排，是在技术创新过程中企业之间合作关系的总和。刘友金（2002）针对集群式创新做了深入研究，为创新网络研究提供了成功借鉴。魏江（2003）对产业集群创新网络中的知识溢出问题进行过深入研究，他将集群的组成分为竞争者、供应商、用户及公共部门四类，认为这四类主体通过价值链联结形成了创新网络，魏江还给出了创新网络的科学定义，认为集群的四类组成在创新网络中具有不同的功能，同时又具有很好的互补性。池仁勇（2005）认为网络的形成是分工和专业化的必然结果。惠青和邹艳（2010）研究指出产学研合作网络实际上就是一种创新网络，同时具有产学研组织和网络组织的优点。

对创新网络发挥的作用，国内学者均持有认同的态度。贾根良（2003）指出自组织创新网络从微观和宏观层面上把影响创新的各种要素整合进一个分析模型中，使得分析真实的创新网络的作用过程更为可行。魏江（2004）指出网络化组织改变了企业的边界和企业行为，影响了创新组织变革和创新过程，有效提高了企业的创新能力和创新绩效。吴向鹏（2004）指出创新主体通过网络关系，可以有效地降低创新成本，比一般意义上的创新联盟更具有创新动力，这种动力来自于网络间的微观竞争压力。蔡宁和杨闩柱（2004）认为在创新网络内部，创新主体间的有效互动为增强企业学习机会、增强创新活力、降低创新风险和成本、扶持企业发展提供了条件。黄中伟（2004）认为创新网络促进了企业联合创新，降低了创新成本和风险，提高了创新成功率和创新效率。这是因为创新网络为创新主体间构建了通畅的信息和知识流动渠道，加快了创新成果的扩散，带来了创新活动的高速化。吴结兵（2006）通过研究创新网络结构属性与网络动态能力，指出了网络结构属性在创新网络发展中重要的作用。张景华（2009）通过分析产业集群与网络组织的相互关系，指出创新网络的形成有利于区域产业集群的升级。由于网络扩张效应存在美特卡夫法则（Meltcalfe law），即网络节点数的平方等于网络的价值，以及信息活动优劣的马太效应，同时由于网络资源的有限性和分布的不均衡性，均增加了创新的风险性。因此可以通过减少企业在创新网络中交流的频率来降低技术创新的风险（薛伟贤和党兴华，2004）。其中，通过增加或减少特征路径长度，即通过增加或减少节点间的交流频率，可以有效抵御和降低创新风险。网络信息的快速和准确使用，可以使得企业创新工作程序得到有效的改进，进而提高创新的效率和效益（冯锋等，2006）。毛加强和崔敏（2010）研究指出创新网络能够促进集群内企业的技术创新，能够有效提高新技术创新的效率和成功率，使企业保持持续的创新能力，并能促进技术创新成果在集群内高速扩散。

在对创新网络内部演化机理的研究中，蔡铂和聂鸣（2003）通过研究产业集群对企业创新活动的影响，并探讨了影响集群创新机制的重要因素，结论是社会网络对产业集群进行技术创新具有重要的影响。王子龙（2004）认为区域创新网络内存在正式或非正式互动学习的特性，因此在网络内部成员间的研发活动将产生知识溢出效应。唐方成等（2004）通过研究复杂网络组织结点间的合作关系，得出结论是网络结点之间的互动协调关系至关重要，网络结点是彼此进行互动合作的基础，而且在长期的互动合作中会进一步强化他们之间的相互关系，同时不断增强网络组织的吸引力与凝聚力。文婧（2005）在研究地方产业网络内部创新能力形成机理过程中，对网络中节点的学习能力、网络节点间的联系程度、网络节点联系的稳定程度、网络嵌入程度和网络动态性强弱程度进行了研究。蔡宁和吴结兵（2006）通过网络密度、网络连通性和规则同型性等方面对网络结构特征进行了阐释。樊霞和朱桂龙（2008）首先分析了区域创新网络的层次结构，对区域创新网络结点的交互作用和联结所引致的区域创新网络创新机制进行了研究，进一步揭示了区域创新网络结构对企业技术创新绩效影响的微观机理。黄玮强等（2009）运用复杂网络研究中的数值仿真研究方法刻画了复杂拓扑特征的创新网络，并揭示了创新网络的自组织演化规律，以及创新主体间知识溢出是如何影响创新网络结构的。周立军（2010）分析了网络整体结构特征和个体结构特征对集群创新和企业创新的影响，其中网络整体结构特征包括网络密度、网络中心性、平均最短路径长度、节点度分布等，个体结构特征包括节点度数、中介性和结构。潘松挺和蔡宁（2010）曾对企业创新网络中的关系强度进行测量研究，为企业界了解和管理自身创新网络提供了可操作化指导。

在对创新网络形成及演化过程研究中，盖文启（2002）指出网络形成过程是一个结网及其根植的过程，其过程可以分为网络的形成、成长与巩固和根植四个过程。叶金国和张世英（2002）认为创新过程具有开放性、不可逆性和非平衡性，存在非线性和随机"涨落"的作用机制，是一种由旧结构失稳到新结构建立的自组织演化过程。陈雪梅（2003）应用逻辑斯蒂模型来描述创新演化过程，在创新网络动态演化过程中，企业往往要经历内生和外生变化。纪慰华（2004）通过研究社会文化对企业网络发展的影响，指出在网络形成、发展和成熟阶段，社会文化对网络成员的选择、网络间的关系、网络规模和对外联系的影响各有不同。魏江（2003）研究指出集群创新体系由核心网络、辅助网络和外围网络构成，其中核心网络又包括垂直网络和水平网络。雷如桥和陈继祥（2005）从正式的经济网络和非正式的社会网络两个角度对创新网络的形成演化机理进行研究。李金华和孙东川（2006）将复杂网络理论引入到创新网络领域，以定量化手段描绘创新网络的拓扑结构。首先提出了有关创新网络形成的五点假设，然后依次建立了三个创新网络的演化模型。李勇等（2006）应用物理学的复杂网络理论，描述了创新网络的初始状态，并总结了网络优先连接机理，并就创新网络的加点、加边和重连活动对网络演化的影响进行了深入分析。朱少英（2007）借助演化博弈模型对创新网络形成机理进行了研究，揭示了创新网络演化过程的内在规律性，得出的基本结论是网络正外部效应是创新网络形成的基本原因，朱少英认为创新网络形成本质上是一个复制动态演化过程，类似于有限理性条件下的演化博弈。刘友金和刘莉君（2008）从分析集群式创新网络的演化过程入手，阐述创新网络的混沌特征，然后通过借鉴虫口模型来分析和检验集群式创新网络的发展路径。其中，创新网络的演化过程可以归纳为创新网络结网、创新网络成长、创新网络成熟和创新网络更新四个过程，即 CLC（Cluster Life Cycle）模型。田钢和张永安（2008）依据 Holland 的复杂适应系统理论，运用刺激-反应模型和回声模型对集群创新网络形成的动力、合作机制进行了深入的阐释，并构建了两层回声模型（echo model），通过模型阐述在选择了合作创新的策略之后，创新主体之间如何相互选择，继而合作创新，最后形成创新网络。田钢和张永安（2010）依据复杂适应系统理论，运用计算机仿真手段对创新网络结构的演化过程进行了模拟研究，结果表明创新主体为了适应环境变化不断调整自身行为规则，进而导致创新网络的涌现现象的发生，同时发现创新主体间知识差异的大小、记忆专业化程度的强弱，以及知识的传递方式都对创新网络演化有着重要影响。龚艳萍和陈艳丽（2010）通过研究发现企业创新网络具有复杂性、分布性、异构性及创新主体自治性等特点，并运用复杂适应系统思想，分析了企业创新活动中的自组织和涌现现象，并证明了企业创新网络是一类复杂的自适应系统。王萍和刘思峰（2010）研究认为高新区创新网络是创新的一种新形式，其创新机制不同于以往的个体行为，是多元主体间的耦合创新机制，即在接近性耦合关系下，通过多元主体间交互式创新行为而实现的。

近年来，国内学者通过对国外先进区域的创新网络进行实证分析后得出自己的研究结论，其中对科技园区硅谷的研究最多。例如，王大洲等（2001）研究发现硅谷的创新网络有两层，一层是创新企业与风险投资公司之间的网络关系，另一层是创新企业之间的网络关系，而硅谷正是依赖这些网络组织为治理机制的。钟坚（2002）在分析硅谷创新网络中指出，硅谷成功的关键因素是其独特的经济、制度和文化。刘丽莉和关士续（2002）应用社会网络理论和制度演化的路径依赖理论，研究了硅谷创新网络的历史形成过程。张景安（2003）在研究国家创新体系建设中指出，创新成功的重要因素是营造良好的创新文化，构建有利于企业与高校、科研院所、创业者、中介组织、风险投资等专业机构建立的协作网络。李淑和赖明勇（2005）在研究硅谷创新网络制度结构中发现，制度结构在硅谷高新技术产业发展中起到重要的作用。

在对国内创新网络的实证研究方面，李凯和李世杰（2004）对沈阳装备制造业创新网络节点要素和链接模式进行了实证研究。王琳（2005）通过比较张江新区的生物医药和电子信息产业创新网络，分别对这两个创新网络建立的原因、网络特征和影响因素进行了深入的分析。邵云飞和欧阳青燕（2008）通过对装备制造业集群创新网络的研究，分析了该网络的核心价值。王琳和曾刚（2006）研究了上海浦东新区的中小高新技术企业，发现这些企业的创新合作网络由三个子网络构成，分别是垂直型的合作网络、水平型的合作网络和辅助型的合作网络。其中垂直型网络代表有业务联系的企业间合作关系，水平型的合作网络代表企业与科研院所及竞争对手之间的合作关系，辅助型的网络代表企业与中介组织之间的合作关系。罗亚非等（2007）借用生态学一维竞争模型和二维竞争模型，探讨了集群发展轨迹，进而探讨其各个阶段与创业产生的关系，并以中关村海淀园为例，应用逻辑斯蒂方程对集群进行描述，用二维的 Lotka－Volterra 模型描述集群发展过程进行了实证分析。王灏和曾刚（2008）通过分析张江软件园创新网络的创新特征，指出了张江软件园的创新网络形成了以国内外大型企业和具有独立自主型中小企业为核心的初级网络模式。徐龙顺等（2008）通过研究德阳集群创新网络结构的对等性问题，指出了网络结构对等性对创新企业间的信息和知识流动速度，以及正式和非正式关系和对政府与相关部门进行管理等方面产生不同的影响。马彦图和曹方（2009）以兰州高新区为例，研究了高新技术产业开发区创新网络构建问题，并指出技术创新网络关系到高新区的创新能力及发展。吴传荣等（2010）在深入分析高新技术企业技术创新网络系统构成要素及各要素相互关系的基础上，建立了刻画创新网络发展的因果关系图与系统动力学模型，并结合我国高新技术产业数据，对影响我国今后高新技术企业创新网络系统的关键指标做出预测。王芳等（2010）从资源共享和能力互补机制、集体学习机制和合作信任机制三个方面探讨了上海张江高科技园区医药产业集群创新网络运行机制。

目前，虽然国内外学者对创新网络的研究已取得了一定的成果，部分学者应用网络分析法和复杂系统论对创新网络的演化过程进行了初步探索；对创新网络的概念、网络架构和网络主体间的竞争合作等问题有了较深入的研究，但是对创新网络的演化机理方面尚未取得共识，众多研究忽略了网络的非量化因素的影响，如网络所处的文化和制度影响。创新网络的形成往往是产业网络和社会网络相互作用形成的结果，现有的研究缺乏对创新网络演化机理的系统研究，缺乏对网络演化的动态过程分析，缺乏对科技园区创新网络的微观结构和宏观体系结合研究，同时忽视了科技园区内生知识的产生、扩散及利用机理，以及科技园区创新主体间的复杂性研究。众多研究主要集中在对创新网络的关系类型、链接机制、创新网络形成的影响因素及创新网络对技术创新成功的影响等方面进行研究，而揭示创新网络形成的微观机理的研究较少，具体体现在以下几个方面：一是多数学者停留在对创新网络结构静态研究，尚缺乏对科技园区创新网络动态演化过程进行研究；二是大多是对创新网络的组织架构等表象问题的研究，过于强调网络节点的社会关系研究，而对网络形成的内部机理和内部机制研究较少；三是缺乏对科技园区创新网络对于区域经济及外部溢出作用的分析研究；四是倾向于研究国际上成熟的创新网络，缺乏对于我国以科技园区为代表的区域创新网络的实证研究；五是对科技园区创新网络的演化模型研究较少，对科技园区创新网络的培育机制缺乏研究。总的来看，现有的研究对科技园区创新网络的形成机理、动力机制、演化规律、创新效应、网络稳定性等问题的研究相对较少，本研究将重点就这些问题做出回答。本研究将重点分析科技园区创新网络演化的动态过程，从中找出在科技园区这一特殊区域内，其创新网络的演化规律是什么，网络运作的动力机制是什么？网络结构具有哪些特征？现有的网络存在哪些问题？通过何种方式进行优化？并回答科技园区内企业如何通过网络模式开展创新活动。

12.3　研究思路与方法

12.3.1　研究思路

本篇以国内外科技园区企业的创新活动和创新模式为研究对象，以技术创新与管理科学相关理论为基础，吸收国内外已有的研究成果，用系统分析的方法，结合定性与定量分析，并应用计算机模拟仿真等方法对科技园区创新网络的动态演化过程及作用机理进行研究，如图 12-1 所示。

第一，首先交代了本篇研究背景，分析了科技园区创新网络研究的重要性，以及国内外对此研究的最新进展，指出了目前在研究创新网络方面存在的问题与不足。在此基础上提出本篇研究的目的和意义，并确定科技园区创新网络动态演化机理研究的基本内容，从而确立本篇的研究框架。

第二，在归纳总结相关理论和方法的基础上，根据系统论的观点，按照由表及里，宏观与微观相结合的分析思路，首先建立相应的理论研究模式，然后对科技园区创新网络微观结构进行深入剖析，对科技园区创新系统的各个组成要素职能及各个组成要素之间的相互作用进行分析研究，找出影响创新网络形成及效应发挥方面的内外因素；同时对科技园区创新网络无标度特性加以证明和分析。

第三，针对科技园区创新活动中存在着大量的不确定性，本篇采用复杂网

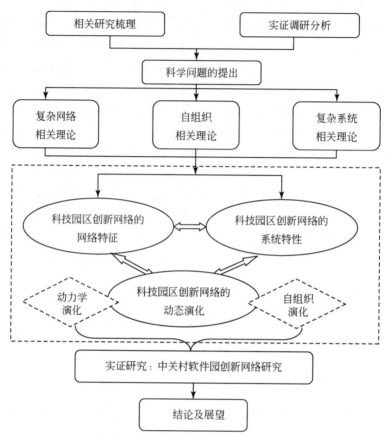

图 12-1　基本研究思路及框架

络、自组织理论、复杂适应系统（CAS）等理论对科技园区创新网络的网络特性进行分析，并将创新网络作为一个系统具有的复杂适应性进行分析研究，同时对创新网络系统整体表现的涌现性等进行了分析。此外，采用相应的仿真软件，重点对科技园区创新网络的动态演化过程进行刻画并加以分析。

　　第四，在相关理论与方法研究基础上，结合具体的案例，即对中关村软件园创新网络的形成及演化过程进行刻画和分析，从中验证中关村软件科技园区创新网络的网络特征及系统特性，同时找出中关村软件园创新网络存在的问题，并提出相应的优化措施。

12.3.2　研究方法

本篇的研究方法包括理论分析、定量研究、模拟仿真和实证研究等方法。

一是理论分析。通过查阅国内外资料对相关理论及研究现状进行述评，寻找本研究的立足点和切入点，应用复杂网络、自组织理论、复杂适应系统及演化博弈论等理论方法进行研究。

二是定量研究。借助复杂网络、复杂系统、自组织理论和演化博弈等相关理论和方法，通过建立相应的理论模型，对科技园区创新网络的网络特征及系统特性加以论证分析，同时对创新主体间关系及创新网络结构特征进行定量分析。

三是模拟仿真。应用 Matlab 等数学工具对创新网络无标度网络特征进行仿真分析，运用 Ucinet6.2 等网络分析软件对创新网络形成及演化过程进行仿真，同时对创新网络结构进行分类刻画。

四是实证研究。通过对中关村软件园内企业及周边高校和相关企业进行实地调研，结合问卷调查，收集相关资料，了解中关村软件园创新网络发展情况，在理论与实践相结合、定性与定量相结合的基础上，对中关村软件园创新网络进行实证研究。

12.3.3　创新之处

（1）从网络动态演化过程分析了科技园区创新网络的形成及运行机理，改变了以往对网络静态研究的缺陷，论证了科技园区创新网络具有明显的无标度网络特征，是一类典型的无标度网络，并创造性地构建了科技园区创新网络无标度演化模型，为研究科技园区创新网络动态演化过程及其作用机理提供了较好的分析方法。

（2）应用自组织及复杂系统理论分析了科技园区创新网络的系统特性，论证了科技园区创新网络是一类复杂自适应系统，研究发现每个创新主体都因与其他关联主体发生竞合关系，并能根据所处的发展环境做出适时改变，进而从网络中受益，有效地提高创新绩效。分析指出整个网络体现出复杂适应系统所具有的自组织、自学习、自适应的特征，不断地演化、完善，并走向成熟，其创新能力也随着创新网络的发展而不断提高，同时具有明显的涌现性特征。

（3）应用演化博弈分析了创新网络中主体间创新行为的策略选择。分析指出在有限理性条件下，创新主体间经过长期的反复博弈后，最终选择加入创新网络，且共享自己的创新资源，为进一步合作创新提供了可能，且整个创新网络的演化过程呈现阶段性特征。

（4）基于复杂网络等理论和方法，应用 Ucinet6.2 等软件对中关村软件园创新网络动态演化进行实证研究，刻画了该网络从萌芽到成熟的动态演化过程，并首次对该网络的演化进程进行了预测判断，同时对该网络存在的问题进行了剖析，并给出了相应的优化建议。此外，通过相关指标测算，结合图表分析，证明了中关村科技园区创新网络具有明显的无标度网络特征，其形成有利于创新主体共享创新资源，降低创新成本，有利于提升整个园区的创新水平。

12.4　本章小结

本章主要论述了本篇选题背景及研究意义，在交代了国内外对科技园区创新网络研究现状的基础上，总结了国内外学者对于创新网络的研究经验及存在的不足，探讨了创新网络在科技园区发展中的重要作用。在此基础上，指出本篇的研究思路和主要研究方法，并确立了主要研究内容。

13 科技园区创新网络理论模型

13.1 科技创新网络内涵

13.1.1 创新

创新概念的提出由来已久，创新理论最早见于熊彼特的著作《经济发展理论——对于利润、资本、信贷、利息和经济周期的考察》中（熊彼特，1991）。熊彼特曾指出创新就是建立一种新的生产函数，即通过生产要素的新组合，创立一种新产品，或者使已有产品具备新特性；此外，采用新生产方法、开辟新的市场、实现新的产业组织形式等都属于创新。德鲁克认为创新是指利用资源创造新的财富能力的行为。他把创新分为两类，一类是技术创新，即把某种自然物加以新利用，并赋予新的经济价值；另一类是社会创新，即在社会中创造新的管理方式、管理手段和管理机构，从而通过资源配置获取更多的经济价值和社会价值。Freeman 指出随着时代的发展，创新所需资源要素也变得复杂多样起来，企业必须结合研发机构、金融机构、中介组织及政府部门等，通过创新才能成功。纳尔逊和卢森伯格指出，创新包括技术创新、产品设计、企业管理和制作过程中创造的一切新东西；同时创新还包括技术的引入及技术的扩散。伦德华尔给出了创新的概念，他认为创新包括生产技术创新、产品创新、组织创新和制度创新。

总的来看，创新是一项复杂的活动，涉及生产、研发、管理、营销等各个环节。本篇所指的创新侧重于知识、技术和市场的创新，针对科技园区而言，建立创新网络是为了促进创新主体产生更多的创新活动，从而产生更多的技术创新和产品创新等。因此，根据研究的需要，本篇将创新界定为科技园区内企业借助创新网络与其他创新主体（高校、科研院所、中介组织、金融机构和政府机构等）通过协同作用创造并扩散新技术、新产品，开拓新市场的过程。

13.1.2 创新网络

Freeman 于 1991 年首先准确给出了创新网络（innovation networks）的概念，他认为创新网络是应付系统性创新的一种基本制度安排，创新网络的形成是为了更好地适应系统创新，创新网络架构的主要连接机制是企业间的创新合作关系（Freeman，1991）。Steinberg 和 Arndt（2000）指出创新网络是不同的创新参与者的协同群体。不同的创新主体共同参与创新的开发与传播，共同进行产品的研发、生产或销售，创新参与者通过交互作用建立技术或市场的直接或间接的关系，其合作可以通过正式的合约或非正式的协议形成，而且网络具有协同特征，从而使得网络的整体创新能力远远大于单个企业的创新能力之和的作用。Keast 等（2007）认为创新网络是一种能够集聚关键行业利益相关者，且能增强创新主体间的信任，并加速信息及资源的流动，进而确保创新扩散的网络。Koschatzky 等（2001）将创新网络定义为一个相对松散的、非正式的、可以重新整合的内部联系系统，该系统有利于组织间进行学习和交流。Pyka（2002）认为创新网络是产业创新过程中最重要的一种组织形式，企业参与创新网络的动力来自对技术学习、获取互补性资源等需求。我国学者李新春（2000）指出创新网络是以产品设计、技术创新到市场化的一套政治、社会和市场的组织安排，在组织结构动态发展的过程中，技术创新的概念化和市场化，以及知识的积累、信息的交流、信息的扩散、竞争与合作及企业为创新利润而建立的各种正式或非正式的关系，由此形成了动态发展的网络结构。王大洲（2001）认为创新网络是在技术创新过程中围绕企业形成的各种正式和非正式合作关系的网络结构。李金华（2006）认为创新网络是创新主体为适应创新复杂性的一种组织涌现，是由不同创新主体间的各种正式和非正式关系交织而成。

具体来讲，创新网络从结构看主要包括三个要素：创新主体、创新资源和活动。创新主体主要包括企业、高校或科研院所、政府机构、中介组织及员工等。这些创新主体构成了网络的活性节点，全部节点的集合可以记为 $V=\{1, 2, \cdots, n\}$，不同节点之间的联系或者边代表他们之间存在的创新合作关系，如 ij 表示节点 i，j 之间的关系，网络所有的边集合记为 g，即有 $ij\in g$，因此可以将网络记为 $\{V, g\}$，由于创新合作关系 ij 代表企业 i，j 的共同意愿，因此边 ij 没有方向，相应的创新网络便是个无向网络，且每个节点具有的特性不同，彼此间交叉互动，按照非线性方式进行状态转化。创新网络资源不仅包括硬件设施资源、金融资产和人力资源等显性资源，更重要的是包括诸如知识、技术、信息等软件资源。网络活动主要是指创新主体为完成共同的创新从事的一切活动，体现在网络内活性节点间的相互作用中。由于经济与技术全球化进程的加快，创新网络已经不再是传统意义上的区域网络，而是一种开放的、国际化的产业组织形式，因此，本篇将创新网络定义为以技术或产品创新、知识和技术资源共享与协同进步为目的各种创新合作关系和制度安排。创新网络的形成过程通常经历"企业群落→产业集群→创新网络"，可以说创新网络是产业集群发展高级阶段的产物。同时要注意，并非所有的产业集群都能发展成为创新网络，只有那些具有较强持续竞争力和生命力的产业集群才能涌现出创新网络，如果在一个产业集群内出现了创新网络，那么这样的产业集群将具有较高的可持续发展能力。因此在发展区域产业集群时，要充分营造良好的创新环境和区域生态位条件，遵循其发展和演化的自组织规律，这有赖于政府的政策支持和市场环境的优化。

总的来看，创新网络是指基于创新活动发生的网络联系，是网络的一种。国内外学者普遍认为创新网络是创新主体为了实现创新功能，通过建立各种正式或非正式的关系，目的是为了更好地获取创新资源，从而有效地提高创新效率。创新主体间的关系，既有企业间或企业与机构间进行合作的稳定的契约关系，也有企业间及企业和机构间进行的非正式交流和接触关系。创新网络的创新主体即创新网络节点通常是指企业、高校、科研院所、政府、中介组织等，创新资源是指网络中的知识、技术、信息、人才、资本和生产资料等，各节点间的连接则是指创新资源的流动。创新网络的核心价值在于构建便于创新主体之间活动和相互作用的桥梁，有利于创新主体间知识和信息的产生、积累和传递，为集体创造、扩散和应用知识和技术提供有力的平台。

13.1.3 科技园区创新网络

演化经济学在解释创新网络的结构及其动态性方面提供了很有价值的分析工具，特别当区域经济学及创新地理学的研究引入了演化经济学的相关理论及方法后，演化经济学对企业创新过程中的动态性分析帮助人们更清楚地认识技术体制结构的发展，其中知名学者 Feldman 和 Koschatzky 认为，对创新网络的研究通常是基于一定的地理空间，他们指出创新网络在与外部联系的同时，必须植根于所在区域的社会文化环境才能更好地发挥其作用，进而促进所在区域的发展。区域创新网络正是植根于所在区域社会文化背景中，才得以创新和发展，进而推动区域创新环境的改善，也就是说创新网络与所在区域创新环境之间是一种互动和有机的关系。

按照参与创新的区域层次的不同，可以将创新网络划分为国际创新网络、国家创新网络和区域创新网络，其中国际创新网络涉及不同的国家，如欧洲国家之间的联系和合作形成的创新网络，国家创新网络是指一个国家内不同地区共同参与合作而形成的创新网络，如以网络结构为特征的国家创新系统。科技园区创新网络（innovation networks of science and technology parks，INSTP）可以看成是在科技园区这一特殊区域内的区域创新网络，是由科技园区内企业为了创新利益与其他创新主体（包括供应商、竞争者、高校、科研院所、金融机构、政府部门等）协同从事创新活动，彼此建立的长期合作的正式或非正式的动态关系集合，其本身是一个具有互补性、开放性、根治性等特点的虚拟组织。科技园区创新网络是科技型企业为在技术创新中应付创新复杂化及市场竞争的压力而采取的一种集体创新的方式。

在科技园区创新网络内，所谓的创新主体多数为科技型企业，创新活动自然是科技企业开展的一系列技术、产品、市场等研发活动。科技园区创新网络的理论模型包括五个部分：网络边界、网络主体、网络资源、网络联系、运行机制。其中把科技园区内的企业主体依托所在区域中与企业有密切联系的高校及科研院所、金融机构、政府部门等主体所在区域的界限作为科技园区创新网络的研究边界。网络主体是指以企业为主，包括高校、科研院所、金融机构、中介结构、政府部门等创新主体。网络资源不仅包括硬件基础设施，更多的包括人才、资本、技术、信息、知识等软件资源，其中最主要的是技术和人才资源。网络联系是指创新主体间围绕某一活动、解决某些问题而进行的各种网络关系，网络关系从短期来看是静态稳定的，但长期来看是动态变化的，创新网络正是通过创新主体间的动态关系决定的一个动态的组织过程。运行机制是维系网络运行的重要支撑，通常采用市场调节为主、政府政策调节为辅。科技园区创新网络的形成是为了更好地满足高新技术产业集群对创新知识的进一步需求，科技园区创新网络是高新技术产业集群演化到高级阶段的结果，它是高新技术产业集群通过自组织涌现而演化形成的，其最主要的特征是创新主体在社会、空间和行业的接近性和竞争协同的有序性。在科技园区创新网络形成过程中，竞争协同性和涌现性起着重要的作用。

13.2　科技园区创新网络理论模型

13.2.1　科技园区创新网络形成的必然性

科技园区创新网络的形成不是偶然的，而是存在一定的必然性。科技园区创新网络的产生和发展是因为它具备很多传统创新模式并不具备的优点，究其形成的原因主要有三点。一是通过网络创新，可以有效降低创新成本。科技园区创新网络能够将众多创新主体组织在一个网络中，使各个创新主体建立长期的信任与合作关系，达到资源共享、优势互补的目的，从而大大降低交易成本，简化创新合作过程，增强创新主体间合作关系的稳定性，最终实现降低创新成本的目的。二是通过网络合作关系，共同分享网络整体利益。现代科技的迅猛发展给企业技术创新带来了更大的机遇，同时也带来了越来越大的挑战，企业之间为了取得技术上的优势，适应激烈的市场竞争，从而形成合作的网络关系，有利于共享网络资源，发挥整体大于个体的优势，利用网络结构的特殊性创造价值更高的产品和服务，在创新合作过程中不断掌握新的技术和知识，进而增强自己的核心竞争力。三是利用网络合作关系，分担创新风险。面临急速加剧的市场竞争，企业必须具备快速的市场反应能力、高效的技术研发能力及雄厚的资金支持，如果企业单纯依靠自己的力量往往很难达到，况且创新风险也是不可避免的，而通过创新网络，企业则可以通过网络的优势来解决这些问题，最大限度地利用网络资源，降低创新风险，并通过网络优势来弱化风险带来的后果。

由此可见，科技园区创新网络的形成源于企业发展的需要，从实证研究发现，科技园区的企业、政府、高校或科研院所在创新过程中面临着诸多问题，这些问题通常无法依靠单个组织单位加以解决。其中企业面临的是技术创新能力不足、科研成果少等问题；政府面临的是区域发展不平衡、区域自主创新能力难以提升等问题；高校或科研院所面临的是培养的人才不适用、缺乏科研经费、科技成果转化率低等问题，而科技中介组织及风险投资机构难以发挥真正的作用。通过调研发现，企业、政府、高校或科研院所对这些问题都有一定的认识，也存在合作创新的愿望和基础，愿意在日常交往中建立起互惠互利的合作关系，而且不少企业和高校已经建立了诸多联系，如合作建立实验室，共同进行科研项目合作等。这些虽然只是一些局部的合作，但已经体现出多方合作的趋势，为全方位、多主体建立网络形式的合作奠定了基础，为创新网络的形成与发展提供了可能。值得关注的是在我国大陆，部分科技园区已经形成了较为成熟的创新网络，如后文将重点研究的中关村软件园创新网络。可以说，创新网络的形成与发展是多主体合作创新的趋势，是创新模式发展的必然。

13.2.2 科技园区创新网络理论模型

基于上文的研究，本篇所界定的网络关系是指在特定的地理空间内（科技园区），创新主体间（包括创新主导企业和相关企业、高校或科研院所、中介组织和政府机构等）在一定的环境（政策、文化、交通通信等）下基于知识、信息、技术、人员、资金、产品、市场等因素而发生的具有网络结构和功能的关联方式，可以将科技园区创新网络用图形表示，如图 13-1 所示。对于科技园区创新网络而言，其构成是由多个创新主体和他们之间的相互关系构成，因此可以用形式化语言表述

$$N = \{E, \ R\}$$
$$E = \{e_1, \ e_2, \ \cdots, \ e_n\}$$
$$R = \left[R_{e_i e_j} \right]_{n \times n}$$

其中，E 表示创新网络中参与创新活动的主体集合，R 表示创新主体间基于创新网络的运行建立的合作关系。创新主体在网络中即为网络节点，节点类型因创新主体类型不同而不同，最主要的有五类节点，即企业、高校或科研院所、政府部门、专业中介组织和金融机构；创新资源既包括相应的硬件资源，更多的是指创新主体间拥有的技术、知识、信息、人才、资金等资源；创新活动是创新主体为取得技术、产品的创新或者是新市场的开拓而通过网络关系建立合作而进行的各种动态活动过程；网络演化的过程就是创新主体通过网络组织，优化配置创新资源，以高效、便捷的方式从事创新活动的动态过程，也是网络从萌芽到成熟的发展过程。

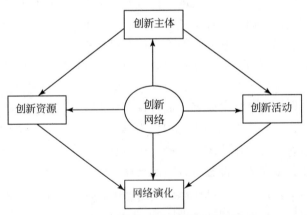

图 13-1　科技园区创新网络的基本模型

对于创新网络而言，其连接关系正是指创新主体间发生的各种合作与联系。而创新主体间的联系是知识、信息和技术等创新资源在扩散过程中实现知识增值和创造价值的"价值链"，这一"价值链"是网络中知识和信息传递扩散的关键

渠道。网络连接关系既包括在网络节点间流动的物资和劳动力等正式关系，也包括创新主体间为促进信息和知识等资源流动的非正式关系。其中正式关系包括以企业为创新中心的基于创新活动发生的水平和垂直关系，以及企业与高校、科研院所和政府及中介组织间的正式契约关系，也包括企业与其他合作主体间的正式契约关系。企业间的联系是创新活动中最重要的链接，是推动经济社会发展的最重要的因素，是推动技术进步、知识更新的主导因素。非正式关系则是指基于共同的社会文化环境和彼此信任的基础上建立的人与人之间的社会网络关系。这种关系能够有效地传递和扩散知识，有效加快创新速度，有利于创新活动的高效开展，有利于创新成果的扩散和传播。Zeng 等（2010）研究发现，创新的复杂过程导致了中小企业对外部网络的使用，那些与其他企业、中介组织和研究机构有显著的正相关关系的企业能够取得更好的创新。此外，在科技园区中通常存在六种作用机制：人力资本、溢出、合作、协同、本地政策和风险资本，见表13-1。

表 13-1 六种机制对企业状态的影响

动力机制	人力资本	溢出	合作	协同	本地政策	风险资本
创新	合格劳动力富有创新性	引发创新和促进扩散	R&D 合作导致更多创新	—	—	—
生产率	合格劳动力的生产率高	—	联合项目可以提高生产率	共同提高生产率	支持企业可以提高他们的生产率	—
创业	胜任的人最有可能建立企业	—	—	—	—	创业存在风险资本

资料来源：Brenner，2001

13. 2. 2. 1 创新主体类型

1）企业

在科技园区创新网络中，企业是最重要的节点，企业通过与其他节点建立联系，获取信息、技术、人才、资金等资源用于技术创新。企业正是通过不断的创新从而提升企业的核心竞争力，创新不仅能带来产品创新和带动市场需求，而且是企业维持生存发展的必要条件。熊彼特认为，当一个企业开辟了新的发展途径，产生了新的创新，便会吸引更多的企业效仿新技术或新产品，从而推动了整个行业和地区的创新。作为科技园区创新网络最重要的元素，企业之间的行为决定了科技园区的变迁过程。

2）高校及科研院所

知识经济时代，具有丰富科技创新资源的高校及科研院所等科研机构是区域创新强有力的驱动器（Razak and Saad，2007）。高校及科研院所类节点是创新网络的外部知识供给机构，它们通过教育培训和成果转化方式参与创新活动，为创新活动提供各种新思想、新技术和新知识，并推动知识、信息和技术等创新资源在网络中有效扩散。高校或科研院所等研究机构的主要功能在于为核心层网络提供所需要的人才、知识、技术等创新资源，并为企业提供教育和培训服务。在创新活动中，研究机构人员不仅可以独立创办新企业，而且可以与企业进行研发合作，共同创新。研究机构通常在科技创新方面拥有人才优势，而且研究条件好，研究成果丰富。因此，企业应该有效利用研究机构的优势，为自己在技术创新方面提供技术帮助，有效借助外脑，提高自己的创新知识和创新水平。

3）政府部门

政府部门虽然不直接参与技术或产品的创新，但政府部门的作用不容忽视，甚至至关重要。因为政府部门往往在制定政策、引导产业发展、营造良好的环境等方面起到重要作用。政府部门可以利用宏观调控，通过制定产业政策促进企业与其他创新主体间进行互动联系，能够有效提高创新主体间合作效率。政府部门主导创新政策的制定是政策支撑节点，对营造创新氛围起到关键性作用，在规范市场行为及挖掘和分配创新资源方面发挥着主导作用。政府部门往往通过提供税收优惠政策、资金担保、土地供给、完善法律等政策支持本区域内创新活动。

4）专业中介组织

专业中介组织一般是指行业协会、企业联盟、企业商会、创业服务中心等组织，以及会计事务所、律师事务所等专业机构。这些组织机构不仅能有效规范和协调企业的市场行为，帮助政府和市场合理地配置创新资源，而且能有效增强科技园区的创新活力。作为创新主体的主要辅助者，专业中介组织在促进创新网络形成和企业进行技术和产品创新方面，能够发挥其信息、投资、技术、管理等方面的特长，能够有效提升创新网络的运行效率。中介服务机构是新信息资源传递的桥梁，其发展水平反应了创新网络水平的高低，主要包括网络内各类专业组织、行业协会、金融服务机构、培训机构、咨询机构、法律服务机构等。此类机构具有公共部门的权威性和市场的灵敏性，可以有效规范和协调企业的市场行为，促进创新资源在创新主体间的合理配置，并能辅助政府部门有效激活各类资源，进而增强创新网络的创新能力。

5）金融机构

硅谷的成功发展证明，高新技术产业的发展最稀缺的不是技术而是资金，尤其是在创业初期，资金往往比技术和人才重要得多，这也说明为什么硅谷的风险投资占到了美国的1/3。正是由于硅谷拥有众多的金融风险投资机构，才使得硅谷地区成为世界上科技型企业最密集、成长最快的地方。事实证明，金融资本是流动最容易的生产要素，服务科技园区创新网络的风险投资机构、创新基金、商业银行和证券市场对企业的创新活动起到了助推器作用，金融机构提供的资金直接影响到创新活动的成功与否。创新网络中良好的银企关系对于企业创业、成长和创新起到关键性作用。

综上所述，在科技园区创新网络中，企业作为最重要的创新主体，是创新活动最主要的推动者，也是价值创造和实现价值增值的最直接主体。因此，有效提升网络的创新能力，加强创新网络各创新主体间的创新活动，最重要的就是促进企业与企业及其他创新主体间的互动，而创新主体间的互动行为体现在网络连接关系上，因为网络的广义含义被认为是由不同主体和主体间关系组成的。

13.2.2.2 科技园区创新网络层次

根据科技园区创新网络中创新主体之间活动的重要性和紧密性，可以把科技园区创新网络作用机制分为三个层次：核心层、辅助层、外围层，如图13-2所示。

1）核心层

在科技园区创新网络核心层内，创新主体间的相互作用主要是企业与供应商、客户、竞合企业间的交流与合作，由于企业之间的相互作用是创新网络中最重要的活动，构成了创新网络的核心，因此称之为"核心层"。核心层的构成主要包括竞争企业、合作企业、供应商和客户，此类主体间通过竞争合作模式和产业价值链实现互动，其联结方式之一是水平网络关系，如企业间的竞争与合作关系，之二是垂直网络关系，如供应商与客户关系。创新网络研究的重点是以企业为节点的各种网络联结。魏江（2003）认为水平网络包括企业间创新活动的互补或竞争关系，市场开发过程中的互动关系，要素投入中的基础设施和资源共享关系等；垂直网络包括技术供需关系、人力供需关系、市场服务供需关系，以及原材料供需关系和中间产品供需关系。就科技园区而言，由于园区内积聚了大量的外资企业和本土企业，创新网络的核心层具有很强的复杂性。

核心层成员间的水平网络关系是指知识、技术、信息等创新资源在水平方向上的传播与扩散，表现为企业之间的竞合关系上。其中，竞争关系体现在企业间争夺原材料、人才、资本和市场。正是存在一定的竞争对手，企业才能保持创新的动力，通过保持企业的柔性来寻找潜在的市场机会。企业间的竞争能够激发企

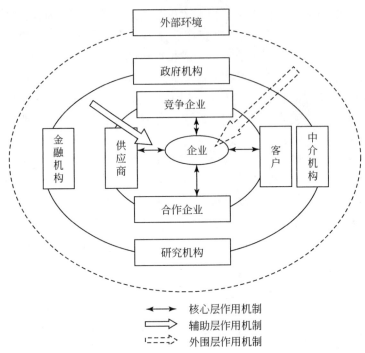

图 13-2　科技园区创新网络作用机制图

业的创新活力，保持竞争优势，从而增强了创新网络的整体竞争力。创新网络的起源在竞争互动中共同取得进步，当然企业间如果存在过度竞争或不正当竞争同样会损害整体网络。企业间的合作关系正是创新网络发挥作用的最佳体现，企业间的合作能够使企业获取更快的创新，取得更快的增长。在创新网络中，如果创新型企业的相关性和互补性越多，企业间的合作将会越多，因此，企业合作与企业类型和数量构成了相互促进的过程。

核心层成员间的垂直网络关系是指供应商和客户在产业链上的互动关系。在产业链上游，供应商提供原材料价格的高低关系到企业的生产成本，与供应商互动关系良好，可以帮助改进产品的设计和生产，有利于产品创新和工艺创新。在产业链下游，生产商与客户的互动关系同样非常重要，在市场竞争中，不仅是产品价格方面的竞争，更重要的是产品质量和服务方面的竞争，与客户进行良好的沟通，不仅能培养客户对产品的忠诚度，更重要的是能全面了解产品的使用情况，并及时的改进产品，进而创新出客户真正需求的产品。

2）辅助层

科技园区创新网络辅助层主要包括研究机构、政府部门、专业中介组织、金融机构等。辅助层要素为创新网络的持续创新提供资源和基础设施、制度制定和行为规范支持等辅助服务，为核心层要素提供知识、技术、资本、人才、教育、培训及咨询等服务，从而借助各种网络关系实现了信息、知识、资源等的传递和流动。

3）外围层

科技园区创新网络外围层通常是相对网络内部主体而言，是网络内部企业与其他区域（全国或全球范围）的创新合作、分配资源和交流信息发生联系的个体或组织。通过与外围层的联系，增加对外学习机会，有利于本地创新网络的知识更替和创新，通过内外部知识的交流和互动，有效促进创新，为创新成果的传播、转化和技术文化的交流提供了条件。

在经济全球化背景下，随着产业专业化分工的不断加强，科技园区创新网络必须加强与网络外部的交流和合作，避免网络内部同质性知识和技术形成"锁定效应"（陈继祥等，2005）。科技园区创新网络可以通过正式和非正式两种方式与外界进行交流。正式的交流方式包括与网络外的企业进行合作，购买国际专利，与网络外研发机构进行技术交流与合作，如共同建设研发实验室或技术中心等。非正式的交流方式包括聘请创新型人才参与创新进而带来隐性知识的传播；在技术发达国家或地区建立研发机构，及时获取先进的技术信息；积极参与国内外各种展销会、技术研讨会、博览会等，及时掌握前沿的科研信息，同时与区域外的行业协会组织加强非正式的联系和交流。

科技园区创新网络作为一个系统形成的结构合力的力量在于它促进了网络中的创新主体利用网络内外的资源，通过网络内部的协作机制和竞争机制加强其内能。从结构层次上看，核心层的稳定运行需要辅助层为其提供知识、技术、信息和人才等生产要素的支持。而外围层则通过不断完善辅助层关系链，或通过其他间接的作用方式影响着核心层主体间的行为和连接方式。从整个网络结构上看，其平稳运行的关键是要求三个层次结构上的协调，核心层功能的发挥需要辅助层和外围层的支持，辅助层的中介组织是管产学研联系的纽带，高校或科研院所、培训机构等为企业的发展提供了新技术、新知识和人才资源；政府机构和金融机构为企业提供所需的政策支持和资金支持。外围层的基础设施如交通、通信等，以及文化氛围状况往往是科技园区创新网络发展的先发效应。因此，科技园区创新网络整体效应的发挥需要核心层、辅助层和外围层建立起高效的相互作用机制。

13.2.2.3 科技园区创新网络基本特性

科技园区创新网络可以看成是科技园区内创新主体在传递、交换创新资源的过程中相互联系时建立的各种关系的总和。在科技园区创新网络中，创新主体通过建立各种正式或非正式的关系，进而获取创新资源，并有效地提高创新效率。其中企业是科技园区创新网络的中心和主体，是网络中最重要的经济单元，其他创新主体通常是服务于这些中心主体。科技园区创新网络是一种动态的网络结构，这是因为创新主体在创新协同和交互作用中建立了一种相对稳定的关系，且在创新过程中不断发生着变化。科技园区创新网络属于一种区域网络，网络中大多数创新主体具有高度集中性，且对所在区域的产业发展起到关键引领作用。创新网络之所以能对科技园区中的企业在创新活动中发挥巨大的促进作用是基于它的五大特性。

1）互补性

不同的创新主体拥有不同的创新资源，在创新过程中发挥着不同的创新作用。通过共享知识和技术资源，创新网络中的创新主体间的合作可以降低创新成本，进而提高创新效率，即产生"1+1>2"的协同效应。由此可见，科技园区创新网络中的企业之间、企业与高校、科研院所、政府和中介组织之间形成了优势互补、相互促进、共同发展的良好局面。

2）开放性

网络创新活动通常是创新主体间互动频繁和内外交流频繁的过程，创新网络之所以具有创新优势，是因为网络主体间科研通过频繁交流产生网络互动效应，网络节点通过与网络外发生多方位、多层次的联系，获取更广泛的知识和互补性的资源。开放性的网络便于创新主体与外界联系，及时了解网络内外相关技术和市场信息，提高与网络外先进技术和市场的对接能力，确保创新活动可以更好地适应外界环境的最新变化。

3）动态性

由于科技园区创新网络中的企业是随时进入和退出的，创新网络结构相应的产生变迁，表现出跟随性变迁和选择性集聚等方式，这就决定了创新网络的动态变化特性。其次，由于创新资源分布在网络的各个节点中，创新资源的产生和流动也决定了创新网络的动态性。网络创新的实质是网络内企业相互学习的过程，相邻节点间可以更加便利地分享创新成果和知识。此外，创新主体与外界进行知识交流决定了网络的动态性。随着信息化的加快发展，要取得更大的创新，必须有效突破地域束缚，更多的与外界互动以便有效提高网络整体的创新能力。

4）根植性

科技园区创新网络的形成往往与地方经济、社会发展、文化制度有着密切的联系。一个科技园区创新网络内的企业因为具有共同的社会文化背景，处于相近的制度环境中，其经济行为便不约而同的植根于网络内共同的知识背景和游戏规则中，由此产生的聚合效应的就越多。创新主体通过非正式的社会网络有机的联系在一起，有效增强了网络成员间的信任，这既有利于传播和扩散显性知识，更有助于隐形知识的流动和共享，进而增强了网络的创新能力。

5）协同竞争性

科技园区创新网络内各主体间既存在协作的关系也存在竞争的关系。创新主体间在注重协作的同时，往往为了追求最大利润而展开竞争，当然，竞争与协作并非矛盾体，有效的竞争为共同创新提供了动力，只不过这种竞争是在协作的基础上，可以看成是一种协作性竞争。

总体来看，科技园区的网络属性主要表现在两个方面：经济网络属性和社会网络属性。经济网络属性方面主要体现在企业间的分工与协作，在创新网络中，创新主体通过网络分工和协作可以有效提高信息对称程度和分配信息资源，从而降低创新的风险和交易的费用，进而减少市场的不确定性，使得创新主体能够共同进步。从社会网络角度来看，在创新主体内部及各个创新主体间的社会关系能够有效降低管理费用，并能激发创新主体的创新活力。此外，社会网络还对经济网络起到一定的支撑作用，因为社会网络能够帮助和促进创新主体间的合作，如创新主体间可以相互拆借资金、共同解决创新中存在的问题、共享创新信息、共同获取并使用创新资源等。

13.3 科技园区创新网络的无标度网络特征分析

13.3.1 科技园区创新网络的无标度特征

复杂网络的相关理论为研究创新网络开辟了新的思路，龚玉环等（2009）通过对中关村产业集群形成的复杂网络结构分析发现，中关村产业集群具有短平均路径、高异质性度分布、高聚类系数等结构特征。冯锋等（2009）研究发现，产学研合作网络具有无标度网络增长性与择优连接性这两个基本特征。

13.3.1.1 科技园区创新网络的增长性与择优连接性

通过对科技园区创新网络的研究发现，节点的产生及节点间的连接不是随机的，企业或科研院所在选择合作伙伴时往往基于自身的需要和对方所能满足的程度，且存在被选择的过程。通常情况下，一些有实力的企业发起创新活动，最先形成网络的核心节点，并吸引其他企业加入创新活动中，随着研究的深入、产品的开发及市场的扩大，企业或科研院所的数量会逐渐增多，进而使整个网络规模不断扩大，这就要求产生新的网络节点和新的连接来提供更多的网络资源以解决存在的问题。从主体间的联系来看，主体间的合作是建立在自身需要和对方是否能满足的基础上，这便体现出无标度网络择优选择的特性，而这种择优选择行为恰恰是网络形成的基本条件，其特点便是节约了网络的交易成本。正是对利润的追逐和对成本的降低促使更多的企业加入到创新网络中，从而促进了网络的成长与完善。

由此可见，创新网络的形成和发展遵循了无标度网络的基本特征，这是基于对科技园区创新网络的形成机理符合网络增长性和择优连接特征的判断，且该特征表现在创新主体结网过程中，新主体的加入通常选择创新水平高的主体，如创新水平高的企业能吸引更多的其他企业或科研院所展开合作创新。在科技园区创新网络中，创新主体如企业和高校、科研院所的数量通常随着合作创新的深入及产品的研发和市场的扩大而增加，进而导致整个网络规模的变大，主体间的关系变得更加多元化和复杂化，网络演化的过程中虽然错综复杂，但在一个健康的发展环境中，创新网络是逐步完善的，整个网络功能也是不断增强的，整个网络的创新能力也是不断提高的。

13.3.1.2 科技园区创新网络节点的异质性

与随机网络相比，无标度网络具有更大的聚类系数和较小的平均路径长度。首先，在具有无标度特征的科技园区创新网络中，这种性质的重要意义在于创新资源的利用、流动及知识等资源的传播要高于随机网络。科技园区创新网络从最初的形成到成熟，整个演化过程中，伴随着新节点的产生和老节点的退出，网络规模逐渐趋于稳定，功能也随之增强，但网络中的创新资源并非平均分布到各个节点上，实际情况则是度高的节点拥有更多的创新资源，其规模和优势比其他节点要强很多，这些节点往往是网络的核心或关键节点，且拥有网络中绝大部分连接，自身的优势和规模明显高于其他节点，是整个创新网络的动力因素。因此，在科技园区创新网络中，核心节点的作用非常重要，即合作创新的主导企业往往拥有核心竞争力即拥有创新的关键资源，这些主导型的创新主体推动了整个网络的运行和演化。其次，创新网络对科技园区的创新资源有再分配的功能，创新资源在初次分配后，通过网络的作用会向着关键的核心节点即向着资源利用率高或者具有核心竞争力的节点流动，然后通过节点间即不同创新主体间建立的合作机制，由核心节点即创新主导企业对创新资源进而再分配，从而优化资源配置，提高了创新效率。

13.3.1.3 科技园区创新网络节点的鲁棒性和脆弱性

由于科技园区创新网络在形成过程中遵循了无标度网络的择优连接性特点，这使得网络具有很强的稳健性，这是因为那些度小的节点对整个网络的运行影响非常小，因此即使度小的节点出现异常情况不会对整个网络运行产生大的影响，非关键节点的加入或退出对整个创新网络的功能影响不大。这表现在实际情况中则是实力弱的企业在创新活动中很难掌握一定的核心技术或关键资源，最多成为参与创新者，很难成为创新发起者，因此他们的退出或破产对整个创新活动影响较小。因此从这个层面上看，科技园区创新网络具有较好的稳定性即鲁棒性。但正是基于这一点，那些度大的核心节点的作用则显得格外重要，由于核心节点在整个网络中占据主体地位，他们的核心竞争力往往是整个网络运行和演化的动力，因为这些节点通常是拥有关键技术、资本或者拥有主要市场的企业或科研院所，他们的功能越强就越能推动整个创新网络的演化发展，进而能更好地促进网络节点的成长和强化网络的市场功能。如果这些核心节点出现故障，即由于市场预期错误、技术更新换代、资金链断裂等问题，导致核心企业无法及时调整运营策略时，则整个创新活动将面临夭折，那么整个创新网络将面临崩溃的危险。这便是整个网络表现出来的脆弱性。由此可见，核心节点在网络中的重要地位，因此必须有效地培育和增强核心节点即关键企业的核心竞争力，只有这些核心企业的竞争力不断增强，抵御内外部环境变化的能力不断增强，才能保证创新网络的正常运行和壮大。

13.3.2 科技园区创新网络无标度网络模型

在经典的无标度网络模型中，节点增加的事件是确定的，但现实中的网络总是伴随着新节点的诞生和老节点的消失，同时节点之间的连边是不断发生变化的，这就注定了网络是处于不断演化过程中，所谓的平衡仅是暂时的、相对的，这在科技园区创新网络的演化过程中体现得非常明显。因此本章提出一种改进的无标度网络演化模型，目的是为了更好地描述科技园区创新网络中的加点、加边事件，进而更好地分析在科技园区特殊的区域内，创新网络是如何进行演化的。科技园区创新网络具体生成算法如下。

13.3.2.1 初始条件

假设最初网络有 M_0 个节点，m 条边组成，现随机选择 N 个节点组成局域网 G_N，其中 $M_0 \geqslant N$。

13.3.2.2 增长

新节点以概率 p 加入网络，且与原有节点产生 n 条边，其中新节点连接 G_N 中 i 节点的概率为 $P(k_i)$，其具体表达式如下

$$P(k_i) = P(i \in G_N) \frac{k_i}{\sum_{j \in G_N} k_j} \tag{13-1}$$

且有

$$P(i \in G_N) = \frac{N}{M} = \frac{N}{M_0 + pt} \tag{13-2}$$

13.3.2.3 择优加边

新节点择优连接到局域网 G_N 的节点 i，且以 $1-p$ 的概率增加 n 边。经过 t 个时间步，网络规模大小为 $M = M_0 + pt$，新网络边数为 $2nt + m$。经过足够长的时间后，新网络的平均度为

$$< k > = \frac{2nt + m}{M_0 + pt} \approx \frac{2n}{p} \tag{13-3}$$

由式（13-3）可知，当 $p=1$ 时，每个时间步都有新节点加入并择优连接到局域网 G_N 中，当 $N>n$ 时，网络于是演化成无标度网络；当 $p=0$ 时，在网络规模没有增加的基础上，网络边数不断增加，最终网络演化成为全连通的网络；当 $1<p<1$ 时，网络的节点数和边数共同增加，网络的度分布近似为幂律分布。下面采用平均场方法对新网络的节点度服从幂律分布加以证明。对一个新网络的节点 i 而言，其度 k_i 的变化包括两部分，一是新节点加入时择优选择该节点时度的增加；二是网络在加边的过程中，节点 i 与邻近节点择优选择随机加边后增加的度。由此可见，节点 i 的度 k_i 是动态变化的，其动力学方程满足

$$\frac{\partial k_i}{\partial t} = pnP(k_i) + (1-p)nP(i \in G_N) \sum_{o \in \Omega} \frac{k_o}{\sum_{j \in G_N} k_j} \frac{1}{k_o} \tag{13-4}$$

式（13-4）中 Ω 是节点 i 的邻接点集合，如果把节点 i 的邻接点 o 的度记为 k_o，那么择优选择节点 i 的概率 $P(k_i)$ 为

$$P(k_i) = P(i \in G_N) \frac{k_i}{\sum\limits_{j \in G_N} k_j} \tag{13-5}$$

于是可得

$$\frac{\partial k_i}{\partial t} = pnP(i \in G_N) \frac{k_i}{\sum\limits_{j \in G_N} k_j} + (1-p)nP(i \in G_N) \sum\limits_{o \in \Omega} \frac{k_o}{\sum\limits_{j \in G_N} k_j} \frac{1}{k_o} \tag{13-6}$$

式（13-6）中第一部分为加点过程中网络的度的增加，第二部分为加边过程中网络度数的增加。对方程（13-6）加以简化

$$\frac{\partial k_i}{\partial t} = pn \frac{N}{M_0 + pt} \frac{k_i}{\sum\limits_{j \in G_N} k_j} + (1-p)n \frac{N}{M_0 + pt} \sum\limits_{o \in \Omega} \frac{k_o}{\sum\limits_{j \in G_N} k_j} \frac{1}{k_o}$$

$$\approx pn \frac{N}{pt} \cdot \frac{k_i}{<k> \cdot N} + (1-p)n \frac{N}{pt} \cdot \frac{k_i}{<k> \cdot N}$$

$$\approx \frac{k_i}{2t} \tag{13-7}$$

对于式（13-7）而言，其初始条件为节点 i 在 t_i 时刻的度为 $k_i(t_i)$，于是可得

$$k_i(t_i) = n\left(\frac{t}{t_i}\right)\frac{1}{2} \tag{13-8}$$

对网络任意节点 i，其度 $k_i(t)$ 小于 k 的概率可以记为 $p(k_i(t) < k)$，于是有

$$p(k_i(t) < k) = p\left(t_i > \frac{n^2 t}{k^2}\right)$$

$$= 1 - p\left(t_i \leqslant \frac{n^2 t}{k^2}\right)$$

$$= 1 - \frac{n^2 t}{k^2(t + M_0)} \tag{13-9}$$

进而可得

$$p(k) = \frac{\partial p(k_i(t) < k)}{\partial k}$$

$$= \frac{2n^2 t}{M_0 + t} \cdot \frac{1}{k^3} \tag{13-10}$$

当 $t \to \infty$ 时，有

$$p(k) \approx \frac{2n^2}{k^3} \tag{13-11}$$

式中，幂指数 γ 接近于 3，且不依赖于参数 M_0，m，n 和连接概率 p，可见科技园区创新网络服从幂律分布，具有典型的无标度网络特征，符合研究的目的。

下面模拟仿真科技园区创新企业形成的无标度网络演化过程。最初发起创新活动的企业 1 和企业 2 进行创新合作，随着合作范围的扩大，不断有新的企业加入创新活动中，由于网络最初是由企业 1 和企业 2 发起并控制，新加入的企业自然与企业 1 和企业 2 进行连接，于是随着网络的扩大，部分新加入的企业受创新活动的类型或所在区域范围因素的影响有选择的连接较早加入网络的企业，进而构成最终网络。图 13-3 显示了当 $m=m_0=2$ 时科技园区创新企业形成无标度网络演化的过程。

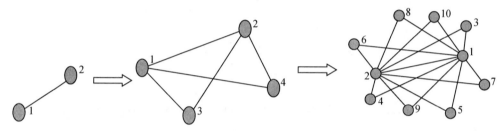

图 13-3　科技园区创新网络由 2 个企业演化到 10 个企业的过程

在科技园区创新网络形成的初始时刻，网络为无标度网络的基本形态，随着时间步的增长，新节点即新的创新主体不断加入到网络中，并与最先发起创新活动的企业进行合作，表现在网络结网过程则是新节点与网络中度数较高的老节点进行连接，随着网络的成长壮大，由于受区域限制，局部网络也表现出一定的无标度特性，其中图 13-4 为网络演化到 1000 个节点时网络度分布呈明显的幂律分布，且网络规模越大，模拟结果越理想。此外，科技园区创新网络中各节点的集聚程度反应了节点间的集中趋势，如果节点的连接比例越高，则说明该节点的网络地位越高，研究表明，连接比例高的节点通常是一些大型企业，在知识转移中占据重要的枢纽地位，拥有技术创新的主动权，同时影响着网络资源的转移和分配。当网络中某一个节点成为核心节点后，它与其他节点连接的概率增加，其聚类系数 $C(G_i)$ 相应增加，整个网络的 $C(G)$ 也会增加。因此，可以通过使用调整聚类系数的大小来模拟控制网络的集聚程度。反应到科技园区创新网络中，则可以通过调整节点间的集聚程度，以此来优化网络功能，进而促进科技园区整体创新能力。

综上所述，科技园区创新网络是一类典型的无标度网络，它具有典型的无标度网络特征，其节点连接具有择优选择性。无标度网络从本质上解释了科技园区

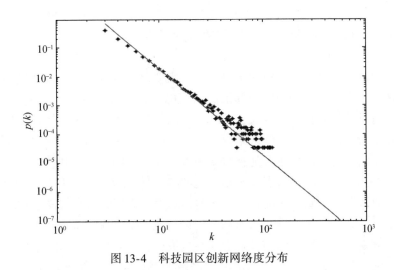

图 13-4　科技园区创新网络度分布

创新网络形成和演化的过程，营造一个适合科技园区创新网络发展的政策环境，保证科技园区创新网络的无标度特征，对于更好地发挥创新网络的功能具有重要的意义。运用无标度网络原理，对优化科技园区创新网络提供重要的理论支撑。在科技创新网络中，为了有效抵御和降低创新节点，可以通过控制网络节点间的交流频率，构建有利于创新主体间信息资源的传播和获取机制，增强信息在网络中的传播速度和可靠性，同时通过调整集聚化系数来提高创新网络的运行效率。用无标度网络的特征路径长度和聚类系数来表征科技园区创新网络节点间的交流频率和集聚化思想，为改善创新网络节点间的交流频率和集聚程度，提高创新网络整体创新能力提供了全新的思路。

13.4　科技园区创新网络运行效应分析

对于科技园区而言，创新网络运行效率的高低直接关系到该园区的创新能力和竞争优势的提高。科技园区创新网络内的企业、高校、科研院所、政府、中介等各个创新主体间相互交流和协作，他们在合作中频繁交流与接触，相互作用共同产生协同创新效应，促进了信息、技术和经验等网络知识的传播与扩散，形成了知识溢出效应。网络主体间通过频繁进行信息交流和知识共享，积累了更多的创新资本，对进一步创新创造了基础。创新网络的运行效应有助于提高科技园区的创新能力，同时有助于进一步强化各种网络化的联系，进而形成一种正反馈效应。

13.4.1 科技园区创新网络的动力机制

科技园区创新网络动力机制本身是一个需要培育的过程，可以通过园区内主体的学习，建立有效的治理结构及借助园区的外在力量如政府、专业产业协会、供应方、需求方等来实现，因此，动力机制的培育和优化有利于增强和提升科技园区的竞争力。传统的科技园区基本上是依靠政府号召在同一区域的简单的产业集群，企业之间的关系比较混乱，协作性差，缺乏共同的目标和使命，园区的自调节、自增强和自适应能力表现不足，这些造成园区动力机制的不成熟或缺失，园区内企业资源得不到优化配置，园区整体竞争力难以体现和提高。这就要求科技园区本身要学会组织力量来认识和学习园区的动力机制，掌握它的运行规律，并加以优化。园区应充分调动各个主体的积极性，建立高效的治理结构，引导企业以技术创新为基础，参与核心产品和高端产品的竞争，促进整个园区的优化升级。

13.4.1.1 本地化知识溢出是企业不断学习和创新的动力，也是提高企业竞争力的根源

创新网络中隐性知识的传播和人才的流动为企业创新带来了机会，企业间正式或非正式的合作有利于促进技术和知识溢出，在创新网络中，企业能够获得有关技术发展、产品信息等方面的溢出效应，能够通过网络知识的传播找到解决问题的新途径。因为技术创新存在较高的不确定性，特别依赖于信息。在创新网络中，信息可以充分流动，能够帮助企业迅速的发现技术方面变化，并能及时了解其他企业的动向，并制订相应的创新策略，以此来跟上创新步伐。此外，创新网络中众多的社会资本能够培养企业间的信任和合作，进而促进信息的传播。

13.4.1.2 企业面临的竞争驱动创新的产生

在科技飞速发展的今天，承担技术创新的高新技术企业面临着更加激烈的竞争。当某一个企业率先取得了创新，将会打破原来的竞争格局和企业间的利益分配格局，创新落后者先前拥有的创新将会贬值或者失去价值，同时会处于不利的竞争地位甚至面临生存危机，那些创新落后企业为了在激烈的竞争中追赶先进者必须进行更快更好地创新，从而体现出驱动创新的效果。

13. 4. 1. 3 模仿创新带来的推动效应

由于高新技术进步非常快，企业为了保持竞争优势必须不断地进行创新。一项新技术的诞生往往带来大量的模仿创新，由于模仿创新可以节约大量的研发投入，所以企业往往趋之若鹜，从而带来更多的创新。

13. 4. 2 科技园区创新网络的网络效应分析

13. 4. 2. 1 知识溢出效应

知识溢出是指组织中的知识特别是隐性知识（tacit knowledge）在组织间非自愿地传播、扩散、转移并被组织中的主体获取、利用。知识溢出可以有效提高区域的创新能力和生产力水平，是经济外在性的一种表现。在科技园区创新网络中，各创新主体可以从以下几个方面获取知识溢出效应，进而提高自身的创新能力和创新效率。一是企业、高校与科研院所人员的接触和人才的流动能够产生知识溢出效应。二是网络中各创新主体间直接联系促使了知识溢出效应的产生或获取。在同一网络中，各创新主体之间存在直接或间接的联系，随着联系和合作深度的加深，各主体之间的信息交流和知识转移的频率加快，从而产生了溢出效应。三是创新领先者起到示范带动作用，进而产生知识溢出效应。在科技园区创新网络中，率先产生的新技术、新工艺、新产品或新服务会迅速得到传播和扩散，并起到示范带动作用，带来其他企业的纷纷效仿，进而提高了整个区域的创新水平和创新效率。

13. 4. 2. 2 资源共享效应

这里所指的资源是一个宽泛的概念。一个企业所拥有的资源不仅包括它的无形资源，而且还包括各种无形资源，如品牌、营销渠道、技术研发经验、市场开拓经验、企业精神等，这些资源通常无法通过市场交易来获取。在科技园区创新网络中，不同的创新主体之间通过网络合作可以共享双方的资源，实现资源共享和互补，以弥补自身资源不足问题，同时还可以发挥各自的优势，实现共同创新，这也是创新网络的优势所在。

13. 4. 2. 3 协同效应

科技园区创新网络主体间的合作最重要的目的是获取协同效应，通过发挥协同效应可以实现合作的高效益。科技园区创新能力的提高不仅取决于各创新主体拥有的创新资源的多少、当地政策是否有效，而更多的是取决于创新主体间的有效互动与合作。创新主体通过网络合作能够充分发挥自己的优势，各主体间通过处理网络信息在经济与技术上共生，从而产生协同效应。在创新网络中知识、信息、技术、资金、人才及政策等资源要素频繁流动，为各创新主体相互合作提供了便利的条件，由此使得各创新主体能够各尽其能，取得"1+1>2"的效果。

13.4.2.4　社会资本积累

在科技园区创新网络中，社会资本是指各创新主体之间的社会联系等社会关系的综合，包括创新主体获取并利用各种社会关系获取外部信息和资源的能力。在创新网络中，不同的主体虽然追求不同的利益，但是如果在追求利益的过程中能够达成一个共同的取向，那么就能够开展交互式的学习，从而有助于知识尤其是隐性知识的传播和扩散，为创新主体间的合作奠定了基础。创新主体间的人际关系、文化环境等非技术方面的因素对合作创新具有很大的帮助作用。良好的社会资本有助于增强合作创新的成功率，建设创新合作的协调成本，从而提高了创新网络的效率。当一个高效的创新网络形成以后，便具有了其他区域难以模仿的优势，从而便具有了较强的竞争优势；反过来讲，竞争优势的形成能够进一步优化网络间的联系，形成一种正反馈效应。由此可见，社会资源越丰富，越有利于创新主体间的交流和合作，从而提高创新的效率，降低创新的不确定性。

13.4.3　科技园区创新网络的知识创新与扩散效应

现如今，普遍认为创新是新知识产生和交互作用的过程，是企业、科研机构和政策决策通过创新系统和网络共同参与的过程（Franz，2009），而知识的积累和扩散则是技术创新的主要表现形式，也是产业集群出现的根本原因（宋刚等，2009）。其中，创新网络的形成有利于知识的储备和知识资源的优化配置，同时有利于创新网络主体进行内部创新和模仿创新。研究表明，在网络结构对技术创新的影响过程中，知识整合起着完全的中介作用；在网络关系对技术创新的影响过程中，知识整合起着部分中介作用（惠青和邹艳，2010）。由此可见，知识在创新网络中的地位至关重要。因此，为了获取新知识，不同的创新主体间通过知识交流，互通有无，能够有效提高自己的研究和开发能力，进而提高自己的创新水平。一般来讲，创新活动的成本通常很高，且具有较大的风险性，但是，如果创新主体可以从其他主体获取所需知识的话，就可以不用为创新活动付出高昂代

价。下面通过具体的模型进行说明，首先对创新主体的创新过程建立模型

$$K_{i,\,t+1} = K_{i,\,t}(1 + \alpha_i) \tag{13-12}$$

其中，$K_{i,t+1}$ 表示创新主体 i 在 t 时刻的知识储备，α_i 表示创新主体 i 的创新能力范围 $[0,\,\alpha]$。但是，目前对公示（13-12）尚存在几点争议，一是知识是否随时间而线性增加不能确定，如果知识的积累可以认为就是学习的过程，那么知识的增加便是非线性的，因为知识的获取是一个复杂的过程，而且由于信任水平的不同，知识在复杂网络中的传播过程存在诸多障碍（宋刚等，2009），不同的个体、企业，不同的国家，其创新能力有很大差别，因此获取知识的能力也不同（Conceicão and Heitor，2002）。二是知识可能会随着时间的推移而贬值（Epple et al.，1996）。三是干中学对创新具有重要的影响。Epple 等（1996）使用模型验证了干中学对组织学习的影响，其模型如下

$$l/q = CQ^{\gamma} \tag{13-13}$$

式中，q 表示输出，l 表示学习时间，Q 表示累积输出，C 和 γ 是常数。如果常数 γ 越大，那么学习效率越高。考虑到时间因素，可以将公式（13-13）改为

$$l_t/q_t = CQ_{t-1}^{\gamma} \tag{13-14}$$

这里的 q_t 表示 t 时间段的知识输出，l_t 表示 t 时间段学习的时间，Q_{t-1} 表示在 $t-1$ 时间段内的知识的累积输出。因此，公式（13-14）可以变换为

$$q_t = (l_t/C)\,Q_{t-1}^{\gamma} \tag{13-15}$$

如果知识累积输出 Q_t 表示知识储备 K_t，那么创新主体 i 在 $t+1$ 时刻的知识储备是

$$K_{i,\,t+1} = (1 - \delta)K_{i,\,t} + q_t \tag{13-16}$$

式中，δ 表示知识的贬值率，如果 $0<\delta<1$，那么表示知识会随着时间而贬值。将上式中 q_t 置换为 $\alpha_i K_{t-1}^{\gamma}$，则有

$$K_{i,\,t+1} = (1 - \delta)K_{i,\,t} + \alpha_i K_{t-1}^{\gamma} \tag{13-17}$$

式中，$\alpha_i = l_t/C$，表示创新主体 i 的创新能力，公式（13-17）表示通过内部创新而积累知识的途径。

另一个知识积累的途径是创新网络中的主体通过吸收其他主体的知识。这里事先假设每一个主体都有从其他主体吸收知识的能力，而且其他主体给它学习的机会。如果把创新主体 i 的吸收能力定义为 β_i，那么 i 在 $t+1$ 时刻的知识积累可以描述为

$$K_{i,\,t+1} = (1 - \delta)K_{i,\,t} + \beta_i[K_{j,\,t} - K_{i,\,t}] \tag{13-18}$$

式中，$K_{j,t}$ 表示主体 i 随机选择的邻居 j 拥有的知识，这里假设所有的知识类型种类为 10，每一类型的知识属性为 5 个，每个属性是随机均匀分布在 $[0,\,1]$。在

两种条件下能够发生知识交流。第一，知识交流会发生

$$K_{i, t+1}^{E} \geqslant K_{i, t+1}^{S} \tag{13-19}$$

式中，$K_{i,t+1}^{E}$ 表示主体 i 在 $t+1$ 时刻与其他主体交流获取的知识量，$K_{i,t+1}^{S}$ 表示主体 i 在 $t+1$ 时刻自我创新获取的知识量。第二种发生知识交流的条件是双方达到了"巧合的需求"，意思是说主体 i 和 j 在互惠互利的需求条件下直接进行知识交流（Cowan and Jonard，2004）。此时

$$\min\{n(i, j), n(j, i)\} > 0 \tag{13-20}$$

式中，$n(i, j)$ 表示主体 i 直接支配主体 j 知识的属性。

下面介绍网络择优连接的情况。设 p 为网络节点随机连接的概率，当 $p=0$ 时，该网络是规则网络，当 $0<p<1$ 时，网络为小世界网络，当 $p=1$ 时，网络为随机网络。在每个时期，每个网络节点都有机会改变它的邻接点，这取决于随机连接概率 p 的大小，当布线的随机概率超过任一个值（从均匀分布 [0，1] 提取），那么该节点便有机会增加或减少它的邻接点。在网络模型中，无标度特性为那些有很多连接的节点提供了重新连接的机会。

创新网络中知识处于不断流动的状态，知识的流动加快了信息、技术等网络资源的扩散，有利于网络主体获取所需的知识，从而形成了有效的知识扩散效应。其中密集度高的网络能够促进企业间的信任与合作，进而有利于企业获得更多的高质量信息和默认知识。Freeman（1991）认为在集群内部存在着知识溢出效应，他指出促进集群创新网络发展和集群经济增长的最根本动力便是知识溢出效应。因为知识溢出在产业创新中起到决定性作用，企业创新网络的知识流动过程通常包括知识获取、知识创造、知识转移与知识应用四个环节。Kieron 和 Mark（2004）在分析了 R&D 自主水平、网络密度及知识溢出密度对创新网络的影响时发现，在时间序列上，网络的创新水平既是 R&D 的凸函数又是溢出密度的凹函数。由此看见，知识溢出对创新的产生具有很重要的影响。在创新网络中，网络主体地位与知识吸收能力具有很强的关系（Tsai，2002）。由此看见，知识溢出对创新的产生具有很重要的影响。在创新网络中，网络主体地位与知识吸收能力具有很强的关系，那些具有较强吸收能力的网络主体就越容易获得网络知识，其网络地位也较强，同时说明了此类网络主体的模仿和创新知识的能力越强。

创新网络中创新和知识的研究不可分割，网络中主体间的互动与协作产生知识和创新。对于创新网络知识流动不仅包括主体间的知识交流，而且包括主体自身的知识创造及知识吸收和扩散能力。对于创新网络而言，网络中知识流量越大则说明网络知识能力越强，其创新性和竞争性越明显。Marshall 曾指出知识是最

有效的生产手段，他认为知识是确保组织和机构拥有竞争优势的最重要的资源，它不仅体现在人才和技术中，而且体现在产品和服务等各个方面。OECD 在 1997 的研究报告中指出，在创新过程中，重要的不仅仅是研发投入，创新主体间的相互作用即知识流动也非常重要。因为知识在企业、技术人员间的流动有利于创新的产生，而创新网络能够促进知识有效流动，而知识的获取、共享及扩散正是在流动中实现的。由此可见，创新网络的主要功能便是创新主体间通过知识流动和扩散，进而产生创新。

13.4.4 知识共享在科技园区创新网络中的重要作用

知识经济时代，企业最重要的战略便是对知识资源的获取，因为知识是企业竞争优势的重要来源，知识资源优势决定着企业的竞争力（柴国荣等，2010）。随着市场竞争的加剧，企业必须不断保持知识创新，而知识创新关键是拥有有价值、不易被模仿和替代的知识资源。因此，企业取得竞争优势的有效途径是获取具有自身特性、不易外泄的专有知识。获取并有效利用知识的能力以便创造更多的价值是企业取得竞争优势的前提条件。那些以创新为基础的企业创新过程需要一个多元化的知识来源，包括现有的和新的知识，而网络则是获取所取知识的最有利方式（Kelley and O'Connor，2009）。

实践证明，创新网络是企业从外部获取知识的重要形式，企业间通过结成创新网络来实现知识共享，进而获取合作收益。创新网络促进了知识的扩散和转移，进而促进了新知识的产生，同时知识的扩散、转移和新知识的产业反过来又推动了创新网络的发展（蒋军锋等，2010）。Spencer（2003）通过研究全球企业网络中知识共享与创新绩效之间的关系时发现，企业通过网络可以有效实现知识共享，进而取得理想的创新绩效。创新网络的产出不仅取决于企业的努力水平，而且受到企业间共享隐性知识的巨大影响，如果企业能从合作者那里获取所需要的技术知识，那么不但可以从知识共享中获取更多的合作收益，而且能有效提高自己的经营领域的私有收益（孙耀吾，2008）。员工通过知识共享能够有效提高组织学习的能力，并为更好地创新奠定基础（Tsoukas and Vladimirou，2001）。因此在知识共享中必然伴随着企业间的竞争，而企业间的竞争正在逐步转化为企业在创新网络中的竞争（Andersen and Drejer，2009）。通常情况下，知识共享越充分，创新网络创造的合作收益越多，则企业获取的私有收益越多，那些依赖于知识共享而构建的有效团队或组织总是能取得理想的绩效（Huang，2009）。通常，地缘性企业间知识共享成本较低，其超额收益往往大于初始成本，企业间愿意共享知识（胡伟强和郭凯，2009）。由此可见，创新网络取得的收益及自身竞争力水平的高低在很大程度上取决于企业共享知识的多少。与传统的企业联盟不同的是创新网络的核心资产，如专利等知识产权具有排他性等公共品特征，同时由于企业贡献知识和努力程度难以证实，而且每个企业都是自私的"经济个体"，只想获得别人的隐性知识而不愿意与他人共享自己的隐性知识。因此，要提高企业共享知识的积极性，必须有效配置知识资产的控制权，进而增进企业合作创新收益，其中对知识共享的博弈分析研究意义重大。

科技园区创新网络能够为科技创新型企业提供集体学习机制，有效促进企业间知识共享并产生协同效应，进而实现网络的知识创新；创新网络还可以通过企业间的分工协作，减少创新的不确定性，而且企业可以充分利用创新网络资源，从而降低创新风险。网络中的知识共享和知识流动，产生了拉动效应和挤压效应，对企业进行知识创新起到了重要的作用。尤其是隐性知识在网络非正式交流过程中的传播和扩散，能够有效促进创新知识的产生。在创新网络中，知识的创新更多地依赖于知识的流动和共享，但由于知识尤其是隐性知识具有排他性，以及获取知识需要付出一定的成本，因此，知识并不能方便地在企业间流动，从而减少了知识创新的可能性。知识创新通常发生在有组织有目的的知识共享中，其中创新网络是促进企业间知识共享最好的平台。知识的创造和生产是创新网络最主要的活动之一，知识是减少创新复杂性的源泉（李金华，2006）。

首先，在创新网络中，现代通信技术的高度发达，为网络中的企业交流提供了便利，更为知识共享提供了方便、快捷和低廉的途径，能够有效降低知识传播与转移成本。创新网络有利于知识的储备和知识资源的优化配置，同时有利于创新网络主体进行内部创新和模仿创新。其次，创造网络中企业成员间相处的非正式关系，为那些不易编码和复制的隐性知识传播提供了可能，而网络外部编码或非编码知识通常能为知识创新提供有用的信息（Assimakopoulos and Yan，2006）。在同一创新网络中，企业间长期处于共同的文化氛围中，逐步建立了相互信任的合作关系，这种关系有助于隐性知识的传播。再次，企业间知识的差异性产生了知识共享行为（Liu MS and Liu NC，2008），企业间通过互动、集体学习而实现知识共享，从而促进了创新网络的发展，网络内企业通过长期正式和非正式合作与交流，在交互学习的基础上形成了以增强网络知识创新为目的的、相对稳定的关系网络。此外，创新网络有利于知识的储备和知识资源的优化配置，同时有利于创新网络主体进行内部创新和模仿创新。在现实世界中，多数企业都有自己独特的学习能力和创新能力。Love 和 Roper（2009）研究发现，通过团队间的交流和知识共享，企业间的协作效应得以实现，进而提高了产品研发水平和生产效率。因此，为了能获取新知识，企业间通过知识共享，互通有无，不断提高自己的研发能力，有效降低创新风险，进而提高自己的创新能力和创新水平。

13.5 本章小结

本章从复杂网络角度对科技园区创新网络的结构及运行过程等进行了分析和研究。首先就科技园区创新网络形成的必然性进行分析，构建了科技园区创新网络的理论模型，然后对科技园区的网络结构、网络主体构成和基本形态进行了研究，并对网络内的相互作用机制进行了分析；其次是对网络所具有的几个特性进行了分析和概括，并重点研究分析了科技园区创新网络具有的无标度网络特征，并构建了无标度网络模型，就网络的动力学行为进行了分析，为后文的实证研究做好了铺垫；最后，本章对科技园区创新网络的运行效率进行分析，重点对网络中的知识创新与扩散效应进行了研究。

14 科技园区创新网络的系统特性分析

14.1 科技园区创新网络的复杂性分析

14.1.1 科技园区创新网络复杂性原因分析

科技园区创新网络的形成是建立在企业之间通过各种协议、契约等正式或非正式关系上的，而企业之间相互依赖、风险共担等各种关系是错综复杂的，难以定量化分析，具有很多的不确定性。同时网络是开放的，其演化过程具有动态性，网络中的节点数量是不断变化的，伴随着新节点的加入和老节点的退出，网络关系发生变化，随之网络结构也发生变化。对整个网络而言，网络具有多层性，而且是一个立体结构，并非简单的平面结构，使其产生复杂化原因有以下五点：一是企业内人员的复杂性，企业间的合作体现在企业员工间的合作过程，而人类行为具有明显的复杂性，由于企业间的合作涉及相关企业领导及项目负责人、合作时间、地点和合作方式等方面的选择和决定，而这一切都是以人的行为复杂性为基础的。基于不同的角度不同的人会做出不同的选择，由此造就了企业之间合作的复杂性。二是不同行业复杂性带来的复杂化问题。在整个创新网络中，参与创新活动的企业往往涉及不同领域，由此带来了一定的行业跨度，并引发不同行业间不同理解的复杂性。三是不同组织关系带来复杂性。不同企业间的关系多种多样，其组织形式也多种多样，有横向的同行业之间的合作关系，也有母子公司的形式，由此造成的复杂的组织关系。四是企业合作的快速性带来复杂性。由于高新技术更新换代的频率不断加快，企业的合作过程也呈现出较强的快速性，在意识到自己有合作需求或者有相应的项目需要合作的时候，企业往往会迅速与合适的企业组建合作网络，互相协作。五是企业间合作的不确定性带来复杂性。企业合作的时间、成员和方式会随着项目的不同而不同，因此带来了更多的复杂性问题。

14.1.2 科技园区创新网络的多主体复杂性分析

科技园区创新网络本身是由企业、高校或科研院所、政府、专业中介组织等相互关联组织机构通过直接或间接连接组织起来的一个创新系统。其中企业是系统最重要的主体，每个主体都具有自身独特的资源和适应性，都有自己的目标、内部结构和生产的动力，且具有一定的主动性。由于科技园区创新网络是一个由多创新主体构成的系统，在网络中不同的创新主体担当不同的角色，这些具有不同功能和构造的创新主体通过网络，利用网络信息、相互间的沟通，以及自身拥有的知识、规则进行协作和决策，它们之间看似复杂的相互作用却可以产生单个创新主体不具有的特性——涌现性。通过创新网络运行机制的激发和调节，科技园区内的企业、高校或科研院所、政府、专业中介组织、金融风险投资机构等主体建立了密切的联系，知识、信息、技术、资金、人才等资源要素通过复杂的网络连接流动到需求节点，网络创新主体通过有效互动、相互激发，从而产生协同效应，进而加速创新的产生。创新活动的频繁进行必然会产生大量的创新，这将进一步提升创新主体的创新能力，并增强创新主体的创新意识和结网意识，进而优化科技园区创新文化环境。不断完善的创新文化环境反作用于创新网络的运行，促进创新网络组成部分的发育，进而促进整个创新网络的成长和完善。

科技园区创新网络创新主体即网络节点是多元的，各个创新主体通常占据着某一产业的不同环节，不仅包括上游的供应商（原材料、机器设备和服务的供应方），也包括下游的消费者，此外还有在生产上有互补性的其他企业，还有与技术、知识相关的企业，以及各类中介和专业机构，他们通常会提供咨询服务和技术支持等，同时还包括科研院所及政府部门。各类创新主体拥有异质性资源，而且具有不同的活动能力，共同形成网络资源。由于这些资源同存于一个网络区域内，具有相似的知识结构，有利于在网络节点间进行交流和共享，为创新主体间进行有效协作共同解决技术问题提供了基础。在创新网络内，不同的节点类型各异，所拥有的知识和技术各不相同，而且随着时间变化，创新主体拥有的知识和技术也相应变化，异质性知识和资源为创新主体间进行资源交流提供了可能性。资源的独特性和互补性成为网络形成的依赖条件和发展的动因，而能力的异质性则为企业协同创新提供了基础，如图 14-1 所示。

在科技园区创新网络中，创新资源是创新网络主体间发生联系的媒介，网络主体借助资源媒介，主动或被动地参与到创新活动中，形成了正式或非正式的关系。创新资源通常包括知识、信息、技术、资本、人才和原材料等。其中人才是

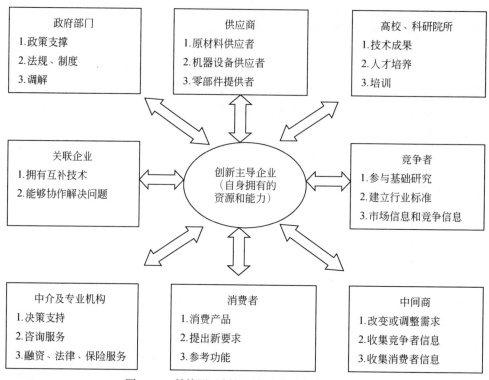

图 14-1 科技园区创新网络中各类主体的角色

创新活动中最重要的知识载体，人才的流动伴随着隐形知识的流动（范柏乃，2003）。在分析科技园区创新网络时，我们将其放在一个开放的环境中进行描述。在开发的环境中，有企业主体、中介组织主体、投资机构主体、政府主体及客户主体等几类主体。每类主体都在模仿现实中的相应主体的实际操作而进行决策活动，如企业间的软件外包行为、政府对软件产业的鼓励或奖励政策行为、中介组织的牵线搭桥行为、风险投资公司对企业的投资行为、银行调整贷款利率行为。

14.1.3 科技园区创新网络是一类典型的复杂适应系统

大量研究证明，复杂网络是一类典型的复杂系统（Strogatz，2001；张嗣瀛，2006）。Arthur 等（2001）通过研究指出创新网络是一种复杂适应性系统，知识通过网络内外部各种联系而流动，促进了网络内企业的创新，进而推动网络的发展。黄进永等（2009）指出可以把复杂网络看成是复杂系统，因为复杂网络节点可以看成是复杂系统的主体，节点间的联系便是主体间的关系。阮平南和高杰（2009）通过研究指出网络组织就是一类复杂适应系统，而且系统的适应性是网络组织演化的动力。类似于自然生态系统或社会系统，科技园区创新网络也是一个不断进化的复杂适应系统。科技园区创新网络之所以称之为一个复杂适应系统，是因为它能在环境发生变化下通过自组织、自学习、自适应，在不断演化中取得生产、发展，如同一个生态系统一样，能够充分利用系统的各种资源进行繁衍。

　　一个复杂系统的复杂适应特征主要表现在四个方面：一是整个系统由若干子系统组成，而且各个子系统的结构、运动模式和性质具有整体系统的特点，且整体系统的功能远远大于子系统功能之和，但子系统发生变化时，对整体影响不大。二是内部各个子系统相互之间是非线性的。三是整个创新网络是一个远离平衡态的开放系统。四是在科技园区所处环境范围内，创新网络具有自组织、自学习和自适应的功能，能够自动形成有序的状态，并能适应环境的变化而繁殖进化。在科技园区创新系统中，"复制"是指技术和知识在网络中的扩散和应用，"变异"是指网络主体在技术或产品方面取得了创新，网络主体通过竞争或者合作，经过市场的选择，在整个创新体系中共同形成了即分工又协作的创新生态系统，而且通过自组织、自学习、自适应不断进化，即走向成熟。

　　科技园区创新网络作为一个高度开放的系统，在开放的环境中，创新人才的流动及人才流动带来的技术转移显得非常普遍，同时科技园区又与外界保持着密切的联系，不断与外界进行能量和信息交换，这使得园区内的企业技术构成、产业结构、运行机制和管理机制都要为适应所处的环境而进行不断的革新。科技园区创新网络本身是一个良好的生态系统，网络内丰富的人才、知识、信息、技术等资源是其竞争力提升的主要因素。

　　当前，科技园区已经发展成为世界上最适宜高新技术产业发展的环境，如美国硅谷、印度的班加罗尔、中国台湾的新竹科技园等，这些科技园区发展的动力来源于其创新网络的形成和发展。在这些科技园区最初形成的时候，政府虽然起到了很大的推动作用，但真正的作用来自于科技园区自身的发展。因为它本身就是一个复杂系统，当政府作用开始减弱而外部市场环境力量占主导作用的时候，整个园区的发展就处于一种非平衡态，这种非平衡态注定了园区要不断地适应环境的变化而发展，即科技园区创新网络在市场竞争中常处于一个非平衡的状态，经常受到技术革新的冲击或破坏。技术革新是科技园区基因的突变，竞争和适应是科技园区创新网络系统复杂性表现。由此可见，整个科技园区的创新网络具有复杂适应系统所具有的自组织、自学习、自适应的特征，不断地演化、完善，并走向成熟，其创新能力也随着创新网络的发展而不断提高。

综上所述，科技园区创新网络可以看成是一个复杂的非线性系统，其系统内部诸多要素交互作用构成了一个复杂网络。该系统通常处于非平衡态，系统内各要素间的联系方式，以及系统与外部环境的关系都是在不断变化的，同时还存在诸多的反馈作用，由此导致了整个创新网络的不确定性。在科技园区内部存在着一套相互作用、有利于科技创新的系列机制，在推动技术创新和提高企业竞争力方面起着重要的作用。主体间通过交流物质和信息流而相互作用，并在交互作用的过程中取得学习的经验，以此来改变自身的结构和行为方式，进而取得不断的发展和演化。科技园区的竞争优势超过各个组成部分的简单加总，超过简单加总的部分便是科技园区区别于其他组织形式的显著系统特性。

14.2 科技园区创新网络的自组织演化机理分析

14.2.1 科技园区创新网络的自组织行为

在研究了科技园区创新网络的静态结构和特征的基础上，本节更多的就科技园区创新网络的动态性进行研究，主要阐述创新网络的自组织演化过程。所谓机理是指一定的系统结构中各组成部分为实现某一特定功能，其内在工作方式及诸要素在一定环境条件下相互联系、相互作用的运行规则和原理。就科技园区创新网络而言，其演化机理是指各创新主体之间相互联系和作用的过程与方式，主要包括资源共享机理、能力互补机理、组织学习机理及信任合作机理等。

自 20 世纪 60 年代末期开始，自组织理论逐步建立并发展成为一种系统理论，随后 Prigogine 于 1977 年在建立耗散结构理论（dissipative structure theory）时完善了自组织理论的认识。随着自组织理论研究的深入，逐渐由自然科学研究扩展到社会科学中来。社会系统（如城市集中）已经被确认为具有自组织特性，发达的经济系统也被证明具有自组织特性。自组织现象更多存在于那些合作组织中，尤其是那些复杂的技术创新组织，最典型的代表便是创新网络。可以说，技术创新作为工业发展的最重要引擎，是公司和其他研究机构自组织过程的结果（Biggiero，2001）。实践证明，创新网络具有明显的自组织特征（Rycroft and Kash，2002），因为创新网络系统的演化过程具有自组织行为所具有的动态性，以及内在要素整体协同共变性等特点。重要的是，创新网络主体具有自律、自适应和自我调节功能，各结点相对独立地行动或运作（张苜魁和党兴华，2009）。

主体间通过竞争或合作及协同作用，不断调整自身的状态和参数，以争取最大的利益或生产机会，并与环境之间相互影响，相互作用，目的是为了更好地适应环境（侯艳龙，2009）。创新主体间建立合作关系是在预期收益大于成本的前提下，每个主体即网络节点都表现为追求利益最大化。因此，创新网络主体间的连接是动态变化的，网络形成的过程是一个自我优化、自我发展的过程，在没有外力控制的前提下，网络能够自行组织、自行演化，逐步从无序走向有序，并形成有结构的系统；对网络自组织演化规律的把握有助于分析创新网络的拓扑结构和演化过程，避免一些不必要的投入（董攀等，2007）。自组织能力是创新网络适应全球化最关键的内生因素（Voets and Biggiero，2000）。

自组织是指在没有外部指令的情况下，系统按照某种相互默契的规则，自动地形成有序的结构，各组成部分各尽其责，具有协同性和自我调节特性。科技园区创新网络的自组织行为是指园区对环境进行自我适应，并能在适当的条件下，通过自身的选择来改变环境，从而形成新的更加有序的状态而采取的各种行为。其中包括集体学习、理性选择、形成关系契约和道德契约、培育园区文化、调解网络主体间的矛盾和冲突等。自组织理论为科技园区创新网络的研究提供了新的视角和方法，科技园区创新网络作为一类具有自组织能力的复杂系统，决定创新绩效提高的关键因素是创新主体间的协作关系。基于科技园区创新网络的开放性，各主体间相互作用使得创新活动具有复杂的非线性特征，创新网络及创新主体的涨落特征促使了创新网络系统的演化。因此，在培育科技园区创新网络时，应充分遵循不同发展阶段下网络发展和演化的规律，使网络各节点能够有效地遵循游戏规则，为实现共同目标而达成共识，建立共时性信任，不断增强网络的稳定性，有效地激发创新；同时要注重创新网络的自组织性特征，有效营造适宜其发展成长的区域环境和条件，进而提升创新网络运营效率。

科技园区创新网络的自组织行为还表现在适应环境和应对网络外部挑战的能力上。创新网络内的诸多主体能够判断并根据外部市场和环境的变化，适时地调整发展策略和竞合行为，灵活改变组织的结构和层次，且能在不断学习中完善层次结构和功能结构，使整个创新系统逐步由无序进化到有序，从低级进化到高级。同时，网络内逐步形成的创新文化氛围，能够有效协调各创新主体间的关系，激发整体的创新活力，为科技园区的自适应行为提供了良好的条件。另外，科技园区创新网络处于自我生长的过程，在没有诸如政府干预等外力作用下，创新网络内的专业化分工程度越来越高，创新主体间的交易活动更广泛、更密切，随着网络的成长，外部企业大量加盟，同时衍生出更多的新主体，从而壮大了网络规模和提升了网络的创新竞争力。

14.2.2　科技园区创新网络的自组织特性

自组织理论指出系统在形成基于时间、空间、功能结构的过程中，在没有外界施加特定的作用和影响下，系统可以依靠自身内部的相互作用趋于稳定。根据普里高津的耗散结构理论，自组织系统通常具有灵活性、可扩展性、容错性和自适应性等特征（朱晓娜和袁望冬，2009；肖冬平和顾新，2009）。对于科技园区创新网络形成过程而言，不仅符合自组织系统成长理论，而且满足自组织系统典型的四个特征。

14.2.2.1　科技园区创新网络的开放性

科技园区创新网络的开放性体现在创新活动中，创新主体根据创新资源的互补性原则寻求合作者，新主体的加入促进了网络的成长，创新活动的结束或者创新主体间的互补性不存在时，便会有主体脱离网络，但随着新的创新活动的发生，新一批创新主体又会出现。正是由于创新网络的开放性，才使得创新主体间自由结合，相互协作，进而实现更多的创新。

14.2.2.2　科技园区创新网络的非线性

科技园区创新网络中创新主体具有多元性，而且创新主体间存在各种正式或非正式的关系，因此在创新网络中存在着多种正向或负向的反馈环，反馈机制的作用使得创新主体间的关系变得更加复杂，呈现典型的非线性特征。正是由于非线性作用产生的新质逐渐增加，所以网络进化得以继续。技术创新通常以非线性方式出现，是创新网络内部各要素之间的相互作用和反馈的结果。可以用数学语言表述为：$Y=f(x_1, x_2, \cdots, x_n)$，$f(x_i+x_j) \neq f(x_i)+f(x_j)$，$i \neq j$，其中 x_i、x_j 表示网络系统内部的不同的投入要素。这说明创新网络系统内各要素之间并非简单的线性关系，而是一个多层次、多变量、多目标的非线性关系。

14.2.2.3　科技园区创新网络的非平衡性

非平衡性是系统趋向有序结构的必要条件，而且是对系统开放的进一步要求。处在非平衡状态的开放系统，系统外界带来的影响作用加大，并逐步促使系统形成有序结构。对于创新网络而言，其生存与发展的前提是不断地创造新的价值，新价值的创造意味着打破已有的平衡态，即取得某些功能或性能的突破，进而对所处的社会和技术秩序带来新的变革，技术的变革反作用于创新网络，并再次打破创新网络形成的平衡态，使创新网络始终保持非平衡态，进而不断地产生新的创新行为。

14.2.2.4 科技园区创新网络的涨落性

在物理学理论中，系统的涨落既是对系统平衡态的破坏，又是维持系统保持平衡态的动力。科技园区创新网络的涨落表现在两个方面，一是企业作为最主要的创新主体时肩负创新压力，面对激烈的市场竞争，要保持竞争优势，就必须不断地保持创新的活力，不断地寻找自身存在的缺陷及与先进企业之间的差距，形成自觉的创新动力，这构成了一种涨落现象。二是创新网络所处的环境是不断变化的，无论是市场环境还是科技环境，或者是政策环境，无时无刻不在波动，这些环境的变化势必会对创新网络的运行产生冲击，这些冲击构成了另一种形式的涨落。

总的来看，由于创新网络是有众多活性的智能体组成，这些智能体之间通过有形或无形进行链接，具有明显的动态性。网络成员即创新主体通过相互协作从事复杂的创新性活动，具有活性的网络节点具有自主决策权，对流经网络节点的信息都有加工处理能力。正是由于创新主体的活性智能特点，通过主体间的非线性作用，进而使得网络涌现出高效的自组织状态，并对网络外界具有较好的学习能力、应变能力，表现出较好的适应性。创新网络作为一个完整的系统具有单个节点和自网络不具有的整体功能和创新优势，它是自然演化的结果，具有动态协同进化特征。

14.2.3 科技园区创新网络自组织演化模型

在描述一个系统自组织演化的模型时，通常应用非线性动力学方程。实践证明，科技园区创新网络演化过程遵循由慢到快再到慢的一个过程，也就是说在网络形成初期，成长的速度较慢；等网络雏形形成后，吸引力逐步显现，越来越多的创新主体开始加入到创新网络中，此时网络成长速度较快；等网络逐渐成熟时，伴随着新节点的加入和旧节点的退出，网络成长速度慢慢趋于稳定，整个网络演化过程呈现出 S 型曲线（叶金国，2006）。由此，可以应用 Logistic 方程来分析科技园区创新网络演化的过程。在建立模型前，首先对模型建立的假设条件进行定义。假设①科技园区创新网络演化满足自组织条件；②创新主体为了不断优化自身所处的网络，适时地对结点做出调整；③本研究是在一个相对稳定的环境中对创新网络节点数量成长过程进行研究，不考虑干扰因素的存在。

14.2.3.1 模型构建

在上述分析的基础上，利用 Logistic 方程对科技园区创新网络中创新主体连结的数量及网络演化曲线进行研究，建立方程

$$\frac{\mathrm{d}n}{\mathrm{d}t} = \gamma n - \frac{\gamma n^2}{m}, \qquad n \big|_{t=t_0} = n_0 \tag{14-1}$$

式中，n 为创新网络节点即创新主体的个数，t 为时间，m 为创新网络的容纳量，γ 为网络节点的增长率，$\gamma n^2/m$ 表示由于网络内受资源、创新主体间信任程度等因素的影响，网络节点不能无限制增加。

令 $\frac{\mathrm{d}n}{\mathrm{d}t} = 0$，求得平衡点的解

$$n = \frac{m}{1 + (m/n_0 - 1)\mathrm{e}^{-\gamma t}} \tag{14-2}$$

由方程（14-2）可知，当 $t \to \infty$ 时，$n_\infty \to m$，网络节点数量逐步上升，渐趋近于 m 值。当 $0 < n_0 < m$ 时，$\frac{\mathrm{d}n}{\mathrm{d}t} > 0$，此时 $n(t)$ 呈现为单调递增。对 $\frac{\mathrm{d}n}{\mathrm{d}t}$ 再次求导得

$$\frac{\mathrm{d}^2 n}{\mathrm{d}t^2} = n\gamma^2 \left(1 - \frac{2n}{m}\right)\left(1 - \frac{n}{m}\right) \tag{14-3}$$

由方程（14-3）可知，当 $n < \frac{m}{2}$ 时，$\frac{\mathrm{d}^2 n}{\mathrm{d}t^2} > 0$，网络节点演化趋势曲线下凸；$n > \frac{m}{2}$ 时，$\frac{\mathrm{d}^2 n}{\mathrm{d}t^2} < 0$ 曲线上凸。

14.2.3.2 模型分析

在对科技园区创新网络演化过程了解以后，在建立自组织演化模型前，首先要找出影响科技园区创新网络演化的相关因素即状态变量。其中，创新网络所处的环境及网络自身的成长能力都会影响到创新网络的形成，因此创新网络规模演化过程具有有限性。如果用 M 表示网络演化规模的极限值，N 表示创新网络的规模，用来表示创新网络演化的状态变量，可知 N 是 n 的一个时间函数，即 $N = n(t)$。

$$\frac{\mathrm{d}n}{\mathrm{d}t} = \theta N(M - N) \tag{14-4}$$

式中，θ 表示网络演化速度系数，且有 $\theta > 0$，$M > 0$，因为 $\theta \leq 0$，$M \leq 0$ 时网络没有存在的意义。结合 Logistic 曲线方程分析可知，方程（14-4）表示创新网络的

演化趋势符合 Logistic 曲线，且有解

$$N = \frac{M}{1 + ae^{-\theta Mt}} \tag{14-5}$$

式中，$a = e^{-a}$，a 是积分常数，由网络演化的初始条件决定。设 $N(0) = b$，则 $0 < b < M$，于是有

$$N = \frac{M}{1 + \left(\dfrac{M}{b} - 1\right)e^{-\theta Mt}} \tag{14-6}$$

式（14-4）表示科技园区创新网络节点数量在任一时刻的增长速度，若 $\theta > 0$，则式（14-5）描绘的是创新网络演化过程的动态变化轨迹。对公式（14-4）再次求导可得

$$\frac{\mathrm{d}^2 n}{\mathrm{d}t^2} = \theta^2 N(M - N)(M - 2N) \tag{14-7}$$

公式（14-7）可用来表示在任一时刻，网络节点数量增加的加速度。由 $\dfrac{\mathrm{d}^2 n}{\mathrm{d}t^2} = 0$ 可得网络演化曲线的拐点。由于 $0 < n < M$，因此拐点出现在 $n^* = M/2$ 处，代入式（14-5）得 $t^* = \dfrac{\ln a}{\theta}$，此时 $\dfrac{\mathrm{d}n}{\mathrm{d}t}\Big|_{t=t^*} = \dfrac{\theta M}{4}$。再次对式（14-7）求导，得

$$\frac{\mathrm{d}^3 n}{\mathrm{d}t^3} = \theta^3 N(M - N)\left[M - (3 + \sqrt{3})N\right]\left[M - (3 - \sqrt{3})N\right] \tag{14-8}$$

令 $\dfrac{\mathrm{d}^3 n}{\mathrm{d}t^3} = 0$，可得 $n_1 = \dfrac{M}{3+\sqrt{3}}$，$n_2 = \dfrac{M}{3-\sqrt{3}}$，代入式（14-5）中得 $t_1 = \dfrac{\ln a - \ln(2 + \sqrt{3})}{\theta}$，$t_2 = \dfrac{\ln a + \ln(2 + \sqrt{3})}{\theta}$；此时有 $\dfrac{\mathrm{d}n}{\mathrm{d}t}\Big|_{t=t_1} = \dfrac{\theta M}{6}$，$\dfrac{\mathrm{d}n}{\mathrm{d}t}\Big|_{t=t_2} = \dfrac{\theta M}{6}$。由此可见，网络成长曲线存在两个对称点 $\left(t_1, \dfrac{\theta M}{6}\right)$ 和 $\left(t_2, \dfrac{\theta M}{6}\right)$，对应此两个对称点，由演化曲线方程（14-4）可知两个稳定状态参数分别是 $n_1 = \dfrac{M}{3+\sqrt{3}}$，$n_2 = \dfrac{M}{3-\sqrt{3}}$；当 $t \to \infty$ 时，$n_\infty \to M$，$\dfrac{\mathrm{d}n}{\mathrm{d}t} \to 0$。

综上所述，结合创新网络演化曲线图可知，科技园区创新网络规模 N 随时间变化遵循 S 型曲线增长。当时间趋向无穷大时，网络节点数接近于极限值 M，同时在后文的研究发现，这一过程具有动态性，当网络达到成熟时，伴随网络新节点的加入及旧节点的退出，网络节点的总数趋于稳定。

14.3 科技园区创新网络涌现性分析

14.3.1 涌现的内涵

涌现（emergence）是复杂科学的一个概念，涌现现象是以组成系统的子系统相互作用为基础的，它比单个行为的简单累加要复杂得多（Holland，1998）。早在 20 世纪 50 年代，许多研究组织如圣塔菲研究所和众多专家如 Köhler，Bertalanffy 和 Checkland 等对涌现现象做了深入研究，为现代科学规范的涌现性理论研究做出了重要的贡献。Holland 和 Casti 等通过研究复杂适应系统提出了涌现的概念框架。我国著名学者钱学森在研究复杂巨系统时也对系统的涌现性做出了定性和定量的推断。这些学者们普遍认为，复杂系统的特性不能简单从其组成部分中推导而来，低层次组织的机理不能完全解释高层次组织机理，系统具有不能还原成其他组分的属性，而那种组分不会有，只有系统才具备的属性、特征功能和行为便是涌现性（emergence property），它是复杂系统多特有的一种性质（钱学森等，1990）。按照圣塔菲研究者们的观点，涌现通常具有三大特性，一是涌现的普遍性，无论是有生命的世界还是无生命的世界都存在涌现现象；二是涌现的系统性，即发生涌现现象的事物通常涉及组分的相互作用，是一种系统现象和系统特性；三是涌现的恒新性，也就是说涌现现象通常是难以预料的。概括起来讲，涌现是在微观主体进化的基础上，宏观系统在性能和机构上的突变，是一种从低层次到高层次的过渡，在这一过渡中产生了新质。

14.3.2 科技园区创新网络涌现性表现

在一个成熟的科技园区创新网络中，每个创新主体都因与其他关联主体发生竞合关系，并能适时改变自身的发展环境，并从网络中受益。创新网络内主体间相互耦合作用产生了黏合现象，远远超出了独立主体间相互作用的效果。整个园区的创新网络发挥的总体功能远远大于各个组成部分之和的作用，而且系统具有的属性、特征和行为等与单个创新主体不同，这便是创新网络的涌现性特征。科技园区创新网络在形成、发展和壮大的过程中表现出众多的涌现性现象。

14.3.2.1 经济效益的涌现

科技园区创新网络内的企业能够获取更多的市场机会和更低的交易成本，企业间可以通过信息和知识的传播和交流提高创新效率，进而提升市场竞争力。

14.3.2.2　创新和学习能力的涌现

科技园区创新网络内拥有大量的科技型人才，为创新主体间进行技术创新和交流学习提供了智力保障。在良好的创新和学习氛围中，创新主体能够获取最新的技术和知识，能够有效激发创新意识，从而提高整体的创新和学习能力。

14.3.2.3　企业竞争力的涌现

创新网络内的企业比网络外的企业具有明显的抵御创新风险的能力，同时具有较强的内部协调能力和外部协调能力。

14.3.2.4　科技园区竞争力的涌现

科技园区创新网络内的承诺与信任关系将各个创新主体连接成为一个柔性的协作系统。园区内形成高效的创新网络，显示出优越的竞争力，同时促进了园区所在区域的经济协同增长与繁荣，这种涌现现象随着园区的成长表现得越来越显著。

14.3.2.5　品牌价值的涌现

园区品牌的构建，如美国的硅谷、印度的班加罗尔软件园、中国的中关村软件园等区域品牌和优势让园区内的企业共享产业品牌，有效提高了企业的知名度和品牌效应。当一个科技园区创新网络完善并成熟后，其品牌价值将得到最有效地提升，且能成为一个区域乃至国家的标志性品牌。此外，随着科技园区的演化和发展，创新网络的自组织能力、自适应能力和自我增强的能力不断得到提高，有力地促进了科技型企业的壮大和发展。创新网络的涌现性既促进了园区对市场和环境的适应，又使得园区在更广阔的范围内与其他园区进行交流和合作。

14.3.3　科技园区创新网络的涌现性机理

科技园区创新网络的涌现性是整个园区创新系统的结构效应或结构增值，有三个本质特征：一是创新网络整体的涌现特征不是所有创新主体特征之和，网络整体的创新效果远远大于个体之和，即存在"1+1>2"的效果。二是创新网络涌现的特征种类与创新主体特征的种类不尽相同，如网络内创新文化与企业文化是截然不同的。三是网络整体的涌现性很难由单个企业行为特征进行推导和预测。

一般而言，创新网络的涌现性具有难预测、动态性、相关性和宏观约束性，有些涌现现象通常是隐性存在的。Holland 一再强调研究涌现性的关键是找出那些可识别和重复出现的现象，因为涌现具有可识别性和可重复性。涌现性正是具有重复出现的规律特征和固定模式，才使得人们认识到系统动力的作用。创新网络的涌现性表现出的不同规律将影响到整个网络的创新效率和自组织行为，以及网络内知识共享、协同效应、外部效应、规模经济及与外界环境的共生等效应。研究科技园区创新网络内在机理，首先要研究创新网络的涌现性规律。科技园区创新网络的涌现性与网络的成熟度即网络广度和深度有关。网络的深度是指网络的行为质量，包括创新主体的行为质量，以及创新主体间耦合作用的强度。网络的广度是指网络内创新主体的活动范围。创新网络整体的涌现特征是网络深度和广度共同作用的结果，如图 14-2 所示。

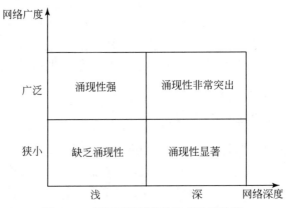

图 14-2 创新网络涌现性和成熟度关系

科技园区创新网络的涌现性还反映在不同的形成阶段，如图 14-3 所示。从图 14-3 可以看出，在网络成熟期涌现性最强，增长率也最显著，在孵化期即网络形成初期则缺乏明显的涌现性。随着网络的逐步完善，表现出越来越多的涌现性。科技园区创新网络的涌现性还反映在网络与外部环境相互作用上。一个开放的环境能够为网络形成涌现性提供必要的资源和约束条件，创新网络只有涌现出适应环境约束和有效利用环境资源的结构和属性，才能生存并发展下去。环境中许多资源单靠个体难以获得，而通过创新网络则能有效获得，且能承受环境带来的压力和约束。因此，掌握了创新网络自组织行为的涌现性规律和其控制因素，对促进创新网络的自组织生长，指导和控制网络内创新主体的发展起着关键性作用。

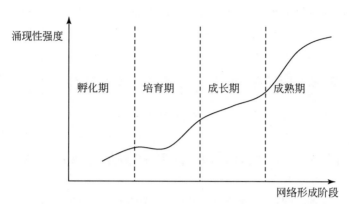

图 14-3　创新网络涌现性与形成阶段的关系

14.4　本 章 小 结

　　本章从复杂系统角度出发，重点对科技园区创新网络的系统复杂性进行分析和研究。首先就科技园区创新网络的系统特性进行了研究和分析，明确指出科技园区创新网络是一类典型的复杂适应系统，且具有自组织、自学习、自适应的系统特性；其次是交代了科技园区创新网络系统的构成主体及主体间的关系；再次重点就科技园区创新网络的自组织运行机理进行了深入研究，通过建立自组织演化模型对科技园区创新网络的演化进程进行详细的分析和研究；最后重点分析研究了科技园区作为一个系统整体表现出来的涌现性特征。

15 科技园区创新网络动态演化过程分析

15.1 科技园区创新网络的动态演化指标

创新网络的演化即创新网络成长和完善的过程。本章将在创新网络运行机理研究的基础上，从网络的密度、范围、稳定性等宏观方面，以及网络节点的学习能力等微观方面来研究创新网络演化过程，并就不同阶段的网络发育特征进行分析。研究发现，创新网络的形成是一个动态变化的过程，网络联系的类型也是在不断变化的，不同的运行机理作用于不同阶段的网络，不同阶段的网络具有不同的发育特征，本章重点分析不同阶段的创新网络具有的演化特征，其内在关系如图 15-1 所示。

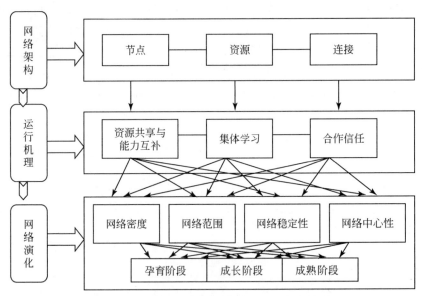

图 15-1　科技园区创新网络动态演化内在关系

15.1.1 网络密度

网络密度作为一个量度指标，用来描述网络内实际存在的联系数量占可能联系数量的比例大小。对于无向图来说，可以用公式（15-1）来表示

$$e = \frac{2L}{n(n-1)} \tag{15-1}$$

式中，L 表示网络中实际连线数，n 表示网络节点数，且网络节点连线数最大值为 $n(n-1)/2$ 条。而对于有向图来说，网络节点间连线数最大值为 $n(n-1)$ 条，因此有向图的网络密度可以用公式（15-2）来表示

$$e = \frac{L}{n(n-1)} \tag{15-2}$$

由于网络是协作和资源共享的主要渠道，其动力来自于网络主体间的关联密度与关系强度（李丹，2009），而网络关联密度和关系强度反映了网络成员间的关系是紧密的还是松散的、是直接关系还是间接关系，并决定网络成员共享资源的深度和广度，从侧面反映了整个群体的网络结构。Nunzia（2004）在研究中指出，网络强关系反映了企业间长期的相互联系，网络成员之间往往超越正式的契约关系，形成高度信任，紧密联系的网络关系，更容易共享同质性资源；而网络的弱联系则反映了网络成员之间的异质性较强，能够提供独特的资源，进而扩大了网络中共享资源的广度。Allen（2000）认为网络密度的大小反应了创新网络内的企业能够获得的创新资源的丰裕程度。姚玉舟（2008）指出网络结构组成最重要的就是网络节点，也就是网络创新主体，而网络节点间关系链是各种网络资源流动的关键通道。毛加强和崔敏（2010）通过量表的开发、检验和相关分析等研究发现，集群创新网络密度与技术创新之间存在正相关关系，集群网络强度与技术创新之间存在负相关关系。

在网络运行机理的作用下，随着网络内企业的结网与退出，创新主体的数量将发生相应的变动，网络密度也随之变化。在网络形成初期，创新网络对企业的集聚效应还不够明显，但随着网络的逐步成长，其资源的共享性和能力的互补性逐步增强，更多的企业被吸引过来，网络密度越来越大。网络密度的大小反应了创新网络内的企业能够获得的创新资源的丰裕程度。网络密度的疏密大小，对创新网络的演化过程产生的影响不同，不同的影响对网络的形成产生直接或间接的影响，见表15-1。

表 15-1　网络密度对创新网络的影响

网络密度	知识聚合	知识重组	知识创新
高	企业间互补性越强,为知识共享和交流带来更大的可能性;但也会带来网络的封闭性,不利于从网络外部获取知识	密度高的网络有利于形成合作信任和合作规范,能够有效促进资源的优化配置,有利于知识重组	密集度高的网络虽然有利于知识创新;但会形成密度和结构冗余,容易产生技术封锁
低	网络密度低反应了网络结构的开放性较大,有利于企业从网络外部获取知识和资源	密度低的网络不利于产生信任机制,不利于知识资源的优化配置	密度低的网络具有异质性的网络知识,同时企业的外向性突出,有利于网络知识的整合与创新

此外,网络密度的过高或过低将不利于网络的创新能力。文嫱(2005)认为在网络承受范围内,如果一个创新网络的密度越大,其拥有的创新能力和潜力就越大。Takeda 等(2008)基于复杂网络和区域创新网络理论,对日本的山形地区的创新网络进行了研究,指出网络结构和物理密度对提高网络知识流动和资源转化效率等具有重要的作用。Schlling 和 Phelps(2007)研究指出网络结构能够直接影响到网络的创新潜力和知识的创造,网络结构密度高所能提供的信息传输能力就强,进而有利于促进网络节点间交流与合作,非冗余连接的结构能够使网络最大限度地利用网络资源。总的来说,网络密度越大对网络主体的态度、行为等产生的影响越大。

15.1.2　网络范围

网络范围指的是网络内企业与其他创新主体之间的关系种类,反应了创新网络内关系类型的丰富程度及各种关系的异质程度。网络范围不同于网络密度的地方在于描述的侧重点不同,网络范围强调的是企业在创新网络中获取创新资源的手段和方式的多样性。网络范围及节点拥有的知识和信息既要有多样性,又不能太过多元化,必须在一个有效的范围内。只有在有效的范围内,网络关系类型越多,网络内的企业获得的互补性的异质类信息或资源才能越多,形成的网络范围才会更大。

网络范围代表了网络节点连接不同类型节点的程度,网络范围对创新型的产业网络研究意义重大,如果一个企业与网络中各类节点都有联系,则该企业具有获取不同性质的知识和信息的能力，那么该企业便拥有较强的创新能力和创新潜力。具有垂直关系的本地网络，其知识结构具有高度的协同性，跨部门的知识沟通与交流越畅通。具有水平关系的网络，其节点的多元化程度高，便于多样化的知识和信息资源的交流，有利于拓宽学习范围，形成更多的思维交叉点。网络范围通常可以通过外部学习加以拓展，如果一个网络开放性越大，那么该网络的范围可以得到有效拓展，见表15-2。

表15-2　网络范围对创新网络的影响

网络范围	知识聚合	知识重组	知识创新
规模大	企业可以接受来自网络内外部更大范围内的异质知识源，可供聚合的知识种类多	企业能够在需要时找到恰当的能力互补的合作者，帮助其吸收和重组新知识	网络内合作者和竞争者多，知识多元化特征明显，有利于知识转化，激发创新动能
规模小	企业只能在有限的范围内接受知识，容易产生模仿创新	企业能够寻找帮助的知识提供者范围小，不利于其知识吸收和重组	企业创新知识缺乏，知识冗余性高，技术封锁现象出现，不利于知识转化和创新

15.1.3　网络稳定性

创新网络内创新主体间合作信任越好，创新网络的稳定性越好，越有利于激发创新的产生，但其中的信任机理是随着创新网络的成长而逐步建立起来的，它的建立依赖于一定的社会环境条件。在创新网络过程形成过程中，正是由于网络与环境间的相互影响，以及在创新过程中随机事件的频繁出现，导致了创新网络的不稳定性，这就要求创新主体必须不断保持与外界的联系，以适应变化的环境（Laurens et al.，2010）。良好的网络文化环境有利于信任的产生，网络内企业的价值观念，企业领导人的心理素质，整个网络所在区域的社会风气都在影响着信任机理的产生和运行。盖文启认为影响人与人之间能否建立相互信任相互合作关系的一个重要因素便是人们是否有追求创新的热情。Cooke（2002）认为在特定的社会文化环境中产生的信任、信赖、互惠互利等社会资本，能够有效地规范网络创新主体的行为，使网络节点自觉地遵循有利于创新的合作原则，保障了网络内的知识和信息高效、真实地流动，使得经济活动具有可预见性和可靠性，有效防止产生欺诈等不良行为，从而激发创新活动，进而增强了网络的稳定性。良好的社会文化在改善信任合作氛围的同时，促进网络成员维护网络关系，增强了本地的根治性（de Bresson and Ammesse, 1991）。因此，网络的合作信任程度的好坏也反映了网络企业的根植性强弱，见表 15-3。

表 15-3　网络稳定性对创新网络的影响

网络稳定性	知识聚合	知识重组	知识创新
强	合作信任关系容易建立，道德风险降低，有利于企业获取多元化知识和共享重要知识	良好的合作关系下，企业间彼此信任和相互了解，知识供给双方能够明确对方需求，有利于知识流动，为企业知识重组提供了便利	企业间合作关系越持久，彼此间共享知识的可能性越大，越有利于企业内部知识的开发与创新
弱	难以建立合作关系，企业间彼此不信任，不利于网络知识的流动和聚合	未经历长久的合作和了解，企业间知识合作短期现象明显，难以在需要时吸收有用知识，不利于知识重组	企业间短期的合作关系使企业不得不经常寻找新的合作伙伴，难以激发创新，不利于知识开发和创新

15.1.4　网络中心性

网络中心性反映了网络的集中或集权程度。如果一个网络中少数节点的中心性较高，多数节点的中心性偏低，则该网络的中心性水平较高。网络中心性水平的高低决定了网络中创新主体间的分布，同时影响着网络中创新扩散和资源流动的能力，实践证明，中心性较高的节点的创新能力明显高于中心性偏低的节点。具有高度中心性水平的节点（通常是主导型创新企业）在网络结构中占据着具有战略意义的位置，网络中其他的企业或潜在加入企业必然会积极与这些主导型创新企业建立联系，希望成为他们的合作伙伴。在这种情况下，中心性较高的主导型企业更容易与其他创新主体建立合作关系，从而获取更多的创新资源，如资金、信息和人才等，同时这些主导型创新企业拥有更多的机会和实力进行创新扩散。

对于科技园区创新网络而言，那些拥有关键技术和雄厚的资金实力的企业往往是创新的主导者，在网络中占据核心地位，即拥有较高的中心性位置，其他创新主体愿意和这样的企业进行创新合作。拥有较高中心性的创新主体通常是关键技术或产品的主导者，他们有能力和实力去模仿和学习网络外更高的技术和更好的产品，而拥有较低中心性的主体通常模仿和学习网络中技术或产品的领先者。因此，那些拥有较高中心性水平的创新主体为了保证自己的中心位置，更加倾向于向网络外部学习，倾向于使用和创造新技术或新产品。

15.2　科技园区创新网络演化阶段分析

理论上讲，某事物运行的内在机理决定了该事物外在的表现形式。反应到创新网络而言，其外在的网络构建形式受网络的运行机理决定，而不同阶段的网络运行机理不同，因此不同阶段的网络发育特征各异。李守伟和程发新（2009）研究发现在不同的网络形成期，产业网络的拓扑结构是在不断调整的，且在萌芽期、成长期和成熟期具有无标度特性。结合事物的生命周期理论，将创新网络看成是有生命力的组织，在第 14 章分析了创新网络具有开放性、非线性、非平衡性等耗散结构特征，以及自组织特性的基础上，研究发现，创新网络的耗散性及自组织性主要体现在创新主体（网络节点）及网络与所处的环境之间的相互作用上，正是这些相互作用的关系促使了创新网络自我调节和自我完善，同时发现创新网络的形成过程可以分为孕育期、成长期和成熟期三个阶段。在网络形成初期，资源共享和能力互补发挥着重要的作用，随着合作的进一步深入，创新主体间交易的增加，创新网络间合作信任效应逐步显现，合作氛围逐步融洽，促进了创新主体间的合作和创新网络的进一步发育，当合作信任由强制性的契约信任发展到自觉的共识信任，创新网络便逐步走向成熟。

15.2.1　孕育期分析

科技园区最初形成的时候，只是一些松散的高新技术企业的集聚，企业间相对独立存在。随着园区的发展壮大，外部环境的变化及国际市场的冲击，园区内的企业彼此间由于业务需要加深了联系，并逐步迈上合作的道路。尤其是那些在产业链上存在上下游关系的企业，围绕某一产业或产品，逐步结成相对稳定的合作关系。当合作的需求和愿望越来越普遍时，一种新型的合作组织即网络逐步建立起来。在创新网络形成初期，首先是一个或几个创新主体为了取得某项技术或产品上的突破或创新，发起创新活动，寻求有互补能力的主体参与，出现了纵向的专业化分工与协作，逐步产生了外部经济性，并形成了核心网络层结构。此阶段的网络特征表现为网络节点联结过于松散，网络密度小，网络的稳定性较差，网络节点的学习能力不强，网络创新氛围不够浓厚，合作方建立在规范的合作制度和契约下进行创新活动，依赖于政府的协调和帮助；网络节点的创新欲望和团队合作动力不能完全发挥，创新主体间只是简单地进行知识聚合。在初期创新网络中，创新主体多通过观察、模仿进行知识转化，企业间的个体隐形知识逐渐成为公共显现知识，行为规范、企业道德准则、商业惯例逐步透明。由于网络初期拓扑结构随机性较大，网络效应和网络效益难以全面体现，因此在网络初期创新绩效不高（Choi et al.，2010）。

15.2.2　成长期分析

随着创新主体间合作的深入，创新网络逐步成长起来，网络演化进入柔性的专业化阶段，创新主体间的合作越来越广泛。网络内逐渐形成了较为清晰的垂直与水平分工结构，专业类服务机构和中介组织越来越完善，行业协会与技术中心开始在创新活动中发挥作用，与创新主体间的联系越来越频繁。网络主体在共同的社会背景下，彼此的信任程度不断增强，网络内隐形知识和信息技术得到快速传播，网络知识不断得到碰撞、激化和重组，集体学习的动能开始激发，主体间的非正式联系越来越频繁。此阶段的创新网络基本具备了完善的创新要素，知识、信息、技术、资本、人才等资源可以在网络节点间快速而有效的传递，网络资源总量不断增强，整个网络具有较强的"虹吸效应"，知识的共享性和互补性较强，网络的密度较大。随着创新网络的成长，越来越多的创新主体开始加入网络中，创新主体间的分工协作网络逐渐发达，专业服务机构也形成了强有力的支撑网络。此时，创新主体间建立了多边联系，一些共享知识的子网络顺势而生，网络知识共享充分，新知识不断产生。不同的创新主体的技术人员或管理人员通过非正式网络关系交流创新心得，创新主体由此受益于知识与创新的溢出效应，进而增加创新动力和创新能力。

15.2.3　成熟期分析

伴随创新合作的进程，创新网络逐步走向成熟阶段。网络内以自主创新为主，并显现出品牌效应，网络创新主体不断地进行协同创新，创新网络以集体学习为主要特征。网络多种创新主体并存，逐步形成了核心层、辅助层和外围层协同创新的良好局面。网络节点联结更趋紧密，创新资源及时高效地流动，具有明显的知识溢出效应。隐性的人际关系网络及社会网络丰富，这些非正式的创新网络发挥着强大的作用。陈雪梅和赵坷（2001）认为，此阶段的网络隐性知识、技术和信息流动顺畅，有效促进了网络企业的创新速度和效率。在成熟期的创新网络，创新主体的共同认知度较高，促进了共同文化的形成，增强了创新主体的地方根植性，逐步体现出了马歇尔所谓的"创新的空气"。成熟期的创新网络要素趋于完备，创新主体间的关系较为稳定，网络密度趋于合理，网络范围拓展路径丰富，能够获得较强的外部能力。网络内形成了较好的社会资本，如"信任"、"互惠"、"忠诚"，在规范网络节点的行为上发挥着不可替代的作用。成熟期的网络营造出集体学习的浓烈氛围，企业通过知识重组将网络知识转化为个体知识，进而转化为竞争优势，创新网络不断衍生出新的企业，并显现出强大的网络创新能力。此时的网络具有很强的开放性，网络内外的企业、供应商、竞争者、消费者等都保持了较好的联系，网络整体具有强大的生命力，形成了具有较高知名度的品牌，如图15-2所示。

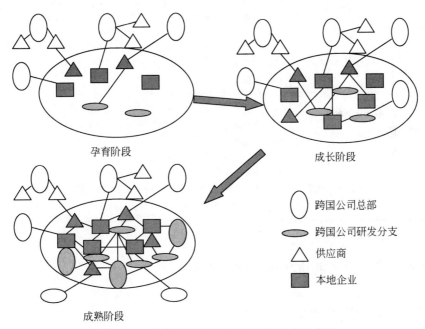

图15-2　科技园区创新网络动态演化概念模型

　　综上所述，在孕育期，新的创新主体逐步增加；在成长期，新主体以一定的速度快速增加；到了成熟期，主体的增加与减少的数量趋于平衡，整个科技园区创新网络中节点数量是以非线性方式增长的。其中科技园区创新网络的阶段模式及内涵可以概括为表 15-4。

表 15-4 科技园区创新网络演化阶段的主要特征

网络阶段	创新层次	内涵
孕育期	知识创造层	由知识创造和传播的主体——高校和科研院所等从事科技知识生产活动的主体构成
	技术开发层	由技术创新投入、技术创新活动和承担收益、风险的主体——企业或科研单位构成，在市场机制的激励下，这些主体具有技术创新的能力和动力
	科技服务层	主要由中介组织和政府机构等构成，是沟通科技创造、流动、传播的桥梁和纽带
成长期	单一要素创新	单一要素创新通常是指那些局部的、相对独立的要素创新
	综合要素创新	综合要素创新强调创新的多方面、多元化，无论是技术、人才、硬件设施，还是创新文化，甚至整个国民素质等都要创新
成熟期	形成组织模式创新	组织模式创新强调要打造和增强区域创新主体企业，强化创新网络组织的学习能力，目的是提高创新网络结构或产业组织的自我调整机能
	推动产业升级和优化产业结构	利用创新网络，利用区域优势和特点，不断优化区域产业结构，不断提升产业的技术含量和附加值，使区域经济和产业发展保持持久创新活力
	形成区域竞争优势	从结构优化上利用产业布局弥补区域资源不足，推动创新网络演化主体的非行政化，目的是不断提升区域的内在素质和整体竞争力，使得创新网络脱离政府干预而自动演化

15.2.4 科技园区创新网络的演化趋势

15.2.4.1 网络知识化

随着知识经济时代的到来，知识正成为经济和社会发展的最重要的战略资源，也是企业发展的最重要的战略要素，因此以知识为基础的创新竞争正在日益白热化。占有、配置、生产和利用知识资源的多寡是企业获取竞争优势的关键，是企业能否取得创新、走可持续发展道路的关键。因此，企业为了更好地获取知识资源，必须借助高效的组织形式，创新网络的形成正是为了促进和提高企业获取、共享和利用知识而构建的。网络的诞生比单一企业能够更有效地对知识进行生产、转移和重组，其前提条件是创造出协调机制，进而促进成员间更好地协作。

15.2.4.2 网络虚拟化

对于科技园区创新网络而言，其组织形式不同于真正的物理网络，如Internet 网络，有物理连接，创新网络本身是一种关系组合，是一个无形的虚拟组织。虚拟组织通常是通过共享特殊的使命尤其是共享信息技术平台而建立的用来协调活动的网络伙伴关系。创新网络可以通过现代的信息网络，建立共同的信息基础和同步设计，在世界范围内获取知识资源（李凯和李世杰，2004）。面对竞争日益激烈的国内外市场，一个企业尤其是对科技型企业而言，要取得市场竞争的优势，关键是要拥有关键技术、关键知识，且对市场变化具有较高的敏感性。基于此，构建虚拟化的创新网络是应对网络经济时代企业创新的大势所趋。

15.2.4.3 网络国际化

卡斯特曾把 20 世纪末全球出现的新经济称之为 "全球化的网络经济"。他指出经济领域最核心的活动是生产、处理和利用以知识为主的信息资源；对资本、技术、信息、市场、管理、劳动和原材料的生产、消费与流通及它们之间的组合是在全球范围内组织起来的；企业间进行的生产力增进和竞争的持续都是在网络间互动的全球网络中进行的（Poloreux，2004）。经济全球化为企业在全球范围内利用和合理配置创新资源提供了便利，但同时也对企业在创新速度、适应市场环境方面增加了越来越多的压力。在机会和压力面前，组建国际化的创新型网络组织，是企业尤其是国际化程度较高的企业保持持久竞争力的有效选择。

15.3 科技园区创新网络复制动态演化博弈分析

科技园区创新网络的形成过程必然涉及企业竞合问题，在讨论企业竞合问题时，学术界通常应用合作或非合作博弈方法。传统博弈论通常假设博弈双方是完全理性的，而且在信息充分的环境里，由此得出的博弈均衡解有些牵强，而Smith 提出的演化博弈理论正好弥补了传统博弈论的不足。Jackson 和 Watts（2002）曾指出，由于演化博弈理论具有动态调整和学习过程等动态机制特征，从而为研究群体行为进化和稳定机制提供了较好的分析方法。Zander（2002）在研究瑞典通用电器公司与瑞士的 Brown–Boveri 合作创新网络的形成时指出，创新网络的最初形成具有一定的经济逻辑，当网络形成时，由于某种经济动因开始不断地演化，其形成是一个不断演化的复杂的过程。

本章从有限理性出发，认为博弈双方的策略均衡不再是一次性博弈的结果，而是一个不断学习和调整的结果，通过多次博弈和长期的学习与改进，博弈双方趋向稳定策略，而且在稳定策略条件下，个别"突变"策略并不能带来收益，此时的稳定策略称之为"进化稳定策略"（ESS）。正是由于科技园区创新网络具有互补性、开放性、动态性、根植性和协同竞争性才导致了网络的复杂性，进而导致创新主体间博弈的有限理性。在有限理性前提下，科技园区创新网络的形成便是一个动态的学习与调整过程。因此，本章在基于科技园区创新网络具有的特性基础上，借助演化博弈理论研究创新网络形成机理，构建创新网络复制动态模型，并从中找出影响创新网络形成的主要因素。

15.3.1 博弈模型的建立

假设某一科技园区中存在一个正在成长中的创新网络，在网络外部存在一些试图加入该网络的企业。假设博弈方 A 代表网络外部试图加入的企业群，博弈方 B 代表网络内部企业群。博弈方 A 有两个选择，一是"加入"网络，二是"不加入"；博弈方 B 也有两个选择，"接受"或"不接受" A 的加入。由于博弈双方对创新的认识能力和预测能力有限，因此，博弈双方符合有限理性的条件。博弈双方支付矩阵，见表 15-5。

表 15-5　博弈双方的支付矩阵

		博弈方 B	
		接受	不接受
博弈方 A	加入	$(R_A+\gamma_A T_A-\beta_A T_A,\ R_B+\gamma_B T_B-\beta_B T_B)$	$(R'_A,\ R'_B)$
	不加入	$(R'_A,\ R'_B)$	$(R'_A,\ R'_B)$

其中 R'_A、R'_B 分别表示博弈方 A 如果无法加入创新网络时双方的收益；R_A、R_B 分别表示博弈方 A 加入网络后双方的收益，其中 $R'_A < R_A$，$R'_B < R_B$；T_A、T_B 分别表示博弈双方拥有的创新水平，γ_A、γ_B 为创新收益系数，表示双方在合作创新时吸收并转化对方创新知识的能力，则 $\gamma_A T_A$、$\gamma_B T_B$ 分别表示博弈方 A 加入创新网络后双方获得的额外收益；β_A、β_B 为创新风险系数，分别表示博弈双方

合作创新时带来的风险大小，则 $\beta_A T_A$、$\beta_B T$ 分别表示博弈双方为合作创新所支付的成本。通常情况下，合作创新获得的收益要大于合作时付出的成本，即 $\gamma_A T_A > \beta_A T_A$，$\gamma_B T_B > \beta_B T_B$，这在后面的研究中得以证明。

15.3.2 博弈过程分析

现假设博弈方 A 采取"加入"创新网络策略的企业比例为 λ，则采取"不加入"策略的企业比例数为 $1-\lambda$；同时假设博弈方 B 采取"接受" A 加入创新网络策略的企业比例为 ρ，则采取"不接受"策略的企业比例为 $1-\rho$。因此可以计算出博弈方 A 选择"加入"和"不加入"策略的期望收益 U_A^e、U_A^n，以及博弈方 A 的平均收益 $\bar{U}_A$，各收益表达式分别为

$$U_A^e = \rho(R_A + \gamma_A T_A - \beta_A T_A) + (1-\rho)R'_A \tag{15-3}$$

$$U_A^n = \rho R'_A + (1-\rho)R'_A \tag{15-4}$$

$$\bar{U}_A = \lambda U_A^e + (1-\lambda)U_A^n = \lambda \rho T_A(\gamma_A - \beta_A) + R'_A \tag{15-5}$$

同理可得博弈方 B 选择"接受"策略和"不接受"策略的企业期望收益和平均收益 U_B^y、U_B^n、$\bar{U}_B$，数学表达式分别为

$$U_B^y = \lambda(R_B + \gamma_B T_B - \beta_B T_B) + (1-\lambda)R'_B \tag{15-6}$$

$$U_B^n = \lambda R_B + (1-\lambda)R'_B \tag{15-7}$$

$$\bar{U}_B = \rho U_B^y + (1-\rho)U_B^n = \lambda \rho T_B(\gamma_B - \beta_B) + R'_B \tag{15-8}$$

由于复制动态概念指出博弈的优势策略转变是一个渐进的过程，因此可以用复制动态方程表示策略调整的速度，现在对博弈双方进行复制动态分析。

博弈方 A 群体复制动态方程为

$$\frac{d\lambda}{dt} = \lambda(U_A^e - \bar{U}_A) = \lambda(1-\lambda)\rho T_A(\gamma_A - \beta_A) \tag{15-9}$$

方程（15-9）表示博弈方 A 选择"加入"策略类型的企业随时间变化的比例与博弈方 A 的企业数量成正比，与博弈方 A 选择"加入"策略类型的期望收益大于所有博弈方 A 平均收益成正比。

当 $\rho = 0$ 时，$\frac{d\lambda}{dt} \equiv 0$，因此 λ 为任意值都是稳定状态；当 $\rho \neq 0$ 时，则只有 $\lambda = 0$ 和 $\lambda = 1$ 的两个稳定状态；在 $\rho \neq 0$ 条件下，那么当 $\gamma_A < \beta_A$ 时，$\lambda^* = 0$ 是进化稳定策略；当 $\gamma_A > \beta_A$ 时，$\lambda^* = 1$ 是进化稳定策略。博弈方 A 群体动态方程相位图如图 15-3 所示。

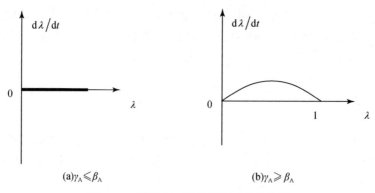

(a)$\gamma_A \leqslant \beta_A$ (b)$\gamma_A \geqslant \beta_A$

图 15-3 博弈方 A 群体复制动态相位图

同理可得博弈方 B 的群体复制动态方程为

$$\frac{d\rho}{dt} = \rho(U_B^\gamma - \bar{U}_B) = \rho(1-\rho)\lambda T_B(\gamma_B - \beta_B) \tag{15-10}$$

根据动态方程（15-10）可知，当 $\lambda = 0$ 时，$\frac{d\rho}{dt} \equiv 0$，因此任意 ρ 值都是稳定状态；当 $\lambda \neq 0$，则只有 $\rho = 0$ 和 $\rho = 1$ 的两个稳定状态。在 $\lambda \neq 0$ 条件下，当 $\gamma_B < \beta_B$ 时，$\rho^* = 0$ 是进化稳定策略；当 $\gamma_B > \beta_B$ 时，$\rho^* = 1$ 是进化稳定策略。

博弈方 B 群体动态方程相位图如图 15-4 所示。

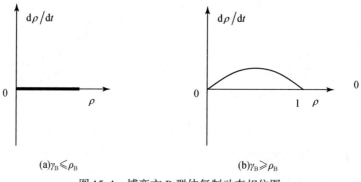

(a)$\gamma_B \leqslant \rho_B$ (b)$\gamma_B \geqslant \rho_B$

图 15-4 博弈方 B 群体复制动态相位图

15.3.3 博弈结果分析

基于上述科技园区创新网络形成演化博弈模型可知，博弈双方的比例变化复制动态的关系可以在以两个比例 λ、ρ 为坐标图上标示，如图 15-5 所示。

242

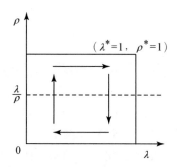

图 15-5　复制动态博弈的关系和稳定性

从图 15-5 可以看出，博弈双方的进化稳定策略只有唯一点（$\lambda^*=1$，$\rho^*=1$），其他各点均不具有复制动态的收敛特性，且抗扰动能力差。由此可见，在有限理性条件下，博弈双方经过长期的反复博弈后，学习和调整策略的结果是：潜在加入创新网络的企业在 $\gamma_A>\beta_A$ 情况下，即创新收益大于创新风险的条件下，则加入创新网络带来的收益大于 0（$(\gamma_A-\beta_A)\,T_A>0$），在利益驱使下，最终所有的企业都选择加入创新网络；同理，创新网络内原有企业在 $\gamma_B>\beta_B$ 情况下，最终选择的结果是接受新企业的加入。由此可见，当收益系数 γ 越大，风险系数 β 越小时，博弈结果最终收敛于（$\lambda^*=1$，$\rho^*=1$）的可能性就越大。

在创新网络中，收益系数 γ 通常与企业的吸收和转化创新知识的能力有关。实践证明，通过提高员工素质，构建良好的企业内外部正式和非正式的交流渠道，能够有效提高企业吸收和转化知识的能力，进而促进创新网络的形成和维护。风险系数 β 主要由创新网络的内外部环境决定，如果创新网络所处环境良好，每个创新主体间彼此信任，网络内正式和非正式交流和合作关系融洽，那么每个创新主体都愿意合作，合作创新意愿越强，越容易促使创新网络的形成。在运行效率高的创新网络中，企业采取合作创新所付出的成本就越小，相应的创新风险系数就越低。因此，良好的网络环境对创新网络形成及运行具有重要的促进作用。

综上所述，科技园区创新网络的形成是创新主体间进行演化博弈的结果，是网络外部化的过程，其形成动机是网络可以带来正效应，网络通过自身的系统性和网络内部要素之间的互补性使得创新主体之间产生协同性，从而使网络的创新能力大于个体创新能力之和。通过对创新主体间博弈过程的分析，我们发现在创新收益大于创新成本的前提下，企业通过学习、模仿和调整逐渐加入到网络中，促进了科技园区创新网络的形成。此外，研究结果证明影响科技园区创新网络形成与运行的重要因素主要包括创新主体吸收和转化创新知识的能力，以及创新网络所处环境的优劣。

15.4 科技园区创新网络动态演化仿真

本节将借助社会网络分析软件 Ucinet6.2 对科技园区创新网络演化过程及网络结构进行分析，探讨创新网络形成过程及网络结构存在的问题，希望利用网络分析方法解释创新网络如何形成及企业如何利用创新网络进行创新活动，了解创新资源在网络中的流动状态，明确科技园区创新网络的结构特征及作用，找出网络中引导创新协同行为的关键性创新主体，目的在于不断优化创新网络，为科技园区内企业提供更好的创新平台。

本节以某科技园区为研究对象，基于运作规模、技术条件、人才资源、创新合作意愿等方面的条件，对园区内的组织单位进行比较和筛选，最终选取园区内18 家单位为分析对象，应用社会网络分析方法仿真创新网络的演化过程，并对最终形成的网络结构、节点中心性、凝聚子群等进行分析。具体过程如下：借助组织单位的日志调查及访谈结果，绘制网络结构图的演化过程及最终网络图。例如，在网络形成初期，某组织单位 E1 计划开展某项技术创新或产品开发，并与组织单位 E2 建立合作关系，在合作过程中基于对人才、技术、信息、资金等资源的需求不断与其他组织单位进行交流，逐渐吸引了越来越多的单位加入创新活动，新加入的创新主体通常会与最新发起创新活动的企业 E1 或企业 E2 即创新主导者建立联系，同时基于自身的需要也会带来自己的合作的伙伴，最终发展到18 家组织单位，为方便描述，18 家组织单位的编号分别为 E1 ~ E18。其最终的创新合作关系矩阵，见表 15-6。

表 15-6　某科技园区创新网络关系矩阵表

编号	E1	E2	E3	E4	E5	E6	E7	E8	E9	E10	E11	E12	E13	E14	E15	E16	E17	E18
E1	0	1	1	1	0	1	0	1	1	0	1	0	1	1	1	0	1	0
E2	1	0	1	0	1	0	1	0	1	1	0	1	1	1	0	1	0	0
E3	1	1	0	1	0	0	0	0	0	0	1	0	0	0	0	0	0	0
E4	1	0	1	0	1	0	0	0	0	0	0	0	1	0	0	0	0	0
E5	0	1	0	1	0	0	0	0	0	0	0	0	0	0	0	0	0	0
E6	1	0	0	0	0	0	1	1	0	0	0	0	0	0	1	0	0	0
E7	0	1	0	0	0	0	1	0	0	0	0	0	0	0	0	0	0	0

续表

编号	E1	E2	E3	E4	E5	E6	E7	E8	E9	E10	E11	E12	E13	E14	E15	E16	E17	E18
E8	1	0	0	0	0	1	0	0	0	0	1	0	0	0	0	0	0	0
E9	1	1	0	0	0	0	0	0	0	0	0	0	0	0	0	0	0	0
E10	0	1	0	0	0	0	0	0	0	0	0	0	0	0	0	0	0	0
E11	1	0	1	0	0	0	0	1	0	0	0	1	0	0	0	0	0	0
E12	0	1	0	0	0	0	0	0	0	0	0	1	0	1	0	0	0	0
E13	1	1	0	1	0	0	0	0	0	0	0	0	0	0	0	1	0	0
E14	1	1	0	0	0	0	0	0	0	0	0	0	0	0	0	0	0	0
E15	1	0	0	0	0	1	0	0	0	0	0	0	0	1	0	0	0	0
E16	0	1	0	0	0	0	0	0	0	0	0	0	1	0	0	0	0	0
E17	1	0	0	0	0	0	0	0	0	0	0	0	0	0	0	0	0	1
E18	0	0	0	0	0	0	0	0	0	0	0	0	0	0	0	0	1	0

　　本篇不考虑组织间合作关系的方向性，因此，可认为构建的创新合作关系矩阵是对称矩阵。同时绘制出涉及 18 家组织单位的创新合作关系网络，该网络的演化过程及最终网络如图 15-6 所示。

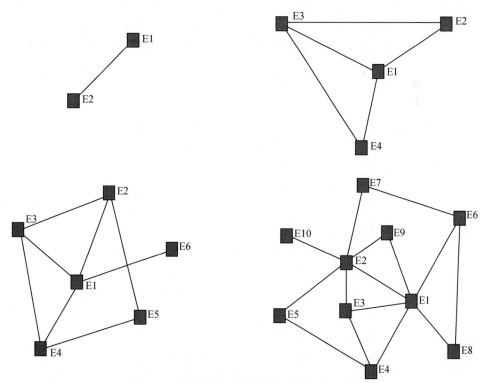

图 15-6　某科技园区创新网络动态演化示意图

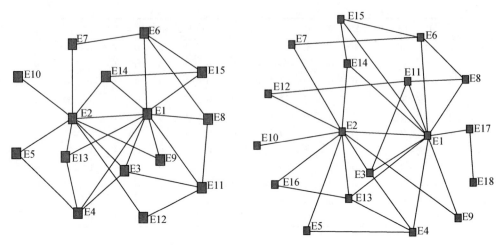

图 15-6　某科技园区创新网络动态演化示意图（续）

借助 Ucinet6.2 软件计算可知，该创新网络的平均密度为 0.2059，这是一个相对偏低的网络的密度值，表明该科技园区中存在一定程度的创新协作关系，但创新协作关系的紧密程度不高。前文交代，平均路径长度反映了网络中任意两个节点（即创新主体）间实施创新网络行为所需经过的连线数，通过 Ucinet6.2 软件计算可得，整个创新网络的平均路径长度及任何两个节点之间的距离，见表 15-7。

表 15-7　某科技园区创新网络捷径距离

编号	E1	E2	E3	E4	E5	E6	E7	E8	E9	E10	E11	E12	E13	E14	E15	E16	E17	E18
E1	0	1	1	1	2	1	2	1	1	2	1	2	1	1	1	2	1	2
E2	1	0	1	2	1	2	1	2	1	1	2	1	1	1	2	1	2	3
E3	1	1	0	1	2	2	2	2	2	2	1	2	2	2	2	2	2	3
E4	1	2	1	0	1	2	3	2	2	3	2	3	1	2	2	2	2	3
E5	2	1	2	1	0	3	2	3	2	2	3	2	2	2	3	2	3	4
E6	1	2	2	2	3	0	1	1	2	3	2	3	2	2	1	3	2	3
E7	2	1	2	3	2	1	0	2	2	2	3	2	2	2	2	2	3	4
E8	1	2	2	2	3	1	2	0	2	3	1	2	2	2	2	3	2	3
E9	1	1	2	2	2	2	2	2	0	2	2	2	2	2	2	2	2	3
E10	2	1	2	3	2	3	2	3	2	0	3	2	2	2	3	2	3	4

续表

编号	E1	E2	E3	E4	E5	E6	E7	E8	E9	E10	E11	E12	E13	E14	E15	E16	E17	E18
E11	1	2	1	2	3	2	3	1	2	3	0	1	2	2	2	3	2	3
E12	2	1	2	3	2	3	2	2	2	2	1	0	2	2	3	2	3	4
E13	1	1	2	1	2	2	2	2	2	2	2	2	0	2	2	1	2	3
E14	1	1	2	2	2	2	2	2	2	2	2	2	2	0	2	2	2	3
E15	1	2	2	2	3	1	2	2	2	3	2	3	2	1	0	3	2	3
E16	2	1	2	2	2	3	2	3	2	2	3	2	1	2	3	0	3	4
E17	1	2	2	2	3	2	2	3	2	2	3	2	2	2	2	3	0	1
E18	2	3	3	3	4	3	4	3	3	4	3	4	3	3	3	4	1	0

注：Average distance＝2.075

Distance-based cohesion（"Compactness"）＝0.559

Distance-weighted fragmentation（"Breadth"）＝0.441

通过测算可知，整个创新网络的平均路径长度为 2.075，即绝大多数的创新主体通过平均 1 个媒介主体就可以和另外一个创新主体建立协同关系。例如，节点 E4 如果想和节点 E7 建立创新协作关系，需要通过 2 个媒介主体才可以实现；而节点 E7 如果想和节点 E18 建立协作关系需要通过 3 个媒介主体才可以实现。此外，计算结果显示，建立在"距离"基础上的凝聚力指数为 0.559。该指数越大，表明该网络越具有凝聚力，由此可见，该科技园区创新网络 18 个节点间的关系比较紧密，凝聚力较强。此外，整个网络的聚类系数为 0.394。在进行凝聚子群分析时，本节选择 n-派系进行分析，选择 n 为 2 时，由此可以将创新网络划分为 6 个 2-派系，见表 15-8 所示。

表 15-8　2-派系分析结果

N-CLIQUES

Max Distance（$n-$）：2

Minimum Set Size：　　　　4

6 2-cliques found.

　1：　E1 E2 E3 E5 E7 E10 E12 E13 E14 E16

　2：　E1 E2 E3 E7 E8 E9 E12 E13 E14

　3：　E1 E2 E3 E6 E7 E8 E9 E13 E14 E15

　4：　E1 E2 E3 E4 E6 E8 E9 E11 E14 E15 E17

　5：　E1 E2 E3 E4 E5 E9 E13 E14 E16

　6：　E1 E2 E3 E8 E9 E11 E12 E13

其中 E1，E2，E3 同属于 6 个派系，说明最先发起创新活动的主体以及较早加入创新活动的主体在每个派系中都是关键成员，也就是说不同成员间进行交流的媒介角色通常由 E1，E2，E3 扮演。在由 18 个节点构成的网络中，存在 6 个 2-派系，说明该网络连通性较好，多数节点或者直接相连（距离为 1），或者通过一个共同的临点（距离为 2）间接相连。同时，借助 Ucinet6.2 软件进一步计算网络的点度中心性等相关指标，结果见表 15-9 所示。

表 15-9　某科技园区创新网络结构特征表

节点编号	绝对度数中心度	相对度数中心度	接近中心度	中间中心度
E1	11.000	64.706	73.913	48.799
E2	10.000	58.824	68.000	38.664
E3	4.000	23.529	54.839	2.243
E4	4.000	23.529	50.000	3.235
E5	2.000	11.765	43.590	0.637
E6	4.000	23.529	48.571	3.382
E7	2.000	11.765	45.946	1.409
E8	3.000	17.647	48.571	0.699
E9	2.000	11.765	51.515	0.000
E10	1.000	5.882	41.463	0.000
E11	4.000	23.529	48.571	3.431
E12	2.000	11.765	44.737	0.968
E13	4.000	23.529	54.839	3.517
E14	2.000	17.647	53.125	1.471
E15	3.000	17.647	47.222	0.368
E16	2.000	11.765	43.590	0.000
E17	2.000	11.765	45.946	11.765
E18	1.000	5.882	32.075	0.000

注：关于中心度测度值是标准化后的数据

　　Network Centralization (degree) = 46.713%

　　Network in-Centralization = 52.80%

　　Network Centralization Index = 45.92%

由表 15-9 可知，节点 E1 度数最高，节点 E2 次之，且它们的中心势处于整个网络的较高水平，整个网络的平均度指数为 46.713%，整个网络的度数中心势为 52.80%，中间中心度为 45.92%，相对合理。此外，节点 E1 和节点 E2 的中介性非常高，在整个创新网络运行中起到关键的"桥梁"位势，直接关联着 E17、E18 和 E10、E15 等节点，使这些主体不孤立于整体创新网络之外。同时在网络中也存在很多中介性较低的创新主体，如 E10、E17 和 E18 等节点。这些创新主体没有广泛的与其他协同主体建立更多的协同关系，原因可能是自身的技术水平、创新资源、创新实力有限，也可能存在一定的协同合作的进入壁垒，也可能是存在沟通、交流或者是制度方面等问题。从表 15-10 可以看出，节点 E1 的有效规模最大，等级度最小，说明节点 E1 在网络中拥有的控制力较强，而节点 E18 限制度和等级度均为最大，说明其在网络中地位偏低。因此，在培育优化网络运行过程中，需要加强核心主体与这些边缘主体间的沟通与合作，尽可能将网络主体充分融入创新网络协同运作中来。

表 15-10　某科技园区创新网络结构洞测算

节点编号	有效规模	效率	限制度	等级度
E1	6.778	0.753	0.222	0.006
E2	6.556	0.728	0.221	0.009
E3	3.400	0.680	0.296	0.015
E4	2.500	0.625	0.368	0.026
E5	3.667	0.611	0.311	0.032
E6	4.667	0.778	0.244	0.027
E7	3.800	0.760	0.278	0.012
E8	3.800	0.760	0.280	0.008
E9	4.000	0.667	0.282	0.023
E10	4.143	0.592	0.302	0.012
E11	3.400	0.680	0.309	0.023
E12	5.000	0.714	0.243	0.010
E13	5.000	0.833	0.227	0.009
E14	4.333	0.722	0.261	0.012
E15	6.250	0.781	0.203	0.009
E16	3.667	0.611	0.295	0.013
E17	5.571	0.796	0.223	0.014
E18	1.000	1.000	1.000	1.000

综上所述，借助网络分析方法，通过对科技园区创新网络结构进行分析，可以明确创新网络的相关特征及关键性主体，了解现行的网络优势和弊端，由此判断该网络组织是否能帮助创新主体进行更好的协作，这一判断过程及其原因分析也是探索如何更好地优化创新网络结构、提高创新协同成效的过程。

15.5　本章小结

本章重点就科技园区创新网络的演化过程进行分析和研究。首先给出衡量创新网络演化程度的三个主要指标；其次在前文研究的基础上，分析了在不同演化阶段中，科技园区创新网络的演化进程及具有的不同特征；再次应用演化博弈理论，通过建立相应的博弈模型，对科技园区创新网络形成的可能性进行博弈分析；最后分析科技园区创新网络的动力学行为，并借助计算机软件对创新网络的动力学行为及自组织演化过程进行仿真验证。

16 实证研究：中关村软件园
创新网络动态演化研究

在对科技园区创新网络结构特征、系统特性及演化过程等研究的基础上，本章将结合第 15 章设计的相关仿真方法和工具及调查问卷，采用相应的方法对中关村软件园科技园区创新网络的动态演化过程进行实证研究。实证研究主要分为三大部分，第一部分是对中关村软件园不同阶段的创新网络结构及不同主体构成的局部网络进行刻画；第二部分是对该创新网络结构特征、关系特征及其自组织特性等进行分析研究；第三部分是对现有的创新网络存在的问题进行剖析，并给出相应的优化建议。

16.1　数据调查和研究方法

16.1.1　研究程序

针对科技园区创新网络而言，分析其演化过程及网络结构有助于分析网络运行状态，揭示最终形成的网络模式是否适合和支持创新活动的开展，有利于明确影响网络运行的关键因素，从中给出相应的优化措施。应用社会网络分析科技园区创新网络的步骤具体分为以下几个步骤：首先是数据的收集和整理。明确要分析构成科技园区创新网络的群体，收集构成网络的相关数据。数据的收集可以借鉴园区企业日志中相关合作项目的真实情况记录，同时开展问卷调查和访谈等活动。其中企业日志中通常记载的是已经发生的正式的创新合作活动，以及由此建立的正式的合作伙伴；但通过问卷调查和访谈能够更多地了解参与创新网络中的创新主体间非正式性的协同活动的发生和非组织群体的存在情况。其次是对收集的信息和数据进行二值化处理，将收集的信息和数据基于一定标准的临界值分别进行 0 或 1 编码，用以体现创新主体间基于创新网络的社会网络关系的存在。再次是借助 Ucinet6.2 软件绘制初步的创新网络结构图，并进一步对创新网络的整体结构、网络密度、协作子群、网络中心性等问题进行详细分析。最后是给出分析结论及改进的建议，利用分析数据，深刻揭示现存的创新网络模式是否适合和支持科技园区内企业进行创新活动的开展，同时阐述和解释促进或妨碍创新网络运行的关键因素，并给出合理化的改进建议和措施。

16.1.2 研究对象

众所周知，软件产业是一个国家或地区引领经济社会发展的先导性、战略性产业。软件产业是信息产业的核心，也是国民经济信息化的基础，软件产业在改造传统产业、推动经济结构调整方面起着重要的支撑作用。软件园是软件产业发展的有力载体，软件园不仅为软件研发提供理想的基地，而且为研发成果的孵化提供了有利的环境，同时提供了软件流动市场、人才培训场所，因此，发展软件园能够有效吸引软件企业集聚，进而产生规模效应。鉴于软件园对发展软件产业的重要作用，世界各国纷纷建设软件园并采取多种措施促进其发展，以此带动本国软件产业的跨越式发展，旨在全球软件产业链中占据有利地位，抢得发展先机。软件园作为一类专业化程度较高的科技园区，其发展同样依赖于园区内企业创新水平的高低，而园区内企业创新水平又取决于园区的创新环境，其中最重要的是园区内是否形成了较为完善的创新网络。为了验证软件园创新网络是如何形成的，下面我们选取了目前我国发展最早最成熟的软件园——中关村软件园作为案例分析对象，通过对中关村软件园创新网络的演化过程进行研究，从中找出科技园区创新网络演化规律，分析此类创新网络具有哪方面的特征，同时找出创新网络演化过程中存在的问题，由此提出相应的优化建议。

16.1.2.1 中关村软件园概况

中关村软件园（Zhongguancun software park，ZS-Park）位于北京市海淀区东北旺，东依上地信息产业基地，西临东北旺苗圃，南靠北京大学生物城，面积约 $1km^2$。中关村软件园是目前国内专业性强，环境优美、设施先进完备的高科技绿色园区。园区内产业高端聚集，拥有高效的产业服务体系，软硬件环境处于全国领先地位，是北京市软件与信息服务产业的核心区，是中国软件产业发展的风向标。园区分别于 2001 年和 2004 年被国家发展和改革委员会（简称国家发改委）、信息产业部、商务部确定为"国家软件产业基地"和"国家软件出口基地"。2006 年，园区被北京市政府确定为"北京市文化创意产业集聚区"。中关村软件园凭借优秀的组织能力和服务能力，当选 2009～2010 年中国软件和信息服务业的"优秀服务机构奖"和"优秀组织机构奖"。建园十年来，中关村软件园发展取得了卓越的成绩，其中主要有七大特色鲜明的成就。

1）园区产业规模不断扩大

虽然在 2008 年遭遇国际金融危机，但截至 2009 年年底园区无论是经济总量还是出口总额均双双逆势上扬，产业总规模超过 200 亿元（图 16-1），同比增长 33%，国际信息服务外包总量超过 5 亿美元，同比增长 50%，税收集合贡献 10 亿元，此外，园区完成投资累计达 50 亿元。园区目前入驻 IBM 研究中心（中国）、微软研究中心（中国）、甲骨文研究中心（中国）、西门子研发中心（中国）、汉王科技、启明星辰、信威通信、曙光信息、中科大洋、广联达等 200 余家企业，从业软件工程师超过 2 万人。这些企业不仅有国家软件行业重点布局企业，以及行业领军企业，也有海淀区优先支持的高成长性企业。国内外知名的软件企业纷纷来此建立企业管理总部、高端研发中心、行政运管中心、市场销售中心及结算中心等，园区的总部经济发展特征明显。作为全国软件与信息服务产业自主创新和高端服务业的核心区，中关村软件园已经形成了独立软件开发、IT 服务外包、金融信息服务、计算机通信一体化及 IC 设计四大产业集群。

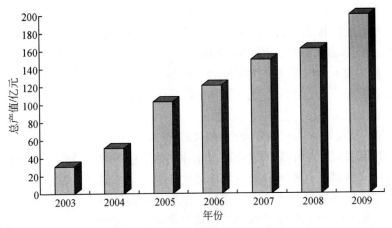

图 16-1　中关村软件园园区总产值

2）聚集了大批国家级研发中心，成为软件领域最具影响力的专业化园区

中关村软件园目前是国内软件产业自主创新的中心和产业的龙头，园区企业创新能力多年来稳居全国领先水平，创新成果丰富，拥有 1800 多项知识产权，先后获得五项国家科技进步一等奖和一项国家科技进步特等奖，约占全中关村园区的一半。

3）成为 IT 服务外包产业的"集聚区"和"发祥地"

中关村软件园软件出口及服务外包总额约占北京总量的 60%，已经形成了国内最大的接包网络。全国十大服务外包企业中有六家位于中关村软件园或中关村软件出口企业联盟企业，分别是文思创新、博彦科技、软通动力、中讯软件、海辉、中软国际及东软（北京）。园区内服务外包企业产值及人员规模成倍增长。

4）园区具有较好的开放性

企业能够直接参与国际软件产业的分工、布局与竞争，成为北京市乃至全国高新技术产业尤其是软件产业国际交流的重要窗口。为了帮助企业更好地打开国际市场，园区先后与 16 个国家的科技园区达成了友好合作协议，在实施国际化发展战略方面，做到了积极协助园区内企业的作用，同时不断吸引国际先进企业入驻园区，旨在提高园区的国际化程度，现有来自 8 个国家的 35 家国际企业入驻园区，从事软件等产业的研发、设计与集成工作。

5）园区成立以来先后有 8 家上市公司（含二期入园企业），总市值达 2111.9 亿元

其中包括国内第一家在美国纽约交所上市的服务外包企业——文思创新（其软件从业人数现已超过 1 万人），以及一批行业内领军性企业如汉王科技、启明星辰、广联达、华胜天成、国电南瑞等，仅在 2010 年，先后有汉王科技、广联达、启明星辰 3 家公司陆续登陆资本市场，且受到广大投资机构和投资者的青睐，共计超募资金达 24 亿元，占整个海淀区上市企业总量的 1/7，为产业发展提供了资本保障。

6）园区积极筹建并发挥专业中介组织的重要作用

先后发起并成立了中关村软件出口企业联盟、中关村科技园区海淀园自主知识产权软件产业联盟、中关村国际软件孵化协会、北京软件行业协会中关村软件园分会、北京服务外包企业协会、首都金融服务外包促进会、中关村软件园人力资源联盟等组织，参与创建了海淀区创意产业协会和北京市信息服务业协会。发展迅速的协会组织，在服务园区的企业成长、促进产业发展及帮助企业联系政府等方面发挥了积极作用，更重要的是为企业间的创新合作奠定了基础。

7）园区建立了功能完备的人才服务体系

该服务体系采用开放式的服务平台，有效吸纳高校或科研院所，以及专业化的培训机构和人才服务中介组织的参与，已经形成了面向全国院校的产学研全面合作的体系，其中包含面向软件企业的人力资源服务体系及企业工程师的人才培养及培训体系。目前园区建立的人才服务平台包括多个服务分支，如"中国软

件行业产学合作实训平台"、"企业人力资源服务大厅"、"软件人才测评中心"、"大学生实训基地"，这些人才服务平台的搭建可以为企业提供一站式人力资源服务，是软件产业发展的有力的智力保障。

当前，中关村软件园已经成为中国软件、信息服务业企业的总部聚集区和国际企业聚合地，是中关村培养具有世界影响力的科技园区的先行者。为了有效加快服务外包产业发展，不断增进企业间的合作，中关村软件园联合了北京市150家企业单位，组织成立了服务外包协会。在"十一五"期间，园区服务外包企业产值及人员规模增长了近20倍，其中有6家园区企业是商务部评定的全国十大外包企业之一，园区对日本、韩国、美国、欧洲外包总量均居全国首位，园区软件出口及服务外包总额约占北京总量的70%，成为北京服务外包的主力，构成了国内最大的接包网络。目前，中关村软件园二期开发建设正在紧锣密鼓地进行中，规划中未来5年，总建筑规模将达到180万 m^2，可以容纳500家企业，年产值将达到1000亿元，能够吸纳8万~10万高端人才就业，将实现产业规模总额和出口总额"翻两番"，中关村软件园已经成为中关村培养千亿园区的代表之一。因此，选取中关村软件园为研究对象，正是基于它具有较好的开放性、根植性和产业的协同性等特点，其发展历程清晰，而且该园区产业链完整，创新增值效果明显，具有较好的代表性。

16.1.2.2 调查样本的选择

本章所需的网络结构刻画数据和企业创新情况是以中关村软件园软件类企业展开的。创新网络的刻画首先要确定网络的边界及网络的组成节点，创新网络的边界确定通常是一个复杂的问题，本章所刻画的创新网络核心层边界是指中关村软件园，因为核心层创新主体主要由软件园内企业为主；辅助层边界界定在中关村软件园所在区域即北京海淀区，因为软件园内企业主要与所在海淀区内的高校或科研院所、中介组织、政府机构等进行联系；外围层边界则主要是指中关村软件园区域范围之外，其中包括很多跨国公司，中关村软件园内软件类企业与园区外跨国公司联系的密切程度反映了企业的外向度大小。为了真实地反应中关村软件园创新网络发展现状，在对创新网络结构的节点选取时，本章采用了对中关村软件园主要从事软件类企业进行问卷调查及走访调研，同时辅以电话、传真、Email 等咨询形式获取有用信息，对获取的资料加以统计分析。关于节点之间的联系，在调研中针对企业间从事创新活动进行合作的实际情况，反映到网络中，即对节点之间的联系进行了分档设计："不合作""很少合作""合作较多"和"经常合作"四个不同程度来衡量，而且认为只有"合作较多"和"经常合作"

才被认为节点之间存在联系。在节点选取过程中，根据调研获取的资料，我们选取了符合实际情况的 157 家单位组织，节点类型见表 16-1。

表 16-1　中关村软件园创新网络结构的节点选取情况

节点类型	节点描述
企业节点	89 家园区内企业（含跨国公司），48 家园区外企业（主要是指国内外从事软件及信息服务业的知名企业）
高校或科研院所	清华大学、北京大学、北京航空航天大学、北京邮电大学、北京科技大学、北京工业大学、北京理工大学、中国科学院等为代表的 14 家高校
中介组织	中国软件行业协会、北京软件行业协会、北京服务外包企业协会、中关村国际软件孵化协会、中关村软件园人力资源联盟、长风产业联盟共计 6 家专业中介组织

16.1.3　研究方法

首先根据复杂网络理论、创新网络等相关理论建立相应的理论模型，并结合本市的需要设计调查问卷，调查问卷共分为两大部分。首先是对企业的基本情况进行了解；然后对园区内企业创新合作情况展开调查，主要包括五项内容，一是就园区内企业在创新合作方面与其他企业间关系问题展开调查，涉及合作的频率、合作的类型等内容；二是就企业与政府部门的联系程度展开调查；三是就企业与进入机构之间的联系程度进行调查；四是就企业与中介组织之间的联系程度进行调查；五是就企业与高校或科研院所之间的联系程度进行调查。

实证研究部分首先根据相关资料，以中关村软件园 180 多家企业为研究对象，初步确定调查的范围，然后对其中主要从事软件设计或信息服务的 156 家企业进行问卷调查，并对重点企业进行走访调研，重点了解企业在创新合作中与园区内外的企业、高校或科研院所、中介组织和政府机构间的联系与合作情况，同时了解企业在软件外包服务业务中的发展情况。在搜集数据的过程中，主要通过实地调研和访谈的方式进行，由北京市科学技术委员会发函并统一发放调查问卷，同时在中关村软件园发展有限责任公司的相关工作人员的帮助下深入企业进行调研并回收问卷。从 2010 年 6～8 月，共发放 156 份调查问卷，回收问卷 128 份，回收率为 82.1%；在 128 份回收问卷中，有效问卷 116 份，有效率达 90.6%。此外针对 2005 年年底之前入园的企业进行回访，了解当时企业合作情况。搜集数据的基础上，通过运用 Ucinet6.2 软件对中关村软件园创新网络不同阶段的网络结构进行刻画，对不同创新主体间关系构成的区部网络进行刻画分析，计算出相关的网络的个体结构特征和网络的整体结构特征，对实证结果进行详细分析，同时提出了优化创新网络的方法和措施。

16.2　中关村软件园创新网络动态演化分析

16.2.1　中关村软件园创新网络演化进程

在对中关村软件园创新网络演化过程进行分析时，本章选定了三个时间节点即对 2003 年、2006 年和 2010 年中关村软件园创新网络结构变化进行比较，目的是分析网络结构演化过程，并对网络的发展阶段进行判断，同时发现网络演化过程遵循的规律及存在哪些问题。在对网络结构进行刻画时，通过分析问卷调查等相关资料，只要一家组织单位（如企业 A）对另一家组织单位（如企业 B）的选择是"有联系或合作"或"经常联系或合作"，则认为组织单位 A 和单位 B 存在连接。经过数据处理，本章将得到七个由 0 或 1 组成的二元对称（受篇幅限制，矩阵表略），分别表示为矩阵 R_1（2003 年中关村软件园创新网络连接矩阵），R_2（2006 年中关村软件园创新网络连接矩阵），R_3（2010 年中关村软件园创新网络连接矩阵），R_4（2010 年中关村软件园创新网络企业与企业之间连接矩阵），R_5（2010 年中关村软件园创新网络企业与高校或科研院所之间连接矩阵），R_6（2010 年中关村软件园创新网络企业与中介组织机构之间连接矩阵），R_7（2010 年中关村软件园创新网络企业与园区外企业之间连接矩阵）。相应的，利用 Ucinet6.2 软件绘制出七个网络结构图，如图 16-1 ~ 图 16-7 所示。图中 E1 ~ E89 是以中科大洋为代表的本土企业和以 IBM 中国研发中心为代表的跨国公司等 89 家从事软件设计或服务的企业，在网络结构中位于核心层；U1 ~ U14 是以中国科学院和清华大学为代表的 14 所高校或科研院所，G1 ~ G6 是以中国软件行业协会和北京行业协会等为代表的 6 家专业中介组织，它们位于网络结构的辅助层；F1 ~ F48 是以中国移动为代表的通信行业，以用友集团为代表的国内外知名软件类企业等 48 家软件园区域外的国内外知名企业，它们分别位于网络结构的外围层。网络的节点即创新主体情况，见表 16-2。

表 16-2 中关村科技园区创新网络节点列表

编号	网络节点名称	网络层次
E1	中关村软件园发展有限公司	核心层
E2	北京中关村软件园孵化器服务有限公司	核心层
E3	北京中科大洋科技发展股份有限公司	核心层
E4	甲骨文软件研究开发中心（北京）有限公司	核心层
E5	北京普天慧讯信息技术有限公司	核心层
E6	北京华富惠通技术有限公司	核心层
E7	太极计算机服务有限公司	核心层
E8	中国普天信息产业集团公司	核心层
E9	北京昂思高科技有限公司	核心层
E10	方舟科技（北京）有限公司	核心层
E11	巴基斯坦 Techlogix 公司	核心层
E12	爱尔兰 Iona 亚太研发中心	核心层
E13	中关村科技软件有限公司	核心层
E14	北京国永融通系统集成有限公司	核心层
E15	汉王科技股份有限公司	核心层
E16	IBM 中国研究中心	核心层
E17	西门子（中国）	核心层
E18	中国银联	核心层
E19	北京东软超越软件技术有限公司	核心层
E20	北京港湾网络有限公司	核心层
E21	北京艾普斯科技有限公司	核心层
E22	北京博彦科技发展有限责任公司	核心层
E23	北京长软立德信息技术有限公司	核心层
E24	北京东方飞扬软件技术有限责任公司	核心层
E25	北京联信创新技术有限公司	核心层
E26	北京灵图星讯科技有限公司	核心层
E27	北京捷通华声语音技术有限公司	核心层
E28	北京软通动力信息技术有限公司	核心层
E29	北京天元网络技术股份有限公司	核心层
E30	北京希尔信息技术有限公司	核心层

编号	网络节点名称	网络层次
E31	北京信威通信技术股份有限公司	核心层
E32	北京中关村华夏科技有限公司	核心层
E33	广联达软件股份有限公司	核心层
E34	华力创通	核心层
E35	启明星辰信息技术有限公司	核心层
E36	瑞斯康达科技发展股份有限公司	核心层
E37	曙光信息产业（北京）有限公司	核心层
E38	伟创力（中国）电子设备有限公司	核心层
E39	文思创新软件技术有限公司	核心层
E40	北京东联华兴软件技术有限公司	核心层
E41	北京联合创新泛网络技术有限公司	核心层
E42	北京佳软信息技术有限公司	核心层
E43	CBD 教育集团	核心层
E44	北京多维创新科技发展有限公司	核心层
E45	巴别塔（北京）科技有限公司	核心层
E46	北京港湾兴业网络科技有限公司（港湾教育）	核心层
E47	北京国都兴业科技发展有限公司	核心层
E48	北京恒巨达科技有限公司	核心层
E49	北京恒信启华信息技术有限公司	核心层
E50	北京华胜天成科技股份有限公司	核心层
E51	北京交广信息技术有限公司	核心层
E52	北京宝亮网智电子信息技术有限公司	核心层
E53	北京科斯奇石油科技有限公司	核心层
E54	北京瑞智创通系统科技有限公司	核心层
E55	北京时代亮点科技发展有限公司	核心层
E56	北京天宏金睛信息技术有限公司	核心层
E57	北京天宇飞鹰微电子系统技术有限公司	核心层
E58	北京诺达信科技有限公司	核心层
E59	北京业成自控系统有限公司	核心层
E60	北京原力创新科技有限公司	核心层

编号	网络节点名称	网络层次
E61	北京中兴通科技股份有限公司	核心层
E62	北京众诚协作科技开发有限公司	核心层
E63	北京紫光测控科技有限公司	核心层
E64	比克奇（北京）技术有限公司	核心层
E65	东方雅信软件技术有限公司	核心层
E66	华点盈智教育科技（北京）股份有限公司	核心层
E67	华为技术有限公司	核心层
E68	宽文软件	核心层
E69	路通世纪（中国）科技有限公司	核心层
E70	美国科框软件（北京）有限公司	核心层
E71	塔塔信息科技（中国）有限公司	核心层
E72	网秦无限（北京）科技有限公司	核心层
E73	微软（中国）	核心层
E74	芯原微电子（上海）有限公司	核心层
E75	亚信科技（中国）有限公司	核心层
E76	智慧天下（北京）科技有限公司	核心层
E77	中软国际有限公司	核心层
E78	北京海辉高科软件有限公司	核心层
E79	中讯软件集团股份有限公司	核心层
E80	北京泰克赛尔软件有限公司	核心层
E81	北京华和通软件技术有限公司	核心层
E82	江森自控有限公司	核心层
E83	加拿大 GPT 公司	核心层
E84	北京盛大软通信息技术有限公司	核心层
E85	恒泰艾普石油天然气技术有限公司	核心层
E86	路透集团	核心层
E87	北京君正集成电路股份有限公司	核心层
E88	一正启源科技发展有限公司	核心层
E89	北京中软强网信息技术有限公司	核心层
U1	首都师范大学	辅助层

续表

编号	网络节点名称	网络层次
U2	北京大学	辅助层
U3	华北电力大学	辅助层
U4	北京航空航天大学	辅助层
U5	中国科学院	辅助层
U6	北京邮电大学	辅助层
U7	清华大学	辅助层
U8	北方工业大学	辅助层
U9	北京交通大学	辅助层
U10	北京工业大学	辅助层
U11	信息化产业部电信研究院	辅助层
U12	北京理工大学	辅助层
U13	中国石油大学（北京）	辅助层
U14	中国地质大学	辅助层
G1	中国软件行业协会	辅助层
G2	北京软件行业协会	辅助层
G3	中关村软件企业出口联盟	辅助层
G4	长风产业联盟	辅助层
G5	北京服务外包企业协会	辅助层
G6	中关村软件园人力资源联盟	辅助层
F1	Canon	外围层
F2	Cisco Systerms	外围层
F3	DELL	外围层
F4	EMC2	外围层
F5	HP	外围层
F6	Intel	外围层
F7	SONY	外围层
F8	Panasonic	外围层
F9	SUN	外围层
F10	MOTORALA	外围层
F11	Nokia	外围层

编号	网络节点名称	网络层次
F12	NEC	外围层
F13	Syamantec	外围层
F14	TOSHIBA	外围层
F15	HITACHI	外围层
F16	SAMSUNG	外围层
F17	GE	外围层
F18	Stone Gate	外围层
F19	FUJITSU	外围层
F20	BroadCom	外围层
F21	AMD	外围层
F22	浪潮集团	外围层
F23	多普达通讯有限公司	外围层
F24	高通公司	外围层
F25	金山公司	外围层
F26	中国移动	外围层
F27	中国联通	外围层
F28	中国电信	外围层
F29	中国网通	外围层
F30	海尔集团	外围层
F31	中兴公司	外围层
F32	北京天正工程软件有限公司	外围层
F33	北京数码大方科技有限公司	外围层
F34	北京福临金国际投资公司	外围层
F35	北京神州泰岳软件股份有限公司	外围层
F36	中国石化	外围层
F37	中国石油	外围层
F38	大唐集团	外围层
F39	国电集团	外围层
F40	富士康科技集团	外围层
F41	联想集团	外围层

续表

编号	网络节点名称	网络层次
F42	清华同方	外围层
F43	神华集团	外围层
F44	盛大集团	外围层
F45	用友集团	外围层
F46	北京东方灵盾科技有限公司	外围层
F47	方正集团	外围层
F48	巨人集团	外围层

比较 2003 年、2006 年及 2010 年中关村软件园创新网络结构可以看出，2003 年的网络规模较小，网络节点仅有 52 个，其中核心层即软件园内企业只有 19 家，（图 16-2 中虚线框内）与网络紧密相关的专业中介组织仅有 2 家，园区外企

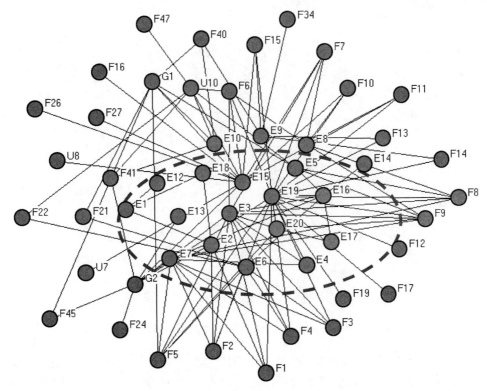

图 16-2　2003 年中关村软件创新网络结构图

业 28 家，高校或科研机构 3 家。节点的最大连接度为 15，且为本土企业，核心节点有北京东软超越软件技术有限公司和北京中科大洋科技发展股份有限公司，可见本土企业在网络中发挥着重要的作用，网络中地位最高的本土企业是北京东软超越软件技术有限公司。到了 2006 年，该创新网络已发展到 90 个节点，其中核心层即软件园企业 41 家（图 16-3 中虚线框内），与网络紧密相关的专业中介组织有 3 家，园区外企业 37 家，高校或科研机构 9 家。总共有 372 个网络连接，节点的最大连接度为 21，其中核心节点有 IBM 中国研发中心、汉王科技等，其中跨国公司在网络中的作用越来越大，网络中地位最高的本土企业是汉王科技股份有限公司，从该公司的发展历程看，其成长性非常快，且外向依存度非常高，目前已经成为国内第一家在美国纽约证券交易所上市的服务外包企业。

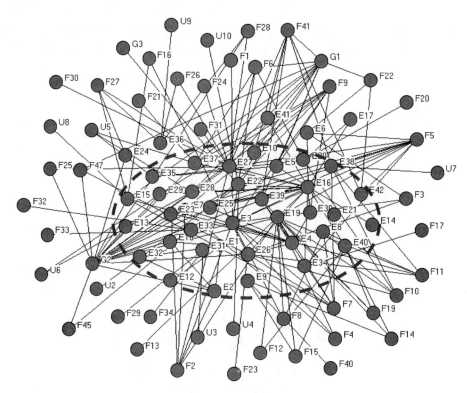

图 16-3   2006 年中关村软件园创新网络结构图

中关村软件园经过十年的发展，园区规模急剧增长，其创新网络也随之发展壮大，截至 2010 年 8 月，网络规模已经远远大于 2003 年及 2006 年的网络，网络节点已经增长到 157 个，网络连接增长了一倍多为 790 个。其中核心层节点

89个（图16-4中虚线框内），辅助层节点20个（图16-4中虚线框与实线框之间），外围层节点48个，其中核心节点有甲骨文软件研究开发中心（北京）有限公司、IBM中国研究中心、北京东软超越软件技术有限公司、北京捷通华声语音技术有限公司、北京华胜天成科技股份有限公司、华为技术有限公司、微软（中国）、北京中科大洋科技发展股份有限公司和汉王科技股份有限公司等。从中关村软件园创新网络演化过程来看，从较早的网络结构便可以看出该网络具有明显的无标度网络特征，大多数节点度数较小，仅有少数节点度数较大。

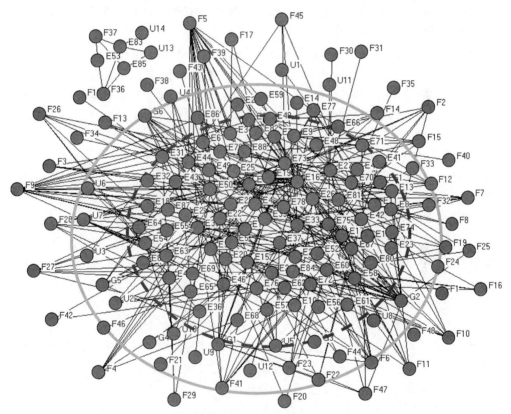

图16-4　2010年中关村软件园创新网络结构图

通过对中关村软件园发展历程研究发现，经过三年的园区发展，2003年年底，软件销售收入30.7亿元，出口创汇2930万美元，入园企业120家，软件从业人员0.78万人。中关村软件园建成了由软件构件库、工具库、开放源码库和公共软件开发平台、软件测试与评测平台、软件质量管理平台、软件产业综合服务和管理平台组成的公共技术支撑体系——"三库四平台"，并于2002年7月为企业提供服务。目前，软件测试平台测试项目累计完成超过 200 项；软件质量管理平台发展用户累计已有 80 多家企业；软件开发试验平台的服务器资源利用率超过 90%；软件工具库已在 7 个授权软件工具上发展用户 26 家，收集了 131 个软件工具；开放源码库的源代码下载次数 4 万余次，收集了 11 389 个源码；构件库收集了 3089 个构件，已重点发展了联想、神州数码、长城软件、万维易化四家示范单位，同时建立了首个国家级软件产品质监检验中心。园区的吸引力逐步显现，入驻园区的企业逐渐增多，园区内企业之间的联系也越来越多，其中有 19 家企业与 28 家园区外企业、3 家高校和 2 家协会建立了联系，具体网络节点间的联系如图 16-2 所示。

自 2004 年开始，中关村软件园企业开始开展对欧美的服务外包业务，园区对外开放度逐步提高。2004 年 8 月 3 日，中关村软件园又被国家发改委、信息产业部和商务部确定为国家软件出口基地，此后便进入了快速发展期，园区形成的创新网络吸引力逐步显现，专业服务机构参与合作创新越来越大，中介组织逐步完善。2006 年 11 月 29 日，由中关村软件园、文思创新软件技术有限公司、博彦科技、北京软通动力信息技术有限公司、方正国际、北京海辉高科软件有限公司和用友集团 7 家理事单位发起的北京服务外包企业协会成立，协会在传递政策信息、开展咨询服务、培训专业人才、游说海外市场、与海外对接等方面为企业服务，同年中关村软件园被北京市政府批准为 "文化创意产业集聚区"。截至 2006 年年底，软件销售收入达 121 亿，获得国家科技进步一等奖四项（获奖单位分别是中科大洋、汉王科技、信威通信、曙光科技）。逐步形成五大高端产业集群，即独立软件开发商产业集群、金融信息服务产业集群、计算机与通信一体化产业集群、软件与信息服务外包产业集群和文化创意产业集群。先后与包括美国、英国、爱尔兰、荷兰、瑞典、日本等 16 个国家的软件企业和产业机构建立了业务联系，同时与芬兰科技园、韩国仁川、印度班加罗尔、马来西亚多媒体走廊等国际园区建立了友好园区关系。目前，中关村软件园已经成为了北京市乃至全国软件产业最重要的国际交流与合作的窗口。

截至 2009 年年底，园区产业总规模超过 200 亿元，出口创汇约 6 亿美元，国际信息服务外包总量超过 5 亿美元。到 2010 年 6 月，中关村软件园已有入园企业 200 余家，逐渐成为中关村北部核心区的 "心脏" 地带。中关村软件园不仅是中国软件与信息服务业企业总部聚集区，而且是世界级企业研发中国总部的聚合地，同时还是中关村具有世界影响力科技园区的典型代表。园区内有国家规划布局内重点软件企业 21 家，占全国 1/8。随着创新环境的逐步优化以及二期开发建设的进行，中关村软件园未来发展前景广阔，伴随园区的壮大发展，其创新网络逐步走向成熟，网络内企业的自主创新能力越来越强，创新效益明显增强。无论从园区的区域品牌还是看企业品牌，都显现出很好的品牌效应，并吸引着越来越多的企业加入创新网络。

目前，中关村软件园已经成为了我国软件领域最有影响力的自主创新中心，园区内的企业与所在地区的高效和科研院所及国际上软件行业知名企业建立了密切的联系和合作，不断地进行协同创新，众多企业与国内外知名研究机构建立合作平台，网络中多种创新主体并存，逐步形成了核心层、辅助层和外围层协同创新的良好局面。根据国际经验判断，一个网络从萌芽到成熟大概要经历 10 ～ 20 年的时间，结合中关村软件园创新网络演化进程来看，其网络发展大致将经历三个阶段，2000 ～ 2003 年是网络孕育期，2004 ～ 2013 年是网络成长期，预计 2014 ～ 2020 年将进入网络成熟期。

16.2.2 中关村软件园创新网络结构刻画

16.2.2.1 核心层企业之间联系的网络结构图

2010 年中关村软件园创新网络核心层即园区内企业共计 89 家，从园区内企业之间构成的区部网络来看，E8、E9、E10、E24、E31、E36、E45、E53、E54、E56、E57、E60、E62、E63、E64、E65、E68、E69、E72、E76、E81、E82、E83、E84 和 E89 共计 25 家企业之间没有建立连接关系，占总数的 28%，另外有 25 家企业存在单一联系。核心节点为甲骨文软件研究开发中心（北京）有限公司、IBM 中国研究中心和微软（中国），大部分为国际巨头公司在中国的研发中心，众多软件企业优先与这些企业建立联系的重要原因是这些企业通常是软件行业标准的制定者，如微软认证对多数软件企业发展都非常重要。园区内本土企业之间联系与合作相对较少，90% 的节点度集中在 1 ～ 4，体现出明显的无标度网络特征，如图 16-5 所示。

16.2.2.2 核心层企业与辅助层高校或科研院所之间联系的网络结构图

园区内企业与海淀区高校或科研院所之间的联系较为密切，如图 16-6 所示。核心层除 E8、E9、E10、E24、E45、E53、E60、E62、E68、E72、E80、E81、E82 和 E84 外，84% 的企业与高校或科研院所之间建立了直接联系，如图 16-6 所示。其中联系较多的是中国科学院、清华大学、北京邮电大学和北京大学，实

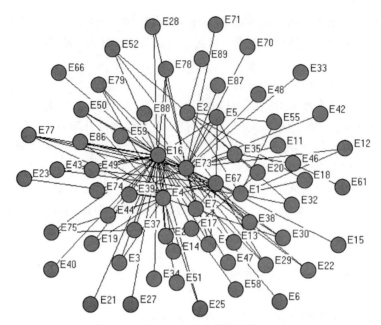

图 16-5　企业与企业之间的连接网络图

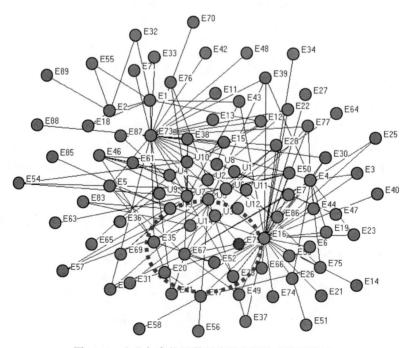

图 16-6　企业与高校及科研院所之间的连接网络图

践证明，它们也是中关村软件园建园参与较多的科研单位，并且与软件园建立了多个合作研究中心，从科研成果转化到人才培养方面具有密切的合作关系。

16.2.2.3 核心层企业与辅助层中介组织之间联系的网络结构图

从企业与中介组织间的联系来看，核心层内 E8、E9、E31、E36、E45、E53、E54、E56、E57、E60、E63、E64、E65、E68、E69、E72 和 E76 共计 17 家企业与中介组织机构没有建立直接连接，占总量的 19%，如图 16-7。其中与北京软件行业协会（G2）建立联系（协会成员）的企业最多。

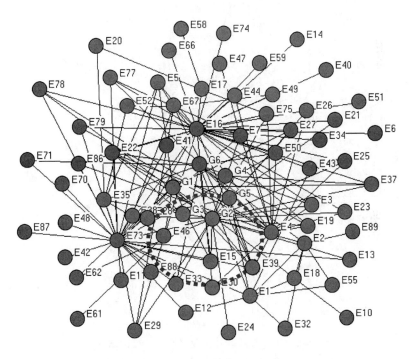

图 16-7 企业与中介组织之间的连接网络图

16.2.2.4 核心层企业与外围层企业之间联系的网络结构图

从与区域外企业合作与联系来看，仅有 E54、E56、E57、E69 和 E76 共计 5 家企业与园区外企业没有建立联系，不到总量的 6%，说明中关村软件园企业"外向度"将高，这也体现了中关村软件园是一个开放的园区，如图 16-8 所示。从系统的角度分析，在开放的环境中，更有利于不同创新主体进行交流合作，有利于知识更新和创新。近几年，随着我国加大扶持软件与信息服务业服务外包的力度，中关村软件园作为国家软件出口基地，其中服务外包企业 20 家，软件园服务外包占据北京服务外包出口总量的 1/2，成为北京 IT 服务外包主体。同时，软件园已与 20 多个国家和地区的相关机构建立了业务联系，与 10 多个国家的科技园建立了友好园区关系，每年举办数十场各种形式的技术研讨会、商务洽谈会、品牌推广会，组织园内外企业参加美国、日本、欧洲、印度及国内有关展会，共同拓展国内外市场。

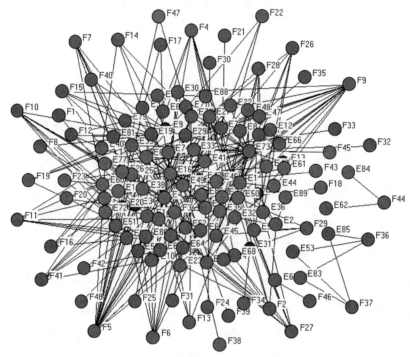

图 16-8　企业与园区外企业之间的连接网络图

16.2.3　中关村软件园创新网络的网络特征分析

在中关村软件园创新网络构成的 157×157 距离矩阵中，点与点之间的平均距离为 3.370，也就是说网络中任意两个节点要经过 3 ~ 4 个节点才能建立联系，标准差为 1.168，最小距离是 1，最大距离是 8。通过分析可得，在由 157 个创新主体构成的中小型网络中，基于距离计算得到的网络凝聚程度为 0.314，根据局部密度计算出来的聚类系数为 0.081，根据传递性计算出来的聚类系数为 0.050，相对偏小，说明该网络节点间联系程度不够紧密，见表 16-3。基于派系分析，存在 10 个 6-派系，这说明中关村软件园企业之间联系不够畅通，因为 6-派系相当于任意两个节点要通过 5 个节点才能建立联系，而该网络存在 10 个类似的子群体，由此可见网络的群体凝聚力还不够强。

表 16-3　中关村软件园创新网络距离统计分析

序号	项目	指标值
1	Mean	3.370
2	Std Dev	1.168
3	Sum	75 470.000
4	Variance	1.365
5	SSQ	284 922.000
6	MCSSQ	30 557.900
7	Euc Norm	533.781
8	Minimum	1.000
9	Maximum	8.000
10	N of Obs	22 392.000

对中关村软件园创新网络结构相关指标进行测度分析（表 16-4），结果发现，绝对度数中心度超过 10（不包括 10）以上的节点有 E3、E4、E16、E19、E22、E26、E27、E39、E50、E67、E73、E75、G1、U14、F5 和 F9 共计 16 个，占总节点数 157 的 10%，这些节点的相对度数中心度和接近中心度也相对较高，分析这些节点，发现北京中科大洋科技发展股份有限公司（E3）、北京东软超越软件技术有限公司（E19）、北京博彦科技发展有限责任公司（E22）、北京灵图星讯科技有限公司（E26）、北京捷通华声语音技术有限公司（E27）、文思创新软件技术有限公司（E39）、北京华胜天成科技股份有限公司（E50）、华为技术有限公司（E67）等均为国内软件行业 50 强企业，近几年发展势头强劲，多数为上市公司，且在软件业服务外包业务上具有较强的竞争力，纵观这些企业的发展史，他们多是较早入驻中关村软件园，得益于软件园良好的创新环境，在对中关村软件园创新网络演化中起到核心节点作用。中间中心度较高的节点有 E16、E19、E22、E26、E27、E49、E50、E73、U7、G1、G2、F5 和 F29，其中最高的是 E16 即 IBM 中国研究中心，说明该企业是中关村软件园创新网络中中介性最

强的节点, 同时说明以 IBM 中国研究中心为代表的国际知名企业对创新网络的构成起到关键性的吸引作用, 可以说, 众多企业愿意加入创新网络, 主要原因之一是与这些国际知名企业建立联系。国内企业中介性最强的节点是 E50 (北京华胜天成科技股份有限公司), 分析该节点发现, 华胜天成不仅与微软、甲骨文和 IBM 等著名跨国公司建立了合作关系, 而且与园区内外众多本土企业和高校建立联系如中国移动、北京邮电大学等, 而它们恰是众多园区企业加入创新网络的主要联结者, 由此可见华盛天成在创新网络中处于重要的中介位置。

表16-4 中关村软件园创新网络相关测度分析

节点编号	绝对度数中心度	相对度数中心度	接近中心度	中间中心度
E1	9	5.769	10.196	267.352
E2	8	5.128	10.104	336.029
E3	13	8.333	10.428	382.965
E4	17	10.897	10.505	270.126
E5	6	3.846	10.379	24.981
E6	4	2.564	10.058	27.371
E7	10	6.410	10.421	524.890
E8	4	2.564	9.330	13.576
E9	3	1.923	8.935	148.920
E10	2	1.282	9.636	0.000
E11	1	0.641	9.917	0.000
E12	2	1.282	9.974	0.000
E13	2	1.282	10.104	0.000
E14	1	0.641	9.968	0.000
E15	9	5.769	10.379	370.429
E16	36	23.077	11.009	2 725.119
E17	4	2.564	10.236	184.884
E18	2	1.282	9.443	0.000
E19	16	10.256	10.526	822.005
E20	5	3.205	10.000	172.293
E21	2	1.282	10.032	6.546
E22	11	7.051	10.484	728.946

续表

节点编号	绝对度数中心度	相对度数中心度	接近中心度	中间中心度
E23	4	2.564	10.196	12.525
E24	2	1.282	9.924	8.312
E25	5	3.205	10.236	13.673
E26	11	7.051	10.400	527.007
E27	14	8.974	10.470	771.211
E28	8	5.128	10.435	244.723
E29	6	3.846	10.352	63.320
E30	4	2.564	10.223	5.588
E31	3	1.923	8.950	295.000
E32	2	1.282	9.443	0.000
E33	6	3.846	10.163	298.438
E34	3	1.923	10.019	294.669
E35	9	5.769	10.463	379.020
E36	4	2.564	9.375	151.349
E37	8	5.128	10.365	433.289
E38	8	5.128	10.407	288.666
E39	11	7.051	10.435	217.039
E40	5	3.205	10.091	106.825
E41	4	2.564	10.250	20.011
E42	4	2.564	10.091	25.971
E43	3	1.923	10.196	106.664
E44	4	2.564	10.058	5.0570
E45	4	2.564	9.409	29.197
E46	8	5.128	10.150	328.002
E47	3	1.923	9.506	295.000
E48	1	0.641	9.917	0.000
E49	6	3.846	10.130	466.766
E50	17	10.897	10.627	1 429.470
E51	1	0.641	9.466	0.000
E52	4	2.564	10.209	19.638

续表

节点编号	绝对度数中心度	相对度数中心度	接近中心度	中间中心度
E53	2	1.282	0.662	0.333
E54	3	1.923	9.313	16.177
E55	6	3.846	9.836	122.848
E56	1	0.641	8.981	0.000
E57	3	1.923	9.353	164.444
E58	3	1.923	9.588	110.376
E59	1	0.641	9.968	0.000
E60	4	2.564	9.220	25.453
E61	2	1.282	9.403	6.000
E62	3	1.923	9.943	295.108
E63	2	1.282	9.242	47.929
E64	2	1.282	9.530	6.420
E65	2	1.282	8.894	148.000
E66	1	0.641	9.968	0.000
E67	14	8.974	10.442	224.292
E68	1	0.641	9.209	0.000
E69	2	1.282	9.264	2.361
E70	1	0.641	9.917	0.000
E71	3	1.923	10.013	7.189
E72	4	2.564	9.449	24.036
E73	31	19.872	10.947	1 882.586
E74	1	0.641	9.968	0.000
E75	13	8.333	10.491	418.241
E76	2	1.282	9.264	2.361
E77	8	5.128	10.359	145.159
E78	9	5.769	10.407	206.228
E79	5	3.205	10.236	48.657
E80	4	2.564	9.530	157.827
E81	2	1.282	8.935	1.354
E82	1	0.641	8.428	0.000

节点编号	绝对度数中心度	相对度数中心度	接近中心度	中间中心度
E83	4	2.564	0.662	6.833
E84	1	0.641	8.374	0.000
E85	3	1.923	0.662	1.833
E86	5	3.205	10.236	8.838
E87	2	1.282	10.039	28.202
E88	3	1.923	10.039	63.905
E89	1	0.641	9.220	0.000
U1	3	1.923	8.720	0.000
U2	1	0.641	9.905	150.414
U3	1	0.641	8.250	0.000
U4	2	1.282	9.701	296.137
U5	1	0.641	9.817	312.525
U6	5	3.205	9.867	105.421
U7	1	0.641	10.097	643.038
U8	3	1.923	9.449	0.000
U9	6	3.846	8.609	0.000
U10	5	3.205	9.708	27.261
U11	10	6.410	9.541	0.000
U12	1	0.641	8.590	0.000
U13	1	0.641	0.662	0.667
U14	15	9.615	0.662	0.000
G1	25	16.026	10.555	601.516
G2	1	0.641	10.826	1 509.184
G3	1	0.641	9.535	0.000
G4	7	4.487	9.437	0.000
G5	11	7.051	9.981	56.259
G6	1	0.641	10.498	346.112
F1	1	0.641	9.489	0.000
F2	8	5.128	10.110	122.703
F3	4	2.564	9.955	38.474

续表

节点编号	绝对度数中心度	相对度数中心度	接近中心度	中间中心度
F4	7	4.487	10.091	223.027
F5	19	12.179	10.491	532.947
F6	9	5.769	10.304	231.400
F7	7	4.487	10.013	88.061
F8	3	1.923	9.677	18.411
F9	15	9.615	10.331	288.869
F10	8	5.128	9.994	242.118
F11	8	5.128	10.058	300.459
F12	5	3.205	9.714	101.208
F13	4	2.564	9.987	26.886
F14	4	2.564	9.714	178.756
F15	5	3.205	9.677	178.523
F16	4	2.564	9.689	58.752
F17	2	1.282	9.160	148.000
F18	1	0.641	9.653	0.000
F19	4	2.564	9.744	60.180
F20	2	1.282	9.176	6.264
F21	1	0.641	9.437	0.000
F22	4	2.564	9.892	16.974
F23	3	1.923	9.524	21.364
F24	1	0.641	9.524	0.000
F25	3	1.923	10.104	119.558
F26	6	3.846	9.994	196.329
F27	8	5.128	10.078	276.123
F28	6	3.846	10.058	188.070
F29	4	2.564	9.756	456.890
F30	1	0.641	9.524	0.000
F31	1	0.641	9.524	0.000
F32	1	0.641	9.269	0.000
F33	1	0.641	9.269	0.000

续表

节点编号	绝对度数中心度	相对度数中心度	接近中心度	中间中心度
F34	1	0.641	8.250	0.000
F35	1	0.641	8.720	0.000
F36	3	1.923	0.662	2.667
F37	3	1.923	0.662	2.667
F38	1	0.641	9.242	0.000
F39	1	0.641	9.242	0.000
F40	1	0.641	8.237	0.000
F41	8	5.128	10.045	140.947
F42	2	1.282	8.991	9.379
F43	1	0.641	9.242	0.000
F44	2	1.282	9.096	148.000
F45	4	2.564	10.150	10.759
F46	1	0.641	8.202	0.000
F47	5	3.205	10.150	39.845
F48	1	0.641	8.739	0.000

通过对 2010 年中关村软件园创新网络节点度分析，发现该网络平均度为 3.226，大部分节点的度不超过 3 个，仅有少数节点度较大，体现出明显的无标度网络特征。从构成中关村软件园创新网络的不同主体的有效规模来分析，节点度高的创新主体其有效规模通常较高，但效率不一定高，这是由于过多的网络连接会导致冗余现象的产生，从而导致效率的降低，如 E16 节点，虽然该节点是网络中有效规模最大的节点，但其效率反而不高（这里的效率并非指创新效率，而是指网络中创新资源如知识的传播与扩散效率，效率指标并非越高越好，通常度为 1 的节点效率反而高，这是因为此类节点连接少，合作博弈方较少，资源传递不需要经过过多节点，也不会产生信息失真等，效率自然要高，但其创新效率不一定高，因为创新资源单不利于创新）。从限制度指标分析，限制度较低的节点，即受其他节点控制较少的节点通常是那些核心节点，且其等级度指标较小，说明在网络中，这些核心节点受到限制较小，见表 16-5。

表 16-5　中关村软件园创新网络结构洞指标测算

节点编号	有效规模	效率	限制度	等级度
E1	7.889	0.877	0.191	0.088
E2	7.000	0.875	0.204	0.110
E3	12.846	0.988	0.079	0.001
E4	16.294	0.958	0.066	0.005
E5	4.667	0.778	0.191	0.005
E6	4.000	1.000	0.250	0.000
E7	9.000	0.900	0.110	0.002
E8	4.000	1.000	0.250	0.000
E9	3.000	1.000	0.333	0.000
E10	1.000	0.500	0.601	0.002
E11	1.000	1.000	1.000	1.000
E12	1.000	0.500	0.575	0.004
E13	1.000	0.500	0.537	0.000
E14	1.000	1.000	1.000	1.000
E15	8.556	0.951	0.116	0.001
E16	34.778	0.966	0.039	0.073
E17	3.500	0.875	0.264	0.001
E18	1.000	0.500	0.625	0.000
E19	15.875	0.992	0.064	0.000
E20	5.000	1.000	0.200	0.000
E21	2.000	1.000	0.500	0.000
E22	10.455	0.950	0.095	0.001
E23	4.000	1.000	0.250	0.000
E24	2.000	1.000	0.500	0.000
E25	5.000	1.000	0.200	0.000
E26	10.818	0.983	0.095	0.003
E27	13.571	0.969	0.080	0.007
E28	7.250	0.906	0.133	0.002
E29	5.000	0.833	0.180	0.001
E30	3.500	0.875	0.258	0.000

续表

节点编号	有效规模	效率	限制度	等级度
E31	3.000	1.000	0.333	0.000
E32	1.000	0.500	0.625	0.000
E33	5.000	0.833	0.207	0.015
E34	3.000	1.000	0.333	0.000
E35	8.556	0.951	0.118	0.004
E36	4.000	1.000	0.250	0.000
E37	7.750	0.969	0.131	0.002
E38	7.750	0.969	0.129	0.001
E39	9.727	0.884	0.104	0.002
E40	5.000	1.000	0.200	0.000
E41	3.000	0.750	0.271	0.002
E42	4.000	1.000	0.250	0.000
E43	3.000	1.000	0.333	0.000
E44	4.000	1.000	0.250	0.000
E45	4.000	1.000	0.250	0.000
E46	8.000	1.000	0.125	0.000
E47	3.000	1.000	0.333	0.000
E48	1.000	1.000	1.000	1.000
E49	5.667	0.944	0.172	0.001
E50	16.765	0.986	0.060	0.000
E51	1.000	1.000	1.000	1.000
E52	3.500	0.875	0.263	0.001
E53	2.000	1.000	0.500	0.000
E54	3.000	1.000	0.333	0.000
E55	5.667	0.944	0.181	0.003
E56	1.000	1.000	1.000	1.000
E57	3.000	1.000	0.333	0.000
E58	3.000	1.000	0.333	0.000
E59	1.000	1.000	1.000	1.000
E60	4.000	1.000	0.250	0.000

续表

节点编号	有效规模	效率	限制度	等级度
E61	2.000	1.000	0.500	0.000
E62	3.000	1.000	0.333	0.000
E63	2.000	1.000	0.500	0.000
E64	2.000	1.000	0.500	0.000
E65	2.000	1.000	0.500	0.000
E66	1.000	1.000	1.000	1.000
E67	11.857	0.847	0.109	0.066
E68	1.000	1.000	1.000	1.000
E69	2.000	1.000	0.500	0.000
E70	1.000	1.000	1.000	1.000
E71	3.000	1.000	0.333	0.000
E72	4.000	1.000	0.250	0.000
E73	28.935	0.933	0.055	0.091
E74	1.000	1.000	1.000	1.000
E75	12.846	0.988	0.081	0.003
E76	2.000	1.000	0.500	0.000
E77	7.000	0.875	0.139	0.002
E78	8.556	0.951	0.114	0.000
E79	4.600	0.920	0.205	0.000
E80	4.000	1.000	0.250	0.000
E81	2.000	1.000	0.500	0.000
E82	1.000	1.000	1.000	1.000
E83	4.000	1.000	0.250	0.000
E84	1.000	1.000	1.000	1.000
E85	3.000	1.000	0.333	0.000
E86	4.600	0.920	0.205	0.000
E87	2.000	1.000	0.500	0.000
E88	3.000	1.000	0.333	0.000
E89	1.000	1.000	1.000	1.000
U1	1.000	1.000	1.000	1.000

续表

节点编号	有效规模	效率	限制度	等级度
U2	5.000	1.000	0.200	0.000
U3	1.000	1.000	1.000	1.000
U4	3.000	1.000	0.333	0.000
U5	6.000	1.000	0.167	0.000
U6	5.000	1.000	0.200	0.000
U7	10.00	1.000	0.100	0.000
U8	1.000	1.000	1.000	1.000
U9	1.000	1.000	1.000	1.000
U10	3.000	1.000	0.333	0.000
U11	1.000	1.000	1.000	1.000
U12	1.000	1.000	1.000	1.000
U13	2.000	1.000	0.500	0.000
U14	1.000	1.000	1.000	1.000
G1	13.667	0.911	0.090	0.024
G2	23.880	0.955	0.056	0.074
G3	1.000	1.000	1.000	1.000
G4	1.000	1.000	1.000	1.000
G5	7.000	1.000	0.143	0.000
G6	10.273	0.934	0.102	0.003
F1	1.000	1.000	1.000	1.000
F2	8.000	1.000	0.125	0.000
F3	4.000	1.000	0.250	0.000
F4	7.000	1.000	0.143	−0.000
F5	18.579	0.978	0.057	0.007
F6	8.556	0.951	0.120	0.003
F7	7.000	1.000	0.143	0.000
F8	3.000	1.000	0.333	0.000
F9	15.000	1.000	0.067	0.000
F10	8.000	1.000	0.125	0.000
F11	8.000	1.000	0.125	0.000

续表

节点编号	有效规模	效率	限制度	等级度
F12	5.000	1.000	0.200	0.000
F13	4.000	1.000	0.250	0.000
F14	4.000	1.000	0.250	0.000
F15	5.000	1.000	0.200	0.000
F16	4.000	1.000	0.250	0.000
F17	2.000	1.000	0.500	0.000
F18	1.000	1.000	1.000	1.000
F19	4.000	1.000	0.250	0.000
F20	2.000	1.000	0.500	0.000
F21	1.000	1.000	1.000	1.000
F22	4.000	1.000	0.250	0.000
F23	3.000	1.000	0.333	0.000
F24	1.000	1.000	1.000	1.000
F25	2.333	0.778	0.359	0.001
F26	6.000	1.000	0.167	0.000
F27	8.000	1.000	0.125	0.000
F28	6.000	1.000	0.167	0.000
F29	4.000	1.000	0.250	0.000
F30	1.000	1.000	1.000	1.000
F31	1.000	1.000	1.000	1.000
F32	1.000	1.000	1.000	1.000
F33	1.000	1.000	1.000	1.000
F34	1.000	1.000	1.000	1.000
F35	1.000	1.000	1.000	1.000
F36	3.000	1.000	0.333	0.000
F37	3.000	1.000	0.333	0.000
F38	1.000	1.000	1.000	1.000
F39	1.000	1.000	1.000	1.000
F40	1.000	1.000	1.000	1.000
F41	7.250	0.906	0.159	0.038

续表

节点编号	有效规模	效率	限制度	等级度
F42	2.000	1.000	0.500	0.000
F43	1.000	1.000	1.000	1.000
F44	2.000	1.000	0.500	0.000
F45	2.500	0.625	0.315	0.009
F46	1.000	1.000	1.000	1.000
F47	4.600	0.920	0.211	0.002
F48	1.000	1.000	1.000	1.000

通过对中关村软件园创新网络节点的层级刻画发现，该网络具有明显的层次性，且网络的稳定性维系在几个核心节点上，如核心节点 E16、E72、G2 等（图 16-9）。如果对核心节点 E16 受到攻击失去网络地位后，将出现 4 个孤立节点，1 个子网独立，整个网络不再连通，统一对核心节点 E72 进行攻击，将出现 3 个孤立节点，1 个独立子网，网络遭到严重破坏。而随机地对节点度较小的节点进行攻击破坏时，网络基本保持连通状态，即表现出较好的鲁棒性特点，这显然再次证明了中关村软件园创新网络具有明显的无标度网络特征。因此，要保障创新网络的稳定运行，必须加大对核心节点即那些创新能力强、外向度较高的企业主体培育力度，维护好在网络中起到关键联系的节点，确保网络的无标度网络模式的存在，才能不断优化网络结构，提高网络运行效率。

16.2.4 中关村软件园创新网络系统特性分析

Freeman（1991）认为区域系统的创新不仅包括区域内不同主体作为节点构成的网络创新，还包括区域内各种环境因子的创新，研究一个区域创新系统必须将创新主体的激励机制与外部环境条件结合起来加以分析。根据 Freeman 提出的创新系统理论，可以将中关村软件园创新网络看成是一个有机系统，因为中关村软件园创新网络体系体现出主体多元性、文化移植性、网络开放性和创新集群性等特征。从园区创新环境来看，该园区为多类创新要素的集聚提供了很好的平台，为园区创新网络体系的形成提供了不可缺少的条件，园区与周边众多高校及科研院所建立了友好关系，共同参与园区发展，充分利用了所在区域科技资源、人才资源、信息资源密集的优势，同时又与众多专业服务机构取得合作，为园区内企业在开拓市场、获取资金扶持等方面提供了有力支持。中关村软件园创新网

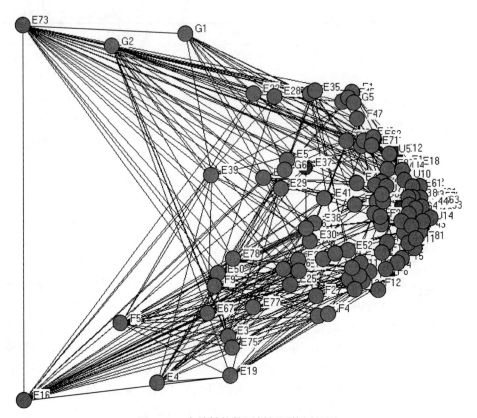

图 16-9　中关村软件园创新网络层级图

络体系不是单个创新主体的创新活动，而是多类创新主体交互学习、相互合作的群体性活动，是多主体的集群性创新活动。从网络所处的环境分析，中关村软件园创新网络作为一个整体系统是动态的开放式运行，创新主体在创新过程中不断地与外部环境进行着信息、能量和物质的交换，使得整个网络始终处于开放式的动态演化之中，从而保持了较好的网络活力和成长性，因此整个园区的创新网络系统在不断地演化过程中得到升级和发展。

目前，中关村软件园创新网络是由 89 家园区企业、14 所高校及科研院所、6 家专业中介组织及 48 家区域外企业共同组成，其中还有多级政府部门和众多专业服务机构为创新网络内的企业进行服务，这众多的企业或机构通过直接或间接的联系共同组成了一个庞大的创新系统，其中创新网络内核心层内的企业是最重要的创新主体。在政府有利的产业政策扶持和鼓励下，网络内 89 家企业从高校及科研院所中获取有价值的人才资源、信息资源及科研成果，继而借助网络联盟的关系与其他创新主体展开研发合作，借助银行贷款、产业基金或专业风险机构的投资将成果转化为产品，投放市场，这一切都是多主体共同合作完成的，单凭一个企业无法高效快速的创新。由于创新主体不断进入或退出，同时由于政策环境和市场环境不断发生变化，中关村软件园创新网络始终处于远离平衡态，从最初的少数几个节点到目前的157个节点，其演化过程虽然错综复杂，但作为一个整体，该网络系统体现出很强的自组织特征和自适应功能，这不仅体现在不同企业间、企业与高校或科研院所间知识的扩散和传播，也体现在整个园区软件行业的分工与协作上。

从网络所处的环境来看，中关村软件园创新网络是一个开放的系统，体现出较好的自组织性特点，网络中人才、信息、技术交流频繁，核心层的本土企业与外围层的企业保持着密切的联系，软件行业知名品牌企业均与软件园保持着良好的合作关系，如微软、甲骨文、IBM等。园区周边的高校和科研院所为企业创新活动提供了知识和人才，风险投资机构为创新活动提供了所需的资金，此外，良好的基础设施、强大市场的需求、完整的服务体系均为中关村软件园创新网络的运行提供了动力。因此，技术创新、开放的环境、丰富的资源、企业的竞合关系、完善的服务体系等共同组成了中关村软件园创新网络这一复杂适应系统。

中关村软件园创新网络的演化过程中体现出明显的涌现现象，首先体现在经济效益方面，从园区整体经济效益来看，取得了连续10年的高速增长，尤其是在创新网络加快成长的近五年，园区经济效益大幅度提升，创新效率明显提高，园区总产值由2005年年底的103亿增加到2009年的200多亿，短短几年时间翻了近一番，预计未来五年将实现产业规模总额和出口总额"翻两番"；其次体现在创新和学习能力的涌现，中关村软件园地处北京市海淀区——我国智力资源最集聚的区域，与众多名校为邻，拥有庞大的人才资源及丰富的科研成果，为企业进行创新及交流学习提供了丰富的智力保障，创新资源的集聚不断激发企业的创新意识，进而提高整个园区创新和学习能力；此外，创新网络的涌现还体现在网络内企业竞争力明显提升，由于网络内企业通过产业联盟及行业协会形式建立了良好的沟通渠道，且通过网络连接关系能够增强内外部协调能力，有效地抵御创新带来的风险，进而提升在国际市场竞争的能力。作为园区本身而言，中关村软件园内的企业通过创新网络结成了一个柔性的协作系统，共同缔造了国内外知名的专业化园区品牌，不断吸引着海内外知名企业与园区内企业进行合作，不断提升品牌价值。

近几年，全国加大对软件业的服务外包支持力度，而北京又是全国服务外包先进示范城市，中关村软件园服务外包业务量占到了北京市的一半以上，目前，中关村软件园已与 16 个国家、10 余个园区建立了友好合作关系，成为北京市乃至全国高新技术产业国际交流的重要窗口。在带动全国科技园区发展方面，形成了良好的示范辐射效应。如今，中关村软件园正在加快开发建设二期工程，预计2015 年，总建筑规模将达到 180 万 m^2，可以容纳 500 家企业，年产值预计达1000 亿元，吸纳 8 万~10 万高端人才。随着软件园的进一步发展，其创新网络表现出越来越明显涌现性特征，园区的创业、创新环境不断得到优化，园区在"产业集聚"的发展不再局限于单纯物理意义的"聚集"，而更强调化学意义上的"反应"。园区通过搭建专业化产业服务平台，实现企业之间高效聚合反应。

16.3 中关村软件园创新网络存在的问题及优化建议

16.3.1 中关村软件园创新网络存在的问题

从园区创新网络发展现状来看，虽然软件园已经形成了以企业为创新主体的创新网络，但目前主要的核心节点为跨国公司控制，大部分节点是以本土的中小企业为代表，而众多中小企业的主要业务模式仍以模仿创新和系统集成为主，自主知识产权技术和产品的研发投入相对偏低，没有充分利用好科技园区创新网络丰富的科技资源，整个园区的整体创新能力还不够强，企业的国际竞争力相对偏弱。区部网络由于创新资源的相对有限性，导致了各节点间对资源分配的争夺，这样会使得创新主体即网络节点对价值的判断形成一定的偏差，从而引发一些不规范行为，出现不平等的保护政策，导致网络的无标度功能受到影响，在对资源争夺过程中，网络会向随机网络演化，进而导致创新合作网络整体功能下降。

此外，从创新网络资源分析，网络中的人才资源发展不平衡是制约企业创新的关键，目前，软件开发人员多以中低端的"蓝领工人"为主，缺乏项目管理能力强、技术背景好的复合型的高级技术与管理人才。高层次人才流动信息不透明，企业面临较高的人力资源成本，同时又难以做到人尽其才、才尽其用。总体来看，目前的创新网络中是"大企业不强、小企业不专"，具有国际竞争力的大型本土跨国软件企业为代表的节点偏少，众多软件企业难以摆脱以项目为核心的经营模式，难以摆脱为外国品牌企业服务的"代工"模式，在创新网络中的地位明显偏低，难以有效利用网络资源进行创新发展。网络中的本土企业节点倾向与跨国公司节点建立合作和联系，而忽视与本土企业建立交流和合作，企业与区内公共机构之间，甚至企业内部人员之间缺乏联系，造成企业交易费用过高，企业衍生能力衰退，创新效率大大降低。此外，由于创新网络中的社会文化氛围不利于外来企业发展，致使外来企业根植性较差，进而导致企业的外迁、倒闭，造成创新资源的流失。

16.3.2 中关村软件园创新网络优化建议

无标度网络从本质上解释了中关村软件园创新网络的形成和演化过程，为充分发挥科技园区创新合作的无标度网络功能，必须有效营造一个适合创新合作发展的政策环境，保证科技园区创新网络的无标度特征。加强对核心节点的培育和保护，以保障创新网络的稳定性运行。遵循无标度网络的增长性特性，利用相关科技政策，通过行政指导创新合作活动的长期进行，在创新投入上加大政策支持力度。此外，通过建立高效的信息交流平台，加强信息沟通，降低交易成本，促进软件园创新合作无标度网络的择优连接性，鼓励不同区域、不同行业的企业或科研组织进行合作，降低信息不对称程度；通过出台国家层面的财税、金融政策等鼓励软件产业企业合作的政策环境。同时要加强网络节点的自主性，减少行政干预，保证软件园创新合作无标度网络的自组织性。创新合作无标度网络在市场机制下运行，各个创新主体的行为会受到利益机制的调节，从而使网络整体表现出自组织、自适应的特点。Bronmage 通过对法国和英国创新合作模式的研究发现，法国创新合作模式以国家主导为主，而英国的更多是以市场机制为主，相比英国的创新效率更高，原因则是以市场机制为主导的合作模式具有更高的自组织性（Bronmage，2006）。由此可见，政府需要做的是完善相关产业政策、法律法规环境，规范市场竞争秩序和深化制度支撑，更多的是为企业服务，要以市场为主要手段去引导创新合作的有效进行。

针对网络主体未来发展方向而言：①不断提升本土企业在网络中的核心地位，即重点培育、保护以本土企业为代表的核心节点，为创新网络的稳定运行提供保障，提升网络的鲁棒性。②以企业为主的创新主体必须保持不断的创新，努力挖掘自身的潜力，有效利用自身及所在网络组织中的技术、知识、人才等资源，不断提高自身的技术创新能力，即企业的核心竞争力，只有这样才能保持并提高在合作竞争中的地位优势。③园区内企业应该加强与其他企业进行技术交流与合作，充分利用正式或非正式的合作关系，即建立并有效利用企业人员构成的社会网络关系，更快地获取更多的新知识和新技术。④园区有条件的企业（网络中的那些核心企业）应进一步加强与国外拥有先进技术和知识的企业进行创新合作，并帮助那些普通企业能够借助创新网络获得国外先进的技术、知识等信息，从而使园区内企业或产业的整体技术水平保持与世界同步甚至超前于世界水平。⑤作为政府主体，为了增强区域自主创新能力，应该加大扶持力度，培育壮大一批有实力的科技型企业，使他们成为创新网络里的中枢节点，鼓励并支持更多的企业与这些核心企业展开创新合作，从而提高科技园区内所有企业的创新能力和效率，进而提高整个区域的技术水平。⑥有效提高软件行业协会等中介组织的管理效率，使其在行业发展过程中发挥应有的作用。学习印度软件业产业发展经验，建立如印度软件行业协会（NASSCOM），使行业协会成为一个统一的领导机构，且具有相应的权力，在促进软件产业发展过程中，能够发挥更大的作用。

综上所述，针对中关村软件园发展策略而言，未来应该借助形成的创新网络，重点引导软件企业协同合作，推动软件产业高端发展，实现更多的创新，全面提升园区软件产业的国际竞争力。充分发挥软件产业联盟等行业组织的辐射作用，推动上下游企业合作，整合区域创新资源，完善软件产业网络体系。一是要解决基础软件应用短板问题，解决企业发展转型关键所需，以提升软件产业国际竞争力为发展主线，以提升基础软件综合应用水平为起点，以应用软件发展和转型为支点，培育新型的信息服务业态。二是通过与传统服务业结合，以提升传统服务业发展为目的，推动软件科技融入生活、惠及全民，以需求为导向，以自主创新信息技术资源为主要支撑，推广软件科技在批发零售业、餐饮业等传统服务业领域的应用。三是开展高级研发服务外包产业，不断深化以软件外包服务为主的生产服务外包，积极鼓励和支持园区企业参与国际软件外包服务，提高外包服务质量和水平。四是促进公共服务体系建设，为客户提供全方位的解决方案的公共服务。基于开放源代码软件解决方案、软件工程技术解决方案和服务平台的企业、科研和开放共享为企业提供技术支持服务。继续发展良好的软件选择活动、课程与商业成分组成、扩大开源软件的范畴，逐步帮助企业建立一个共享开发平台，促进开源软件技术的广泛应用。五是加快培育软件产业急需人才，加大相关人才的培养和引进力度，从企业需要出发培训人员，注重人才的专业化和实用性培养。研究和建立全面的软件人才培养体系，从软件企业岗位标准到人力资源培训课程体系，注重新员工培训、在职培训、新技术人才培训等。建立软件人才培养和输出平台，为软件产业的发展提供智力支持。针对网络所处的环境而言，在优化园区现有服务的基础上，注重软资源的配置和软环境建设，突出软件园的开放性特点，打造良好的创新环境。

16.4　本章小结

本章在交代研究程序的前提下，对研究对象——中关村软件园创新网络进行概述，并给出了具体的研究方法，然后对中关村软件园创新网络演化过程进行刻画。重点比较分析了 2003 年、2006 年和 2010 年三个时间段的网络结构，并对不同阶段的网络所处的发展阶段进行比较分析，目的是了解中关村软件园创新网络的演化进程，并借助复杂网络分析方法，对中关村软件园科技园区创新网络结构进行分析，描述该网络的相关特征，找出网络中的关键性主体即核心节点。本章从微观角度对中关村软件园创新网络结构进行刻画分析的基础上，还从宏观角度对中关村软件园创新网络作为一个系统整体具有的自组织、自适应、涌现性特征进行分析研究，由此找出中关村软件园创新网络存在的问题，并给出相应的网络优化建议，重点加强对核心节点的培育和保护，以保障创新网络的稳定性运行，使网络体现出较好的鲁棒性。

17 本篇结论与展望

17.1 研究结论

本篇在对国内外相关文献及我国区域创新网络实践经验综述的基础上，从微观的角度研究了科技园区创新网络的网络结构及具有的网络特征，并从宏观的角度对科技园区创新网络具有的系统特性加以分析，同时以中关村软件园创新网络演化为案例，结合该园区具体发展情况，运用复杂网络理论、复杂系统理论、自组织理论等研究了科技园区创新网络中的企业与高校或科研院所、中介组织、政府部门等相互作用的关系，探讨了科技园区创新网络的演化规律，对科技园区创新网络具有的无标度特征进行重点论证，并通过仿真和实证的方法对相关结论加以验证。本研究主要工作及取得的主要结论有以下几个方面。

（1）应用复杂网络等相关理论和方法，论证了科技园区创新网络具有明显的无标度网络特征，由此得出重要结论：对网络核心节点即创新能力较强主体的培育和维护有利于创新网络的稳定和发展。通过对科技园区创新网络微观结构分析发现，企业是创新活动的主要创新主体，是构成网络核心层的关键性节点，高校或科研院所、中介组织及政府部门等位于网络的辅助层，为核心层从事创新活动的企业提供信息、人才、资金、政策等资源，外围层的企业或组织同样具有重要的作用，企业通过与外围层的联系，增加了对外学习机会，有利于本地创新网络的知识更替和创新，为创新成果的传播、转化和技术文化的交流提供了条件。

（2）从宏观角度出发，证明了科技园区创新网络具有自组织、自适应等特征，是一类典型的复杂适应系统。结论显示，区域创新网络的自组织性主要体现在创新主体（网络节点）及网络与所处的环境之间的相互作用上，正是这些相互作用的关系促使了区域创新网络自我调节和自我完善。在一个开放的环境中，科技园区创新网络的演化过程遵循了自组织、自适应的规律，其演化过程始终处于远离平衡态，是一个动态的过程，且随着网络的逐步完善，表现出越来越多的涌现性行为。

（3）研究发现科技园区创新网络的形成过程可以分为孕育期、成长期和成熟期三个阶段。在明确衡量科技园区创新网络演化指标的基础上，指出了科技园区创新网络演化趋势，即朝着知识化、虚拟化和国际化方向发展。通过对创新主体间复制动态博弈过程分析，指出科技园区创新网络的形成动机是网络可以带来正效应，网络的整体创新能力远远大于个体创新能力之和。此外，研究结果证明影响科技园区创新网络形成与运行的重要因素主要包括创新主体吸收和转化创新知识的能力，以及创新网络所处环境的优劣。

（4）在相关理论及方法研究的基础上，通过对中关村软件园创新网络结构的演化过程研究，结合国际经验，判断出中关村软件园创新网络的形成大致将经历三个阶段即孕育期（2000～2003 年）、成长期（2004～2013 年）和成熟期（2014～2020 年）。对不同阶段创新网络加以比较分析发现中关村软件园创新网络的演化过程具有开放性、自组织性和自适应的特征。在对中关村软件园创新网络结构分析的基础上，指出对核心节点的培育和维护是保障网络稳定运行的关键，对随机节点的攻击不会对网络造成很大的影响，但如果蓄意攻击核心节点，网络就表现出较差的鲁棒性，这即是创新网络的无标度网络特征。同时证明在创新网络中，节点的度越高、中心性越强，则其在创新网络中的地位越高，拥有的权力越大。研究发现，创新网络的形成及成功运行的关键是要培育更多的关键节点，即创新能力强的科技企业。

17.2 研究展望

对科技园区创新网络的研究是一个需要不断深入研究的课题，本书虽然在构建科技园区创新网络模型的基础上，对网络的结构特征、系统特性及动态的演化过程进行了分析，但由于能力和精力的限制，以及客观资源上的约束尤其是相关科技园区创新网络统计资料的缺乏，所研究的问题难免存在很多不足之处，笔者在今后的研究中将对以下几个方面进行进一步分析。

（1）通过对国内外相关科技园区进行调研，对不同园区的创新网络结构、网络绩效等方面加以比较，分析不同的科技园区创新网络所处的发展阶段，并建立不同科技园区创新网络评价比较体系，对组成网络的创新主体间的连结效果进行分析，从中找出影响网络连接的因素及改进的方式。下一步计划通过对全国科技园区创新网络的比较分析，找出不同园区创新网络的演化规律，希望能够对指导科技园区创新网络的建立及其优化提供相应的参考。

（2）随着高新技术的进步及全球一体化的发展，科技园区必将加快与外部经济体的合作与交流，同时带来更激烈的市场竞争。科技园区如何通过创新网络为园区内的企业带来竞争优势，并实现自身的持续竞争优势，必将涉及国家及全球层面的网络连结问题，下一步的研究将结合国家及全球创新系统对科技园区创新网络进行深入研究。

参 考 文 献

Dodgson M，Rothwell R. 2000. 创新聚集——产业创新手册. 北京：清华大学出版社.

蔡铂，聂鸣. 2003. 社会网络对产业集群技术创新的影响. 科学学与科学技术管理，（7）：57-61.

蔡宁，吴结兵. 2006. 产业集群企业网络体系：系统构建于结构分析. 重庆大学学报，（12）：9-13.

蔡宁，杨闩柱. 2004. 企业集群竞争优势的演进：从"聚集经济"到"创新网络". 科研管理，25（4）：104-109.

柴国荣，宗胜亮，王璟珮. 2010. 创新网络中的企业知识共享机理及其对策研究. 科学学研究，28（2）：295-298.

陈继祥，等. 2005. 产业集群与复杂性. 上海：上海财经大学出版社.

陈柳钦. 2007. 国内外关于产业集群创新环境研究综述. 贵州师范大学学报（社会科学版），（5）：6-15

陈雪梅，赵坷. 2001. 中小企业群形成的方式分析. 暨南学报（哲学社会科学版），（2）：68-72.

陈雪梅. 2003. 技术集成创新的动态演化. 经济管理，（20）：12-18.

池仁勇. 2005. 区域中小企业创新网络评价与构建研究：理论与实证. 北京：中国农业大学.

董攀，朱培栋，卢锡城. 2007. 一种网络自组织演化的数学模型. 软件学报，18（12）：3071-3079.

段存广，李建昌. 2010. 科技园区发展的理论研究述评. 重庆邮电大学学报（社会科学版），（22）：110-114，141.

樊霞，朱桂龙. 2008. 区域创新网络的结点联结及其创新效率评价——以广东省为例. 工业技术经济，（12）：54-58.

范柏乃. 2003. 城市技术创新透视——区域技术创新研究的一个新视角. 北京：机械工业出版社.

冯锋，李徐伟，司尚奇. 2009. 基于无标度网络的产学研合作网络功能及培育机制研究. 科技政策与管理，（9）：27-30.

冯锋，张瑞青，阎威. 2006. 基于小世界网络模型的企业创新网络特征分析. 科学学与科学技术管理，（9）：87-91.

冯之浚. 1999. 国家创新系统的理论与政策. 北京：经济科学出版社.

盖文启，王缉慈. 1999. 论区域的技术创新模式及其创新网络——以北京中关村地区为例. 北京大学学报（哲学社会科学版），36（5）：29-36.

盖文启．2002．创新网络——区域经济发展新思路．北京：北京大学出版社．

龚艳萍，陈艳丽．2010．企业创新网络的复杂适应系统特征分析．研究与发展管理，22（1）：68-74.

龚玉环，卜琳华，孟庆伟．2009．复杂网络结构视角下中关村产业集群创新能力分析．科学学与科学技术管理．（05）：56-60.

侯艳龙．2009．基于 CAS 理论的企业动态核心能力适应机制研究．经济师，（10）：248-249.

胡伟强，郭凯．2009．地缘性企业知识共享网络的演化博弈研究．经济师，（9）：25-27.

黄进永，冯燕宽，张三娣．2009．复杂系统理论在复杂网络系统可靠性分析上的应用．质量与可靠性，143（5）：23-27.

黄玮强，庄新田，姚爽．2009．企业创新网络的自组织演化模型．科学学研究，27（5）：793-800.

黄中伟．2004．基于网络结构的产业集群创新机理和绩效分析．宁波大学学报，（3）：94-98

惠青，邹艳．2010．产学研合作创新网络、知识整合和技术创新的关系研究．软科学，24（3）：4-9.

纪慰华．2004．社会文化环境对企业网络构建的影响——以上海大众供货商网络为例．华北师范大学博士学位论文．

贾根良．2003．自组织创新网络与科技管理的变革．天津社会科学，（1）：70-74.

蒋军锋，张玉韬，王修来．2010．知识演变视角下技术创新网络研究进展与未来方向．科研管理，31（3）：68-77，133.

雷如桥，陈继祥．2005．纺织产业集群创新网络形成演化机理研究．天津工业大学学报，24（2）：69-72.

李丹．2009．基于产业集群的知识协同行为及管理机制研究．北京：法律出版社．

李金华，孙东川．2006．创新网络的演化模型．科学学研究，（2）：135-140.

李金华．2006．创新网络的复杂适应性．华南师范大学学报（社会科学版），（1）：132-134.

李京文．1999．知识经济与创新．河北经贸大学学报．（10）：1-12.

李凯，李世杰．2004．装备制造业集群创新网络结构研究与实证．管理世界，（12）：68-72.

李守伟，程发新．2009．基于企业进入与退出的产业网络演化研究．科学学与科学技术管理，（6）：135-139.

李淑，赖明勇．2005．硅谷创新制度结构分析．经济问题探索，（9）：81-85.

李新春．2000．高新技术创新网络——美国硅谷与 128 公路的比较．开发时代，11（4）：23-28.

李勇，屠梅曾，史占中．2006．企业集群创新网络动态演化模型．系统工程理论方法应用，15（2）：180-184.

刘丽莉，关士续．2002．硅谷创新网络形成过程的历史考察．自然辩证法研究，（12）：13-15.

刘友金，刘莉君．2008．基于混沌理论的集群式创新网络演化过程研究．科学学研究，（1）：

185-190.

刘友金. 2002. 中小企业集群式创新研究. 哈尔滨工程大学博士学位论文.

罗亚非, 宋德安, 常晓明. 2007. 基于生态模型的集群发展阶段与创业的关系——以中关村海淀园为实例. 科学学与科学技术管理, (8): 48-53.

马彦图, 曹方. 2009. 高新技术产业开发区创新网络构建问题研究——以兰州高新区为例. 图书与情报, (2): 78-81.

毛加强, 崔敏. 2010. 创新网络下的产业集群技术创新实证分析. 软科学, 24 (3): 19-22.

尼古莱. J. 福斯. 2003. 企业万能: 面向企业能力理论. 李东江, 译. 大连: 东北财经大学出版社.

潘松挺, 蔡宁. 2010. 企业创新网络中关系强度的测量研究. 中国软科学, (5): 108-115.

钱学森, 于景元, 戴汝为. 1990. 一个科学新领域——开放的复杂巨系统及其方法论. 自然杂志, (1): 3-10.

阮平南, 高杰. 2009. 基于 CAS 理论的网络组织演化研究. 企业经济, 12 (21): 65-67.

邵云飞, 欧阳青燕. 2008. 装备制造业集群创新网络的核心价值研究. 技术经济, 27 (6): 1-7.

孙耀吾. 2008. 高新技术企业技术创新网络——基于技术标准化的研究. 北京: 知识产权出版社.

唐方成, 马骏, 席酉民. 2004. 和谐管理的耦合机制及其复杂性的涌现. 系统工程理论与实践, (11): 68-75.

田钢, 张永安. 2008. 集群创新网络演化的动力和合作机制研究. 软科学, (8): 91-108.

田钢, 张永安. 2010. 集群创新网络演化的复杂适应性研究. 研究与发展管理, 22 (2): 96-106.

王大洲, 姜明辉, 李广和. 2001. 高新技术产业创新的治理——美国硅谷的创新网络及其启示. 决策借鉴, (4): 59-62.

王大洲. 2001. 企业创新网络的进化与治理: 一个文献综述. 科研管理, 2 (5): 96-103.

王芳, 曹阳, 张文杰. 2010. 上海张江高科技园医药产业集群创新网络研究. 现代商贸工业, (8): 97-98.

王灏, 曾刚. 2008. 集群创新网络与上海张江高科技园区软件业的发展. 地域研究与开发, 27 (4): 9-14.

王缉蕊. 2001. 创新的空间——企业集群与区域发展. 北京: 北京大学出版社.

王琳, 曾刚. 2006. 浦东新区中小高新技术企业创新合作网络构成特征研究. 地域研究与开发, 25 (2): 35-38.

王琳. 2005. 上海市张江新区外资高新技术企业创新合作网络研究. 上海: 华东师范大学.

王萍, 刘思峰. 2010. 高新区创新网络中的耦合创新研究与模型构建. 现代管理科学, (5): 28-29, 92.

王子龙. 2004. 区域创新网络知识溢出效应研究. 科学管理研究, 22 (5): 87-90.

巍心镇，王辑慈 . 1993. 新的产业空间——高新技术产业开发区的发展与布局 . 北京：北京大学出版社 .

魏江 . 2003. 小企业集群创新网络的知识溢出效应分析 . 科研管理，24（4）：54-60.

魏江 . 2004. 创新系统演进和集群创新系统构建 . 自然辩证法通讯，（1）：48-54.

文婧 . 2005. 嵌入全球价值链的中国地方产业网络升级机理的理论与实践研究 . 华北师范大学博士学位论文 .

吴传荣，曾德明，陈英武 . 2010. 高新技术企业技术创新网络的系统动力学建模与仿真 . 系统工程理论与实践，30（4）：587-593.

吴结兵 . 2006. 基于企业网络结构与动态能力的产业集群竞争优势研究 . 浙江大学博士学位论文 .

吴向鹏 . 2004. 产业集群与区域经济发展：区域创新网络视觉 . 重庆工商大学学报，（2）：24-28.

肖冬平，顾新 . 2009. 基于自组织理论的知识网络结构演化研究 . 科技进步与对策，26（19）：168-172.

徐龙顺，邵云飞，唐小我 . 2008. 集群创新网络结构对等性及其对创新的影响 . 软科学，22（7）：35-39.

薛伟贤，党兴华 . 2004. 网络环境下企业技术创新过程的特性分析 . 研究与发展管理，16（6）：9-14.

姚玉舟 . 2008. 产业集群网络结构识别——资源与知识二维视角 . 改革与战略，24（9）：124-126.

叶金国，张世英 . 2002. 企业技术创新过程的自组织与演化模型 . 科学学与科学技术管理，（12）：74-77.

叶金国 . 2006. 技术创新系统自组织论 . 北京：中国社会科学出版社 .

约瑟夫·A. 熊彼特 . 1991. 经济发展理论 . 秦传安，译 . 北京：商务印刷馆 .

张景安 . 2003. 建设我国国家创新体系总体框架的思考 . 中国软科学，（7）：6-11.

张景华 . 2009. 创新网络视角下的产业集群升级 . 工业技术经济，28（3）：76-78.

张首魁，党兴华 . 2009. 技术创新网络组织绩效研究：基于节点耦合关系的视角 . 软科学，23（9）：84-87.

张嗣瀛 . 2006. 复杂系统、复杂网络自相似结构的涌现规律 . 复杂系统与复杂性科学，3（4）：42-45.

钟坚 . 2002. 美国硅谷模式成功的经济与制度分析 . 学术界，（3）：224-242.

周立军 . 2010. 区域创新网络的系统结构与创新能力研究 . 科技管理研究，（2）：10-12.

朱少英 . 2007. 基于演化博弈的创新网络形成机理研究 . 山西大同大学学报，（10）：45-47.

朱晓娜，袁望冬 . 2009. 自组织理论视角下的自主创新系统 . 系统科学学报，17（2）：84-86.

宗刚，孙玮，任蓉 . 2009. 基于复杂网络知识传播模型的研究 . 价值工程，（12）：94-97.

Ahuja G. 2000. Collaboration networks, structural holes and innovation: a longitudinal study. Administrative Science Quarterly, (9): 425-454.

Albino V, Carbonara N, Giannoccaro I. 2006. Innovation in industrial districts: an agent-based simulation model, International Journal of Production Economics, (104): 30-45.

Allen W D. 2000. Social networks and self-employment. Journal of Socio-Economics, 29 (5): 487-501.

Andersen P H, Drejer I. 2009. Together we share? Competitive and collaborative supplier interests in product development. Technovation, (10): 10-16.

Arthur M B, De Fillippi R J, Lindsay V J. 2001. Carees, communities and industry evolution: links to complexity theory. International Journal of Innovation Management, 5 (2): 239-256.

Asheim B T. 1998. Interactive, innovation systems and SME policy. The EGU Commission on the Organization of Industrial Space Residential Conference. Gothenburg, Sweden.

Assimakopoulos D, Yan J. 2006. Source of knowledge acquisition for Chinese software engineers. R&D Management, 36 (1): 97-105.

Bell G G. 2005. Clusters, networks, and firm innovativeness. Strategic Management Journal, (26): 287-295.

Biggiero L. 2001. Self-organizing processes in building entrepreneurial networks: a theoretical and empirical investigation. Human Systems Management, (3): 209-222.

Bronmage T G. 2006. Science networks and the future of integrative research. International Congress Series, (1296): 160-174.

Burt R S. 1983. Corporate Profits and Cooptation: Network of Market Constraints and Directorate Ties in the American Economy. New York: Academic Press.

Camagni R. 1991. Innovation Networks: Spatial Perspectives. London: Beelhaven-Pinter.

Casas R, de Gortari R, Santos M. 2000. The building of knowledge spaces in Mexico: a regional approach to networking. Research Policy, 29 (2): 225-241.

Choi H, Kim S H. Lee J. 2010. Role of network structure and network effects in diffusion of innovations. Industrial Marketing Management, 39 (1): 170-177.

Conceição P, Heitor M V. 2002. Knowledge interaction towards inclusive learning: promoting systems of innovation and competence building. Technological Forecasting and Social Change, 69 (7): 641-651.

Cooke P. 2002. Knowledge economics: Clusters, Learning and Co-operative Advantage. London: Routledge.

Corley E, Boardman C, Bozeman B. 2006. Design and the management of multi-institutional research collaborations: theoretical implications from two case studies. Research Policy, 35 (7): 975-993.

Cowan R, Jonard N. 2004. Network structure and the diffusion of knowledge. Journal of Economic Dynamics &Control, (28): 1557-1575.

DeBresson C, Ammesse F. 1991. Networks of innovators: a review and introduction to the issue.

Research Policy, 20: 363-379.

Doloreux D. 2004. Regionnal networks of small and medium sized enterprises: evidence from the metropolitan area of Ottawa in Canada. European Planning Studies, 12 (2): 173-189.

Engel J S, del-Palacio I. 2009. Global networks of clusters of innovation: accelerating the innovation process. Business Horizons, 25 (5): 493-503.

Epple D, Argote L, Murppy K. 1996. An empirical investigation of the microstructure of knowledge acquisition and transfer through learning by Doing. Operations Research, 44 (1): 77-86.

Franz T, Patrick L, Alexander K. 2009. Do different types of innovation rely on specific kinds of knowledge interactions? . Technovation, 29 (1): 59-71.

Freeman C. 1991. Networks of innovators: a synthesis of research issues. Research Policy, (20): 499-514.

Giselle R, Pascale Q, Indrit T. 2009. Managing innovation networks: exploratory evidence from ICT, biotechnology and nanotechnology networks. Industrial Marketing Management.

Giuliani E. 2003. Cluster Absorptive capability: an evolutionary approach for industrial clusters in developing countries. DRUID Working Paper.

Hagedoorn J, Duysters G. 2002. Learning in dynamic inter-firm networks: the efficacy of multiple contacts. Organization Studies, 23 (4): 525-548.

Hakansson H. 1987. Industrial Technological Development: A Network Approach. London: Croom Helm.

Hendry C, Brown J. 2006. Organizational networking in UK biotechnology clusters. British Journal of Management, 17 (1): 55-73.

Holland J H. 1998. Emergence: From Chaos to Order. New York: Addison Wesley.

Huang C C. 2009. Knowledge sharing and group cohesiveness on performance: an empirical study of technology R&D teams in Taiwan. Technovation, 29 (11): 786-797.

Jackson M O, Watts A. 2002. The evolution of social and economic networks. Journal of Economic Theory, (106): 265-295.

Keast R, Hampson K. 2001. Building Constructive Innovation Networks: Role of Relationship Management. Journal of Constrution Engineering & Management, 133 (5): 364-373.

Kelley J D, O'Connor G C. 2009. Intra-organizational networking for innovation-based corporate entrepreneurship. Journal of Business Venturing, 24 (3): 221-235.

Kieron M, Mark R. 2004. Network density and R&D spillovers. Journal of Economic Behavior & Organization, 53 (2): 237-260.

Koschatzky K, Kulicke M, Zenker A. 2001. Innovation Networks. Karlsruhe: Physica Verlag Heidelberg.

Laurens K, Noelle A, Cees L. 2010. Adaptive management in agricultural innovation systems: the interactions between innovation networks and their environment. Agricultural Systems, 103 (6):

390-400.

Liu M S, Liu N C. 2008. Sources of knowledge acquisition and patterns of knowledge-sharing behaviors: an Empirical study of taiwanese high-tech firms. International Journal of Information Management, 28 (5): 423-432.

Love J H, Roper S. 2009. Organizing innovation: complementarities between cross-functional teams. Technovation, 29 (3): 192-203.

Lundvall B A. 1992. National Systems of Innovation-Toward a Thoery of Science, Technology and Innovation. Edwrd Elgar.

Möller K, Svahn S. 2009. How to influence the birth of new business fields. Industrial Marketing Management, (38): 450-458.

Nunzia C. 2004. Innovation process within geographical clusters: a cognitive approach. Technovation, (24): 17-28.

Pyka A. 2002. Innovation networks in econmics: from the incentive-based to the knowledge-based approach. European Journal of Innovation Management, 5 (3): 152-163.

Radosevic S. 2002. Regional innovation systems in central and eastern europe: determinants organizers and alignments. Journal of Technology Transfer, (27): 87-96.

Razak A, Saad M. 2007. The role of universities in the evolution of the triple helix culture of innovation network: the case of malaysia. International Journal of Technology Management & Sustainable Development, 6 (3): 211-225.

Robinson D K P, Rip A, Mangematin V N. 2007. Technological agglomeration and the emergence of clusters and networks in nanotechnology. Research Policy, (6): 871-879.

Roijakkers N, Hagedoorn J. 2006. Inter-firm R&D partnering in pharmaceutical biotechnology since 1975: trends, patterns, and networks. Research Policy, (35): 431-446.

Rowley T, Behrens D, Krackhardt D. 2000. Redundant governance structures: an analysis of structural and relational embeddedness in the steel and semiconductor industries. Strategic Management Journal, 21 (03): 369-386.

Rycroft R W, Kash D E. 2002. Path dependence in the innovation of complex technologies. Technology Analysis and Strategic Planning, 14 (1): 21-35.

Saxenian A. 1994. Regional Advantage: Culture Competition in Silicon Valley and Route 128. Boston: Harvard University Press.

Saxenian A. 1998. Silicon Valley's New Immigrant Entrepreneurs. California: Public Policy Institute of California.

Schilling M A, Phelps C C. 2007. Interfirm collaboration networks: the impact of large-scale network structure on firm innovation. Management science, 53 (7): 1113-1126.

Shiha H Y, Chang P L. 2009. Industrial innovation networks in Taiwan and China: a comparative analysis. Technology in Society, 31 (2): 176-186.

Spencer J W. 2003. Firm's knowledge-sharing strategies in the global innovation system: empirical evidence from the flat panel display industry. Strategic Management Journal, (24): 217-233.

Steinberg R, Arndt O. 2000. The firm or the region: what determines the innovation behavior of european firms? Economic Geography, (77): 365-382.

Strogatz S H. 2001. Exploring complex networks. Nature, (410): 268-276.

Sungjoo L, Gwangman P, Byungun Y, et al. 2010. Open innovation in SMEs: an intermediated network model. Research Policy, 39 (2): 290-300.

Takeda Y, Kajikawa Y, Sakata I, et al. 2008. An analysis of geographical agglomeration and modularized industrial networks in a regional cluster: a case study at yamagata prefecture in Japan. Technovation, 28 (8): 531-539.

Tsai W. 2002. Social structure of coopetition within a multiunit organization: coordination, competition, and intraorganizational knowledge sharing. Organization Science, 13 (2): 179-191.

Tsoukas H, Vladimirou E. 2001. What is organizational knowledge? Journal of Management Studies, 38 (7): 973-993.

Voets H J L, Biggiero L. 2000. Globalization and self-organization: the consequences of decentralization for industrial organization. International Review of Sociology, (3): 73-82.

Wolfe D A, Gertler M S. 2004. Clusters from the inside and out: local dynamics and global linkages. Urban Studies, (5): 1071-1093.

Zander I. 2002. The formation of international innovation networks in the Multinational Corporation an Evolutionary Perspective. Journal Industrial and Corporate Change, (2): 327-353.

Zeng S X, Xie X M, Tam C M. 2010. Relationship between cooperation networks and innovation performance of SMEs. Technovation, 30 (3): 181-194